JOURNAL HISTORIQUE

D'UN

Voyage fait aux ILES MALOUÏNES
en 1763 & 1764,

pour les reconnoître, & y former un établissement;

ET

de deux Voyages au Détroit de Magellan,
avec une Rélation sur les Patagons.

PAR

DOM PERNETY,

Abbé de l'Abbaye de Burgel, Membre de l'Académie
Royale des Sciences & Belles-Lettres de Prusse,
Associé correspondant de celle de Florence,

ET

Bibliothécaire de Sa Majesté le Roy de Prusse.

TOME I.

A BERLIN,
Chez ETIENNE DE BOURDEAUX,
Libraire du Roy & de la Cour

M DCC LXIX.

Titre
pour les pages 1 ad 403. perclus.

PRÉFACE.

La découverte & la reconnoissance des Iles Malouines ont paru si intéressantes, qu'ayant appris celle que nous en fîmes en 1764, les Anglois crurent devoir y former un établissement, malgré la possession que nous en avions prise, au nom de la Couronne de France. Ils prirent des précautions extraordinaires pour les préparatifs de ce Voyage, qui a excité l'attention de toute l'Europe.

rope. Le Chef d'Escadre Byron fut chargé du commandement de deux Navires, le *Dauphin*, & la Frégate le *Tamer*, pour cette expédition. On leur envoya dans la suite *la Floride*, pour leur porter des provisions de toutes especes.

Nous avions pris possession de ces Iles au commencement d'Avril; tems auquel le Dauphin étoit encore sur le chantier, & nous en partimes le 8 du même mois, pour retourner en France, où nous débarquames le 26 de Juin. Les Anglois ne mirent à la voile que quelques jours après. Ils partirent du Port Desiré le 4 Décembre, & dirigerent leur route vers la partie du Sud de la prétendue Ile de Pepys, au 48 degré de latitude méridionale, & firent, sans succès, plusieurs tentatives pour découvrir cette Ile. Ils furent donc obligés, (disent-ils, page 69 du Voyage autour du Monde, fait en 1764 & 1765, sur le Vaisseau Anglois le Dauphin,) d'abandonner cette recherche, bien persuadés

dés de l'impossibilité de trouver cette Ile prétendue.

Le 22 du même mois de Décembre, étant dans le Détroit de Magellan, à cinq lieues de distance de la Terre de Feu, ils découvrirent de la fumée, qui s'élevoit de différens endroits, sur la côte opposée, qui est celle des Patagons. Ils s'en approcherent, jetterent l'ancre, à environ un mille de terre, & y virent distinctement des hommes à cheval, qui leur faisoient des signes avec leurs mains.

En approchant de la côte, des marques sensibles de frayeur se manifesterent sur le visage de ceux qui y alloient aborder dans le canot, lorsqu'ils apperçurent, sur le rivage, des hommes d'une taille prodigieuse (ibid. page 73.) Le Commodore, excité par l'idée de faire une découverte au sujet de ces Patagons, dont l'existence étoit depuis longtems, en Angleterre, un sujet de conversation, sauta le le premier à terre, & fut suivi par ses Officiers & ses Matelots bien armés, & s'y mit en état de défense. Alors les Sauvages accoururent à eux, au nombre de deux cents environ, les regardant avec l'air de la plus grande surprise, & souriant, en observant la disproportion de la taille des Anglois avec la leur.

Le Commodore leur ayant fait signe de s'asseoir, ils le firent; alors il leur passa au cou des colliers de grains d'émail, & des rubans, & distribua à chacun un de ces petits colifichets. Leur grandeur est si extraordinaire, que même assis ils étoient encore presqu'aussi hauts que le Commodore debout. (pag. 77.)

Leur taille moyenne leur parut être d'environ huit pieds, & la plus haute de neuf pieds & plus. *) Ils n'em-

---

*) Le Commodore, dit la même Rélation, (Préface page LXI.) est un homme de six pieds de haut. Il est à observer, que le pied d'Angleterre a près d'un pouce de moins que le pied de Roi françois.

n'employerent aucune mesure pour s'en assurer; mais nous avons, disent-ils, des raisons de croire que nous diminuons leur grandeur, plûtôt que nous ne l'exagérons (p. 78.) La taille de leurs femmes est aussi étonnante que celle des hommes; & leurs enfans ont les mêmes proportions. Les femmes avoient des colliers & des bracelets. (p. 79) Leurs vêtemens étoient faits de peaux de moutons du Pérou; leur couvroient les épaules, & descendoient jusqu'aux genoux. La plûpart étoient montés à cheval, avant notre descente; mais ils en étoient descendus, & avoient laissé leurs chevaux à quelque distanae. Ces chevaux paroissent être fort vîtes à la course, mais leur grandeur n'étoit pas proportionnée à celle des hommes qui les montoient, & ils paroissoient d'ailleurs en assez mauvais état. (p. 85.) Ils nous parurent être d'un caractere doux, & amical. (p. 83).

Parmi les Anglois étoit le Lieutenant Cummins; les Patagons paroissoient

soient surtout le voir avec plaisir, à cause de sa grande taille, qui étoit de six pieds dix pouces. Quelques uns de ces Indiens lui frapperent sur l'épaule: & quoique ce fut pour lui faire caresse, leurs mains tomboient avec tant de pesanteur, que tout son corps en étoit ébranlé.

Le 23 du même mois, les Anglois s'étant avancés dans le Détroit, découvrirent, sur l'Ile Ste. Elisabeth, plusieurs Sauvages, qui leur firent des signes. Les hommes & les femmes étoient de moyenne stature, & bien-faits. Ils avoient les cheveux noirs; leur peau naturellement olivâtre paroissoit rousse parce qu'ils se colorent le corps d'un enduit de terre rougeâtre, mêlée avec de la graisse. Ils ont pour vêtemens des peaux de veaux marins, de Loutres, ou de moutons du Pérou, cousues ensemble, & formant une piece d'environ quatre pieds & demi en quarré. Ils portent des bonnets faits de peaux d'oiseaux, avec les plumes, & ils ont

aux

PRÉFACE. IX

aux pieds des peaux, qui leur tiennent lieu de souliers. Quelques unes des femmes avoient des ceintures faites également de peaux; mais aucune n'avoit de bonnet, & on les distinguoit par un collier de coquillages. (p. 92.)

Enfin, après s'être pourvus de bois & d'eau au port *Famine*, les Anglois en partirent le 5 Janvier 1765, ayant fait route à l'Est, ils sortirent du Détroit, & eurent connoissance de terre le 13 du même mois. Le lendemain, ils entrerent dans une Baye très commode, dans laquelle se trouvent plusieurs petites Bayes & différens havres, au troisiéme desquels ils donnerent le nom de *Port Egmont*. L'entrée de cette Baye est au Nord, a un demi-mille de largeur, & a depuis sept jusqu'à treize brasses, sur un fond fangeux. (p. 121.)

Le 23 de Janvier, le Commodore prit possession de toutes ces Iles au nom de la Couronne d'Angleterre,

& en partit le 27, sans y avoir formé aucun établissement. Ces Iles sont au 51 degré 21 minutes de la latitude méridionale, & au 66 degré 10 minutes de longitude occidentale. (p. 134.) Après avoir côtoyé les terres, ils retournerent au Détroit de Magellan.

On peut voir, par les détails de cette Rélation Angloise, & par ceux de mon Journal, que nous avions reconnu les Iles Malouines & que nous y avions formé un établissement, un an moins quelques jours avant que les deux Navires du Chef d'Escadre Byron les eussent seulement apperçues. Dans le tems même que ces deux Vaisseaux y aborderent, Monsieur de Bougainville y étoit déjà retourné, & après avoir apperçu du Fort où il étoit mouillé, ces deux Vaisseaux Anglois, il mit à la voile pour le Détroit de Magellan, où ils se trouverent ensemble, comme on le verra à la fin de mon Journal.

Je

PRÉFACE.

Je suis entré dans le détail de cette expédition Angloise sur les Iles Malouines, pour mettre le public en état de reconnoître le droit incontestable de possession de la Couronne de France sur ces Iles, contre les prétensions abusives des Anglois.

J'ai rapporté aussi en abrégé la relation qu'un des Officiers du Vaisseau du Capitaine Byron a fait imprimer au sujet des Patagons Géans; afin que l'on puisse la comparer avec ce qui en est dit dans les extraits des Journaux des Capitaine François, qui ont vû, & fait un plus long séjour avec ces Patagons, que n'ont fait les Anglois. Cette comparaison prouvera aux personnes incrédules, & à ceux qui ont trop d'amour propre, pour vouloir paroître seulement ignorer ce qu'ils n'ont jamais appris, ou qui, par ce principe, se font un devoir de nier tout ce qu'ils n'ont pas vû, qu'il existe néanmoins une race d'hommes dont la grandeur & l'énormité du corps apprennent à ces incré-

dules

dules vains & superbes, qu'ils se trouvent réduits à n'être que les moins petits dans la race des Nains.

On connoissoit peu le Détroit de Magellan. Les rélations que nous en avions jusqu'à présent, quoique multipliées, étoient suspectes ; les observations, ou peu exactes, ou peu connues : ce qui m'a déterminé à donner celles de nos deux Capitaines François, & la Carte de ce Détroit, corrigée sur leurs observations.

Je m'étois proposé de ne donner de suite dans mon Journal, que ce qu'il renferme d'historique, ou d'observations capables d'intéresser tous les Lecteurs, & de renvoyer à la fin, pour ceux qui ont la marine à cœur, tout le détail des vents, des latitudes, des longitudes, & autres choses, qui n'intéressent ordinairement qu'un Navigateur. J'avois en conséquence marqué tous ces détails à renvoyer à la fin. Le Libraire en étoit averti ; mais sans doute qu'il oublia d'en don-

donner avis à l'Imprimeur. Celui-ci ayant donc imprimé plusieurs feuilles sans avoir égard à mon dessein, le Libraire a pensé qu'il falloit continuer l'impression, telle qu'elle étoit commencée, vû qu'il est libre au Lecteur de passer ces détails, & de ne s'occuper que de ce qu'il y a d'historique.

On peut conjecturer; il est même très vraisemblable que les Iles Malouines faisoient autrefois partie de la Terre des Patagons, & de la Terre de Feu. Elles en auront été séparées par quelques violens tremblemens de terre, qui aura donné entrée aux eaux de la mer dans une gorge, que ces tremblemens de terre auront creusée, & aura formé dans la suite le canal, qui sépare ces Iles de la Terre-ferme. Cette conjecture est d'antant plus probable, que la Terre de Feu a pris son nom des volcans, que l'on a cru y voir; & qu'à quelques lieues de l'endroit des Iles Malouines, où nous avons formé l'établissement, les hauteurs,

teurs & les vallées annoncent assez clairement, par le dérangement des lits des pierres de taille, & par le désordre avec lequel ces pierres sont entassées, que ce désordre est l'effet de quelques tremblemens de terre. Voyez ce que j'en rapporte dans mon Journal, page 528.

Mais ce qui surprendra le Lecteur, est qu'un terrein aussi étendu que le sont les Iles Malouines ne se soit point trouvé habité par des hommes, ni par les quadrupedes que l'on rencontre si communément sur la Terre des Patagons; & que la petite Araignée à grandes jambes, qu'en France nous nommons *Faucheuse*, & le petit Grelot brun appellé *Cri-cri*, qui se tient aussi dans les cheminées, soient les deux seuls insectes que nous y ayons vûs. Il est moins étonnant que l'on n'y trouve aucune espece de Reptiles; puisque les Rélations des Voyageurs nous assurent que l'on n'en voit point sur les Terres du Chily, à l'Ouest de la Terre
des

PRÉFACE. XV

des Patagons; & que ces Terres sont situées sur le même parallele que les Iles Malouines.

Une autre motif m'engage encore à croire que les Iles Malouines tenoient jadis à la Terre des Patagons. On ne voit point d'arbres aux Iles Malouines, & toute la côte de l'Est des Patagons, & de la Terre de Feu, en est dépourvûe jusqu'à environ 25 lieues en avant dans les terres, où l'on commence à trouver des arbres. Depuis-là jusqu'à la côte, on ne rencontre que quelques arbustes & des bruyeres. On en trouve de semblables aux Iles Malouines. Les découvertes que les Anglois, qui s'y sont établis plus à l'Ouest, pourront faire dans cette partie, nous éclaireront davantage sur tous ces articles. Les Espagnols substitués à nos François dans l'établissement de l'Est, nous mettront au fait de l'autre partie.

On peut compter sur l'exactitude des Plans & des Cartes, ainsi que
sur

sur les figures des animaux insérées dans les Planches de mon Journal. La Carte que je donne de Rio de la Plata, est d'autant plus intéressante, qu'elle a été levée avec tout le soin possible, & qu'on n'en avoit point encore de cette Riviere, dont la navigation est si dangereuse. L'original de cette Carte, étoit au moins du double plus grand; le Graveur l'a réduite contre mon intention. J'ai donné un Dictionnaire des termes de marine, mêlé avec la Table des matieres, pour mettre au fait de leur signification la plûpart des Lecteurs, qui n'en connoissent pas l'usage.

DISCOURS PRÉLIMINAIRE.

La Paix ayant été conclue au moyen de la cession que la France avoit faite de tout le Canada à l'Angleterre, Monsieur de Bougainville, Chevalier de St. Louis, & Colonel d'Infanterie, se mit en tête de dédommager la France de cette perte, s'il étoit possible, par la découverte des Terres australes, & des Isles considérables qui se trouveroient sur la route. La lecture du Voyage de l'Amiral Anson, autour du Monde, fixa ses idées, pour la reconnoissance des Isles Malouïnes; le détermina à commencer

cer par là son expédition, & à y former un établissement. Il fit part de son projet au Ministere, qui l'approuva. Pour l'exécuter, Mr. de Bougainville fit construire, à ses frais, une frégate & une corvette, à S. Malo, sous la direction des Sieurs Guyot du Clos, & Chénart de la Gyraudais, qui devoient les commander sous ses ordres. Mais voulant rendre utile l'exécution de son projet, & ayant pensé que je pouvois y contribuer, il me proposa, sur le point de son départ de Paris, d'entreprendre ce Voyage avec lui. Peu de jours après je reçus les ordres du Roy, par une lettre de Mr. le Duc de Choiseul, Ministre de la Marine, pour m'embarquer avec Mr. de Bougainville. Je fis aussitôt mes dispositions pour ce voyage & je partis avec lui pour S. Malo.

Tous ceux qui sont au fait de la position des Isles Malouïnes, applaudiront au projet de Mr. de Bougainville; mais peu de personnes ont entendu parler de ces Isles, parce qu'elles étoient presque inconnues. Quelques Navigateurs les avoient vuës; je crois cependant pouvoir assurer que personne, avant nous, n'y avoit abordé,

PRÉLIMINAIRE.

dé, au moins dans la partie de ces Isles, où nous sommes descendus. Il est donc à propos de donner une idée de leur découverte, en rapportant ce que quelques Auteurs accrédités en ont dit.

Frézier, dans sa Rélation du Voyage de de la Mer du Sud, in 4. Paris 1716. page 264. s'exprime en ces termes : „ Si j'ai sup-
„ primé, dans cette Carte, des terres ima-
„ ginaires, j'en ai ajouté d'effectives, par les
„ 51 dégrés de latitude, ausquelles j'ai don-
„ né le nom d'*Isles nouvelles*, pour avoir été
„ découvertes depuis l'année 1700. la plû-
„ part par les Vaisseaux de S. Malo Je
„ les ai placées, sur les Mémoires du Mau-
„ repas & du S. Louis, Vaisseaux de la
„ Compagnie des Indes, qui les ont vûës
„ de près ; & même ce dernier y a fait de
„ l'eau dans un étang, que j'ai marqué
„ auprès du port S. Louis. L'eau en étoit
„ un peu rousse & fade, au reste bonne
„ pour la Mer. L'un & l'autre ont parcou-
„ ru différens endroits ; mais celui qui les
„ a côtoyées de plus près, a été le St. Jean-
„ Baptiste, commandé par Doublet du Ha-
„ vre, qui cherchoit à passer dans un en-
„ foncement qu'il voyoit vers le milieu.
„ Mais ayant reconnu des Isles basses pres-

A 3 que

„ que à fleur d'eau, il jugea à propos de
„ revirer de bord. Cette suite d'Isles sont
„ celles que Fouquet de St. Malo découvrit,
„ & qu'il appella du nom d'Anican
„ son Armateur. Les routes que j'ai tra-
„ cées, feront voir le gissement des terres,
„ par rapport au détroit de le Maire, d'où
„ sortoit le St. Jean-Baptiste, lorsqu'il les
„ vît; & par rapport à la Terre des Etats,
„ dont les deux autres avoient eu connois-
„ sance, avant que de les trouver.

„ La partie du Nord de ces Terres,
„ qui est ici sous le nom de *Côtes de l'As-
„ somption*, a été découverte le 16 Juillet
„ de l'année 1708. par Poré*) de St. Malo,
„ qui lui donna le nom du Vaisseau qu'il
„ montoit. On la croyoit une nouvelle
„ Terre

---

*) Il paroit que Poré ne connoissoit pas le gisse-
ment des Côtes des Patagons, ni celui des Isles
Nouvelles ou Malouïnes; ou qu'il avoit mal fait
son point. En effet ces Isles ne sont qu'à 90 ou
100 lieuës du Detroit de Magellan: comment
auroient elles donc été éloignées de 100 lieues à
l'Ouest de la Côte de l'Assomption, ainsi nommée par Poré. S'il avoit eu connoissance du
gissement des Isles Malouïnes, il auroit vû clairement par la latitude & la longitude de la côte
qu'il parcouroit, qu'elle ne pouvoit être autre
que celle de ces Isles.

PRELIMINAIRE.

„ Terre éloignée d'environ cent lieües à
„ l'Est des Isles nouvelles dont je parle;
„ mais je n'ai point fait de difficulté de la
„ joindre aux autres, fondé sur des rai-
„ sons convaincantes.

„ La premiere, c'est que les latitudes
„ observées au Nord & au Sud de ces Is-
„ les, & le gissement des parties connues,
„ concourent parfaitement bien au même
„ point de réunion, du côté de l'Est, sans
„ qu'il reste du vuide entre deux. La se-
„ conde, c'est qu'il n'y a point de raison
„ d'estimer cette côté à l'Est des Isles d'A-
„ nican. Car Mr. Gobien du St. Jean, qui
„ a bien voulu me communiquer un extrait
„ de son Journal, estime qu'elle est au Sud
„ de la Riviere de la Plata *); ce qui étant
„ pris

*) L'estime de Mr. le Gobien du St. Jean est fausse; puisqu'il met cette côte de l'Assomption au Sud de Rio de la Plata; & qu'y ayant atterri, comme lui, & au même endroit, suivant la Carte de de Frezier, notre estime nous donnoit alors environ 64 dégrés & demi de longitude Occidentale, méridien de Paris, & l'embouchure de Rio de la Plata, 56° 30′; ce qui rejette l'endroit de la côte ou Mr. le Gobien & nous avons atterri, 8 dégrés plus au Sud Ouest; & fait, à peu près, l'erreur que l'Auteur du Voyage de l'Amiral Anson, (page 78) attribue à la Carte de Frezier, sur la position de la Côte des Patagons.

„ pris à la rigueur, ne pourroit l'éloigner à
„ l'Est que de deux ou trois dégrés, c'est-
„ à-dire 25 ou 30. Lieues. *) Mais la di-
„ versité des estimes est toujours une mar-
„ que d'incertitude. La premiere fois qu'ils
„ virent cette Côte, en venant de l'Isle
„ St. Catherine, (au Bresil) ils l'estimerent
„ par 329. dégrés; & la seconde, en venant
„ de la riviere de Plata, où les vents con-
„ traires les avoient contraint d'aller rela-
„ cher, après avoir tenté de passer le Cap
„ Horn, ils la jugerent par 322 degrés, &
„ suivant quelques uns 324. sur les Cartes
„ de Pieter Goos, dont nous avons fait re-
„ marquer les erreurs, page 28. Ainsi ou
„ doit y avoir peu d'égard. Cependant,
„ comme ils y avoient de la confiance, ils se
„ crurent fort loin de la terre ferme, & se
„ comptant trop à l'Est, ils coururent aussi
„ 300 lieuës trop à l'Ouest dans la Mer du
„ Sud, de sorte qu'ils se croyoient courir
„ sur

*) En reculant de 3 dégrés plus à l'Ouest la côte de l'Assomption, elle se trouve en effet plus conforme à notre estime, qui éloigne notre atterrissement de quatre dégrés, ou environ, plus à l'Ouest, qu'il ne le seroit suivant la Carte de Frézier, faite sur l'extrait que lui avoit fourni Mr. le Gobien, de son propre Journal.

„ sur la Guinée, lorsqu'ils atterrirent à Ylo.
„ Mais la troisieme & convaincante, c'est que
„ nous & nos camarades avons du passer
„ par dessus cette nouvelle Terre, suivant
„ la longitude où elle étoit placée dans la
„ Carte Manuscrite; & qu'il est morale-
„ ment impossible qu'aucun navire n'en
„ eût eu connoissance, étant longue d'en-
„ viron 50 lieuës E. S. E. & O. N. O. Ainsi
„ il ne reste plus aucun lieu de douter que
„ ce ne fut la partie du Nord des Isles Nou-
„ velles, dont le tems découvrira la partie
„ de l'Ouest, qui est encore inconnue.

„ Ces Isles sont sans doute les mêmes
„ que le Chevalier Richard Hawkins dé-
„ couvrit en 1593. étant à l'Est de la Côte
„ déserte, par les 50 dégrés. Il fut jette,
„ par une tempête, sur une Terre incon-
„ nue; il courut le long de cette Isle envi-
„ ron 60 lieuës, & vit des feux, qui lui fi-
„ rent juger qu'elle étoit habitée. *)

„ Jus-

---

*) Je ne sçai si les Isles que le Chevalier Richard Hawkins apperçut en 1593. par les 50 dégrés à l'Est de la Côte déserte des Patagons, sont la partie du Nord des Isles nouvelles, ou Malouines. Nous avons couru cette Côte au moins 60 lieuës comme lui, & nous n'y avons apperçu
an-

DISCOURS

„ Jusqu'ici on a appellé ces Terres les
„ *Isles Sébaldes*, parceque l'on croyoit que
„ les trois qui portent ce nom dans les
„ Cartes, étoient ainsi marquées à volonté,
„ faute d'une connoissance plus parfaite.
„ Mais le Vaisseau *l'Incarnation*, commandé
„ par le Sieur Brignon de St. Malo, les a
„ reconnues de près par un beau tems, en
„ 1711. à la sortie de Rio-Janeiro. Ce sont ef-
„ fectivement trois petites Isles, *) d'envi-
„ ron demi-lieuë de long, rangées en trian-
„ gle, comme elles sont marquées dans les
„ pa-

aucun feu, ni autre apparence d'habitation,
quoique nous n'en fussions assez souvent éloignés que d'une demie lieue, ou une lieue.

*) A notre atterrissement nous découvrimes trois
Isles, d'environ demi-lieue de long; assez éle-
vées, & placées à peu près en triangle, comme
on dit que le sont les Isles Sébaldes. Cette ressemblance de position & de figure nous les fit
prendre alors par las Isles Sébaldes; mais nous
avons découvert tout auprès quelques petites Isles plattes, & presqu'à fleur d'eau, dont il n'est
aucunement parlé dans les Journaux du Sieur
Brignon, ni dans les autres Journaux qui font
mention des Isles Sébaldes. Ayant ensuite, peu
d'heures après découvert d'autres élévations les
unes derriere les autres, nous jugeâmes que ces
trois

PRÉLIMINAIRE.

„ Cartes. Ils n'en passerent qu'à trois ou
„ quatre lieuës, & ils n'eurent aucune con-
„ noissance de terre, quoique par un tems
„ très fin; ce qui prouve qu'elles sont sé-
„ parées des Isles nouvelles, au moins de
„ sept à huit lieuës."

Dans le Mémoire présenté à la Compagnie des Indes par le Sieur de Lozier-Bouvet en 1735. pour qu'elle lui facilitât les moyens de reconnoître les terres découvertes par Gonneville, il y rapporte, entre autres avantages de l'établissement que l'on y feroit

trois Isles n'étoient pas les Sébaldes; mais des Isles un peu avancées de la grande des Malouïnes, & nous eûmes lieu de nous confirmer dans cette opinion. Si ces trois Isles étoient en effet les Sébaldes, elles ne seroient éloignées de la terre, ou grande Isle, que de deux lieuës, & non de 7 à 8, comme le dit Frezier. Voyez la Carte de notre route le long de la côte Cependant, dans les deux voyages de l'Aigle, & de la flûte du Roy l'Etoile, qui ont reconnu de nouveau ces trois Iles, en allant des Iles Malouïnes au Détroit de Magellan, l'Aigle en 1765, & l'Aigle avec la flûte l'Etoile en 1766. Ces deux Navires n'ont point trouvé d'autres Iles que ces trois, & les ont regardées depuis comme étant les Sebaldes.

roit après cette reconnoissance, les occasions de lier un commerce direct avec les Espagnols de la Riviere de la Plata, & les Portugais du Bresil. Il assure même que les Vaisseaux en allant, relâcher à ces Terres Australes, s'écarteroient très peu de leur route ordinaire, pour les Indes.

Par l'établissement que nous venons de faire aux Isles Malouïnes, *) nous mettons la Compagnie des Indes, & tous les Navigateurs François, dans la situation la plus favorable pour remplir ces deux objets. Les Isles Malouïnes sont beaucoup moins au Sud: le climat en est bien plus tempéré; elles sont plus à portée de Rio de la Plata, & du Bresil; plus dans le voisinage des Terres Magellaniques, & de celles des Patagons; avec les habitans desquels il seroit d'autant plus aisé de lier un commerce, qu'ils connoissent déjà les Européens par celui qu'ils font avec les Espagnols.

Quelle est en effet la position des terres Australes découvertes par Monsieur de Gonneville, Gentilhomme Normand? En 1503. ayant

*) Depuis ce Journal écrit, la France a cedé les Iles Malouïnes à l'Espagne.

PRÉLIMINAIRE.

ayant armé à Honfleur, il en partí au mois de Juin, pour les Indes Orientales. Après avoir doublé le Cap de Bonne Espérance, & avoir été pris d'un coup de vent, auquel des calmes succéderent, il ne pensa plus qu'à gagner quelques terres, où il pût se remettre des fatigues de la Mer. Il eut le bonheur d'en découvrir, qu'il nomma *Indes Méridionales*. Il y resta six mois, pendant lesquels il radouba son Vaisseau, traita avec les Naturels du Pays, & ménagea si bien leur amitié, que leur Roy, nommé Arosca, lui donna son fils Essomeric, pour faire le voyage de France, à condition, qu'il le lui rameneroit dans 20 Lunes. Gonneville mit à la voile le 3. Juillet 1504. chargé des productions du pays. Il rencontra dans la Manche un Corsaire Anglois, qui le prit, & le mena à Grenesai. Ce contretems fut cause qu'il n'arriva en France qu'en 1505. où il fit ses plaintes, & sa déclaration à l'Amirauté de Honfleur. On ne profita pas alors de la découverte de Mr. de Gonneville; lequel, pour dedommager Essomeric, à qui il ne pouvoit tenir parole, lui fit épouser une de ses parentes, & lui laissa en mourant une partie de ses biens.

Le

Le Sieur Bouvet, qui avoit quelques notions de cette découverte, présenta son Mémoire à la Compagnie des Indes. Elle lui fit armer deux Navires, l'Aigle & la Marie, sur lesquels il partit de l'Orient le 19 Juillet 1738. Il arriva le 26 Novembre par les 35 degrés de latitude Méridionale, & les 344 de longitude, Méridien François. Il commença à y trouver de la brume, qui ne les quitta presque plus tant que les deux Vaisseaux furent ensemble. Souvent elle étoit si épaisse que dans l'Aigle on ne voyoit pas la Marie, à une portée de fusil; de façon qu'ils eurent toutes les peines du monde à ne pas se séparer.

Le 3 Décembre, par les 39 deg. 20 min. de latitude, & les 351 de longitude, ils commencerent à voir du Goemon, & plus d'Oiseaux qu'à l'ordinaire, ce qui leur fit penser qu'ils n'étoient pas éloignés de terre: ils prirent toutes les précautions requises en pareil cas. Le 5, ils se trouverent par les 42 deg. 40 min. de latitude & les 354 de de longitude. Le 7, par les 44 de lat. & 355. de longitude. Le 10, par les 44 & le premier Méridien, où plusieurs Géographes plaçoient le Cap des Terres Australes. Le 12, ils se faisoient par le 7 d. de longitude;
le

PRÉLIMINAIRE.

le 15, par les 48 d. 50 min. de latitude égale à celle de Paris, & par les 7 de longitude. Ils virent alors des glaces, ce qui étoit pour eux un indice certain de Terre. Ils virent même la couleur de l'eau de la mer changée, beaucoup de plongeons, & beaucoup d'autres oiseaux, dont plusieurs battoient de l'Aîle, comme les oiseaux de Terre. Ils apperçurent aussi des Pinguins, oiseaux amphibies, dont on trouvera la description dans ce Journal. A mesure qu'ils avancerent vers le Sud, les glaces se multiplierent. Le 16, ils virent encore des Pinguins, & un Loup marin; la brume & les glaces les empêcherent d'élever les 54 dég. de latitude avant le dernier Decembre. Enfin le premier Janvier, vers les 3 heures après midi, ils apperçurent une Terre fort haute, couverte de neige, & très embrumée, qu'ils prirent pour un gros Cap, & qu'ils nommerent le *Cap de la Circoncision*. Il est, suivant la rélation du Sieur Bouvet, par les 54 deg. de latitude Méridionale, & les 27 à 28. de longitude, méridien François. Le 6 ils virent une quantité prodigieuse d'oiseaux, d'un très-beau blanc, & gros comme des pigeons: ils crurent voir la terre à une ou deux lieuës. Le lendemain, ils apperperçurent une terre nouvelle, à peu près dans le Nord-Nord-Est du Cap de la Circoncision. Ils coururent ainsi jusqu'au neuf à quatre heures du matin, que le tems s'étant éclairci, & la brume dissippée, ils reconnurent que cette prétendue terre n'étoit qu'un nuage.

Depuis qu'ils étoient à la vûe de terre, ils n'en avoient retiré d'autre avantage, que de juger qu'elle s'étendoit 8 à 10. lieuës dans l'E. N. E. & 6 a 7 lieuës dans l'Est. Ils n'avoient même pu reconnoître si ce qu'ils avoient vû étoit une Isle, ou si elle faisoit partie de la Terre ferme. Enfin le gros tems survenoit, la saison étoit avancée, & l'Equipage étoit malade. Toutes ces considérations firent prendre à Mr. de Lozier Bouvet le parti d'aller chercher un lieu de relâche, plus aisé à atterrir, & plus commode. Il fit route pour reconnoître la Terre où Gonneville avoit abordé; laquelle, par la relation, est située par une latitude égale à celle de quelques Provinces de France. Les plus septentrionales sont par les 51 deg. comme le sont les Isles Malouines. Il éleva donc le paralelle de 51 à 52. & le parcourut avec les mêmes incommodités, sans en tirer aucun avantage.

Ils

Ils s'eſtimoient par les 51 de longitude, mais ils étoient en effet par les 55. comme ils le reconnurent à l'atterrage du Cap de Bonne Eſpérance. Ils mirent donc le Cap au Nord, & continuerent jusqu'au 5 Fevrier, que les deux Vaiſſeaux ſe ſéparerent, pour aller, la Marie avec Mr. Bouvet, au Cap de Bonne-Eſpérance, & l'Aigle pour l'Isle de France avec Mr. Hay.

Mr. Bouvet partit du Cap de Bonne Eſpérance le 31 Mars pour retourner en France, & reconnut, dans ſa route, l'Isle de la Trinité par les 351. degrés de longitude, méridien de Tenerife & 348. 30 min. méridien François, par les 20 deg. 20 min. de latitude, ainſi que l'Isle de l'Aſcenſion, qu'il met par les 349 deg. de longitude. Il dit que l'Isle de la Trinité eſt très-bien dépeinte ſans ce nom dans le Flambeau Anglois. C'eſt une Isle, dit Mr. Bouvet, après l'avoir approchée d'une portée de fuſil boucannier, dont nous avons vû diſtinctement les trois quarts. Elle n'eſt, à proprement parler, qu'un rocher partout inacceſſible. Elle a 4 Islots, 8 a 9 lieuës à l'Eſt. Olivier de Noort, commandant 4 Vaiſſeaux Hollandois en 1599, ſuivit ce paralelle de 20 deg. 20 min. depuis cette Isle juſqu'aux Côtes du Bréſil, & ne

B ren-

rencontra que celle-là. Ce qui a fait juger que celle qui porte les noms de Martin de Vaz & de l'Isle de l'Acenſion ou de l'Aſcenſçaon, ne ſont qu'une ſeule & même Isle avec celle de la Trinité,*) ſous ces trois noms différens.

Nous avons été plus heureux dans notre entrepriſe que ne l'a été Mr. Bouvet dans la ſienne. L'établiſſement fait aux Isles Malouïnes pourroit ſuppléer à celui qu'il ſe propoſoit de faire aux Terres Auſtrales; & ſi les Vaiſſeaux de la Compagnie des Indes vouloient prendre leur route par la Mer du Sud,

---

*) Ce que dit ici Mr. Bouvet de l'Isle de la Trinité a beaucoup de rapport avec ce que nous avons vû de très-près de l'Isle de l'Aſcenſçaon, comme on peut le voir dans ce Journal, au 27 Avril 1764. Mais, quoique leur ſituation pour la latitude ne diffère que d'environ 12 min. la longitude eſt abſolument différente; puisque, ſuivant ſon eſtime, l'Isle de la Trinité eſt par les 348 d. 30 min. mérid. François, ce qui revient au 10 d. environ du méridien de Paris. Pendant que nous avons reconnu l'Isle de l'Aſcenſçaon, j'ai eſtimé ſa poſition à 32 deg. 25 min. de ce dernier méridien. Il ſuivroit de là, que l'Isle de la Trinité & celle de l'Aſcenſçaon ſont deux Isles réellement diſtinctes; contre le ſentiment de pluſieurs Navigateurs.

Sud, pour aller à la Chine, aux Philippines &c. & pour le Commerce de la Mer du Sud. Voici ce qu'en dit l'Auteur du Voyage de l'Amiral Anson, page 54 & suiv. édit. in 4. chez Charles Ant. Jombert. „J'ai prouvé „ci-dessus que toutes nos entreprises dans „la Mer du Sud courent grand risque „d'échouer, tant qu'on sera obligé de „relcâher au Bresil; ainsi tout expédient „qui pourroit nous affranchir de cette né- „cessité, est sûrement digne de l'attention „du Public." (On peut même ajoûter que ce lieu de relâche est trop éloigné du premier, que l'on peut trouver dans la Mer du Sud, pour être d'un avantage suffisant. Nous avons, commé l'Amiral Anson, relâché à l'Isle St. Catherine; nous n'avons pas à nous plaindre, comme lui, de la réception que l'on nous y a faite; nous n'avons même qu'à nous louër du Gouverneur, comme on le verra dans ce Journal; mais les autres incommodités de ce relâche sont telles qu'il les rapporte. L'air mal sain, & les brumes perpétuelles, que l'on y trouve, sont bien capables d'en dégoûter.)

„Le meilleur expédient à proposer, se- „roit sans doute, dit cet Auteur, de trou- „ver

„ ver quelque autre endroit plus au Sud, où
„ nos Vaisseaux pussent relâcher, & se pour-
„ voir des choses nécessaires pour leur voya-
„ ge autour du Cap Horn. Nous avons
„ déjà quelque connoissance imparfaite de
„ deux endroits, qu'on trouveroit peut-être,
„ en les faisant reconnoître, fort propres à
„ cet effet. L'un est l'Isle *Pepys* ") à 47 de la-
„ titude Sud, & suivant le Docteur Halley,
„ à quatre-vingt lieuës du Cap blanc, sur
„ la Côte des Patagons; le second seroit aux
„ Iles de Falkland, à la latitude de 51. & à
„ peu près au Sud de l'Isle Pepys. Cette
„ derniere a été découverte par le Capitai-
„ ne Cowley, dans son Voyage autour du
„ Monde, en 1686. Il nous a représenté
„ cette Ile comme un lieu très-commode,
„ pour y faire de l'eau & du bois; & où
„ il y a un très-bon port, capable de
„ contenir plus de mille vaisseaux en toute
„ sûreté. Il dit de plus qu'elle abonde
„ en oiseaux, & que comme les côtes
„ en sont de roc & de sable, il s'y trou-
„ ve,

*) Dans le second Voyage aux Iles Malouines, Mr. de Bougainville a cherché inutilement, pendant plusieurs jours, cette prétendue Ile Pepys; la mème recherche n'a pas été moins vaine, dans le troisième..

„ve, sans doute, grande quantité de „poissons."

Ce raisonnement paroît être une pure conjecture, & très hazardé de la part du Capitaine Cowley. Il est aisé de s'en convaincre par la lecture de sa Rélation, puisqu'il y dit en propres termes que *le gros tems l'empêcha d'y descendre, n'ayant pu mettre sa chaloupe à la mer.* S'il l'a vûë en effet, ce n'est donc qu'en passant, comme plusieurs Navigateurs ont fait de beaucoup d'autres Iles & Terres, qui nous sont encore inconnuës, tant pour la qualité & les productions du terrein, que pour le véritable gisement de leurs côtes. Puisque ce Capitaine n'y est pas descendu, comment peut-il sçavoir si c'est un lieu commode pour faire de l'eau? Il n'y a peut-être point d'eau douce. Quant au bois, nous y avons été trompés sur les apparences, en courant la Côte des Iles Malouines: nous avons cru en voir, & après y être descendus, ces apparences ne nous ont donné en réalité que des glajeux; espece de jonc ou plante à longues feuilles, plattes & étroites, qui s'éleve en motte de trois pieds au moins, & dont les feuilles en touffes font, en s'élevant au dessus de la motte, une hauteur de 6 à 7 pieds. Voyez l'extrait du Journal du St. Alexandre Guyot à la fin de cette Rélation.

„ A l'égard des Isles de Falkland, elles
„ ont été vûës, continue l'Amiral Anson, de
„ plusieurs Navigateurs *François* & *Anglois*.
„ Frézier les a mises dans sa Carte à l'extré-
„ mité de l'Amérique Méridionale, sous le
„ nom de *Nouvelles Iles*. Wood's Rogers,
„ qui courut la côte de N. E. de ces Iles
„ en 1708, dit qu'elles s'étendent environ la
„ longueur de deux degrés; qu'elles sont
„ composées de hauteurs, qui descendent
„ en pente douce les unes devant les autres;
„ que le terrein en paroît bon, & couvert
„ de bois; (voyez ce que nous venons de di-
„ re à ce sujet, dans la remarque précédente,)
„ & que suivant les apparences il n'y man-
„ que pas de bons ports. L'un & l'autre de
„ ces endroits est à une distance convenable
„ du Continent; & à en juger par leurs la-
„ titudes, le climat y doit être tempéré. Il
„ est vrai qu'on ne les connoit pas assez bien
„ pour pouvoir les recommander, comme
„ des lieux de rafraîchissement à des Vais-
„ seaux destinés pour la Mer du Sud, mais
„ l'Amirauté pourroit les faire reconnoître à
„ peu

„ peu de frais; il n'en coûteroit qu'un voya-
„ ge d'un seul Vaisseau: & si un de ces en-
„ droits se trouvoit, après cet examen, pro-
„ pre à ce que je propose, il n'est pas conce-
„ vable de quelle utilité pourroit être un lieu
„ de rafraîchissement, aussi avancé vers le
„ Sud, & aussi près du Cap Horn. Le Duc
„ & la Duchesse de *Bristol* ne mirent que 35
„ jours, depuis qu'ils perdirent la vûe des
„ Iles de *Falkland*, jusqu'à leur arrivée à
„ l'Ile de Juan Fernandez, dans la Mer
„ du Sud; & comme le retour en est en-
„ core plus facile, à cause des vents d'Ouest
„ qui regnent dans ces parages, je ne dou-
„ te pas qu'on ne puisse faire ce Voyage
„ des Iles de Falkland à celle de Juan Fer-
„ nandez, aller & revenir, en un peu plus de
„ deux mois."

Si Wood's Rogers n'a couru que la Côte N. E. des Iles de Falkland, ou Maloüines, comment peut-il sçavoir si ces Iles ne s'étendent qu'environ la longueur de deux degrés? Nous n'avons couru qu'une partie des côtes de la grande Ile, & nous avons trouvé qu'elle s'étendoit plus de trois, depuis l'Est jusqu'au Nord-Ouest. Nous avons remarqué qu'elle est en effet composée de hauteurs qui descendent en pente douce les unes devant les autres; mais le terrein ne nous a jamais paru couvert de bois, quoique nous l'ayons côtoyé de fort près; nous avons même toujours douté qu'il y en eût, parce que nous n'avons pu en découvrir pendant le séjour que que nous y avons fait, tant au premier Voyage, qu'aux deux suivans.

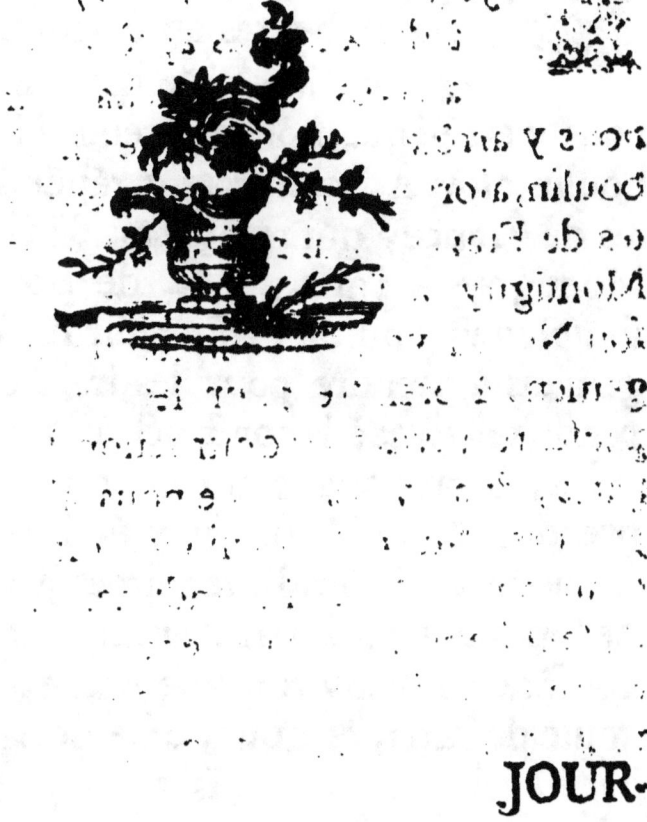

JOURNAL HISTORIQUE

de mon Voyage aux Iles Malouines, avec les observations que j'ai faites sur les Habitans, & sur l'Histoire naturelle des lieux que j'ai parcourus.

Je partis de Paris le 17 Août 1763. à deux heures après-midi. Etant arrivés à Pontchartrain, nous nous y arrêtâmes pour y prendre Mr. d'Arboulin, alors Administrateur général des Postes de France, qui retournoit de sa terre de Montigny à Paris. Mr. de Bougainville son Neveu vouloit l'entretenir sur les arrangemens à prendre pour les frais & les dépenses relatives à la construction des deux frégates, & au voyage que nous allions entreprendre: Mr. d'Arboulin y étoit entré pour beaucoup. Nous l'attendimes jusqu'à près de sept heures: il parut enfin; & après une conférence d'environ une heure, il prit la route de Paris, & nous, celle de Saint Malo.

Nous courûmes les deux nuits, & les jours suivans. Après nous être seulement arrêtés quelques heures vers le midi, pour laisser passer la chaleur, qui étoit excessive, & faire cabler à Rennes une de nos rouës, dont les rayons vouloient absolument quitter le moyeu, nous arrivâmes à Beauséjour sur les deux heures après minuit, le Dimanche 20. Beauséjour est une maison de campagne très-jolie, située à l'une des extremités de St. Servant. Mr. Bougainville de Nerville, cousin germain de Mr. de Bougainville, y étoit arrivé cinq jours avant nous, & nous y attendoit. Nous ne bûmes qu'un verre de cidre, & nous courumes à nos lits, ayant plus envie de dormir que de manger.

Mr. Duclos Guyot, choisi pour commander la Frégate l'Aigle, sous les ordres de Mr. de Bougainville, vint nous trouver à Beauséjour, avec quelques uns des Officiers qui devoient s'embarquer avec nous. Je passai mon tems à voir la Ville de St. Malo, celle de St. Servant, & les environs jusqu'au 25, que nous nous transportâmes au port de Solidor, pour la cérémonie du Baptême de nos deux Frégagates; qui s'est faite solemnellement, suivant l'usage. Tous les Officiers & les Matelots qui devoient s'y embarquer, étoient à bord. M. N. Chapelain & Directeur de l'Hôpital de St. Sauveur, de la Ville de St. Malo, célébra la Messe dans la Frégate l'Aigle, & fit toutes les cérémonies accoûtumées en pareilles circonstances. Les deux Frégates, mouillées l'une près de l'autre, firent une salve generale au commencement de la Messe, & une seconde salve à la fin, pendant la priere pour le Roy.

Le lendemain, Dom Jamin, Prieur des Bénédictins du Monastere de St. Benoît, avec lequel j'étois fort lié pendant qu'il professoit la Théologie à Paris dans l'Abbaye de St. Germain des Près, nous traita à diner, Mr. de Bougainville, Mrs. Duclos Guyot, Chênart de la Gyrandois, de Belcourt Lieutenant d'Infanterie, l'Huillier de la Serre Ingénieur, & moi.

Nous fimes porter à bord nos malles, nos lits, & les autres choses nécessaires pour le voyage; & le 29 nous couchâmes à bord. On continua d'embarquer toutes les provisions jusqu'au premier de Septembre.

Dès

Dès les cinq heures du matin, le vent de Nord-Ouest s'étant élevé assez bon frais, nous avons quitté Solidor *) sur la Frégate l'*Aigle* de 100 hommes d'équipage, montée de 20 canons, percée pour 24, commandée par le Sr. Duclos-Guyot, de St. Malo, Capitaine de Brûlot, accompagnée de la Corvette le *Sphinx*, de 40 hommes d'équipage, montée de huit canons & six pierriers, commandée par le Sr. Chênaut de la Gyraudais, de St. Malo, Lieutenant de Frégate, l'une & l'autre sous les ordres de Mr. de Bougainville, Chevalier de St. Louis, Colonel d'Infanterie, & Capitaine de Vaisseau: nous avons mis en rade de Rance ou de St. Malo, sur les 10 heures du matin.

Nous n'attendions qu'un vent favorable pour appareiller le lendemain deux de Septembre, lorsque trois ou quatres personnes de St. Malo formèrent des difficultés à l'Amirauté sur notre départ. Mr. de Bougainville en ayant eu avis, se transporta à St. Malo, se présenta à l'Amirauté, & répondit à tout de maniere que le jugement fut prononcé à son avantage. Ayant pensé néanmoins

---

*) Solidor est le nom du port de St. Servant, où l'on construit les Navires.

moins qu'il étoit à propos d'en informer le Ministere, il fit partir un Courier chargé de ses dépêches, à deux heures du matin, la nuit du Samedi au Dimanche 4 du mois. Ce Courier, qui étoit son domestique, fit tant de diligence, qu'il fut de retour à St. Malo avec les réponses, la cinquante-neuviéme heure après son départ.

Sur le soir du 8, jour de la Nativité de la Vierge, le vent s'étant montré au Sud-Sud-Ouest, les ordres furent donnés pour désaffourcher; ce que nous fimes à une heure après minuit; & l'on appareilla sur les 6 heures ½ du matin, les vents continuant bon frais.

Nous avons fait route le 9, & après la passe du Décollé, le vent ayant tourné au Sud-Ouest, & de plus en plus à l'Ouest, à mesure que nous approchions du Cap Fréhel*, nous avons mouillé sur le midi. La Corvette le Sphinx a fait la même manœuvre que nous, & a mouillé à N. N. E. environ

*) Ce Cap est à 5 lieues de St. Malo. Le fond est de sable vaseux & herbier. Au S. E. la Tour des Hébiens, la pointe de St. Cast au S. O. & e Chateau de la Late au N. O. Voyez en la Vûe Pl. I.

viron à deux *Cablures*. Nos deux Frégates se trouverent alors dans le même mouillage ou se placerent les Anglois dans l'Affaire de St. Cast, où ils furent si maltraités, dans la descente qu'ils y firent. Ce mouillage n'est point du tout assuré, & beaucoup de Navires y ont péri.

Les Vents d'O. S O. & d'O. N. O. ont regné le dix & le onze avec beaucoup de violence: il a tombé de la pluye & de la grêle; ce qui nous a obligé d'amener nos basses vergues, mâts de hune, & de raffraîchir de tems en tems nos amarres. On a même été contraint de filer trente brasses du cable de *Stribord*.

Le 12, les vents ont régné de l'Ouest-Nord-Ouest au Nord, toujours grand frais, avec force grains, le mer très-grosse. A minuit le vent est un peu tombé, mais la mer a continué d'être grosse. Sur les six heures du soir nous avons vû un Navire sous quatre voiles majeures, faisant route pour St. Malo.

Le vent a changé le 13 du N. N. O. au N. E. bon frais, la mer toujours grosse, avec de la pluye & quelques grains. La mer

mer a commencé à tomber sur les onze heures du matin; à 5 heures du soir, elle est devenue belle, le vent étant au N. petit frais. On a guindé les mâts de hune & basses vergues. Le Navire que nous avions vû la veille allant à St. Malo a repassé, sur les huit heures, pour la Manche, destiné, dit-on, pour Bordeaux. Peltier, Pilote Côtier de St. Malo, nous a apporté 17 barriques d'eau & des légumes. J'ai mis alors dans un petit tonneau tenant environ cinquante pintes d'eau, une drogue de Mr. Séguin, pour préserver l'eau de corruption dans les voyages de long cours. Un Chimiste avoit donné une autre composition à Mr. de Bougainville pour la même fin. C'étoit une pâte grisâtre, qui sembloit être composée de terre glaise & de poudre d'antimoine crud. Quelques uns disoient qu'il y avoit un mélange de Mercure crud. Mr. de Bougainville ne me l'ayant montrée qu'à bord de la Frégate, je n'ai pas essayé d'en faire l'analyse. Sur l'incertitude de ce qui entroit dans cette composition, Mr. de Bougainville ne se mit pas beaucoup en peine pour en faire l'épreuve. Mais, comme je sçavois ce qui formoit celle de Mr. Séguin, qui n'est autre chose que de l'esprit

de

de sel; & qu'en préservant l'eau de corruption, il la rendoit même salutaire, & propre a prévenir, & à guérir le Scorbut, je n'hésitai pas à en faire l'essai. On verra dans la suite ce qui en a résulté.

Le 14 le vent ayant régné du N. au N. O. & par intervalles au N. N. O. il a fait beau tems jusques à 4 heures du matin. Alors le tems s'est *engraissé* par une espece de brouillard, & il a plu jusques à 8 heures, que le vent s'est élevé bon frais; ce qui nous a obligé d'amener nos basses vergues, & mâts de hune. Vers midi le tems a calmé, la mer est *tombée*, & l'après-midi a été belle. L'Officier de Quart, ayant voulu commander à deux Acadiens Passagers d'aider à la manœuvre, le fils refusa d'agir, & le fit avec un ton qui détermina l'Officier à en porter ses plaintes à Mr. de Bougainville, qui le pria de n'y pas faire attention, & en parla à l'Acadien. Celui-ci reçut l'avis d'assez mauvaise humeur; mais promit cependant de travailler comme les autres, au moins dans les cas de besoin.

Dans la soirée le vent a passé au N. & N. N. E. A deux heures après minuit

nuit, le vent étant au N. E. nous avons viré sur notre ancre d'affourche d'Ebe: Elle étoit à bord à 5 heures. Nous avons ensuite guindé nos basses vergues & nos mâts de hune, embarqué notre canot, viré sur notre second ancre, & appareillé sur les 9 heures. Le vent étoit Nord petit frais. Au signal d'appareillage le Sphinx a appareillé, demi-heure après nous, & nous avons louvoyé, pour nous élever de dessus la côte. A midi, nous étions N. & S. de St. Jacut, environ à une lieuë & demie.

Depuis hier midi, les vents ayant varié, nous avons été obligé de tenir la route du Nord Ouest jusqu'à cinq heures du matin, & à midi nous avons relevé le Cap Fréhel au S. S. E. 4. deg. le Cap d'Arquis, autrement de l'Abbaye de St. Brieux au S. O. & S. O. ¼ S.

Le lendemain 16, nous avons été obligés de faire beaucoup de bords, parce que le vent étoit toujours variable, petit frais, & la mer calme par fois. Sur les 8 heures du soir, nous avions le Cap Fréhel au S. ¼ S. E. environ à deux lieuës. Nous avons continué de louvoyer toute la nuit,

C & le

& le matin jusqu'à midi; pour prendre les marées plus avantageuses; mais sans presque rien gagner.

A six heures du soir le 17. nous nous sommes approchés de Jersey; mais ne pouvant doubler cette Ile, nous avons viré à courir sur l'O. ¼ S. O. le plus gros Rocher des Minquiers au S. E.

A minuit, la mer nous prenant en travers, & craignant les Rochers, nommés les *Liégeons*, nous avons viré bâbord amure jusqu'à deux heures que nous avons repris les amures à stribord. Alors nous avons eu connoissance du feu du fanal de Fréhel, distant d'environ 4 lieues.

Nous avons continué la même bordée le 18. jusques à six heures du matin. Mais voyant toujours les vents contraires, & ne faisant que louvoyer au milieu des rochers dont toute cette côte est hérissée, on a pris le parti de relâcher. Nous avons donc arrivé; le Sphinx en a fait de même, & à midi nous étions E. & O. du fanal de Fréhel, à un tiers de lieue ou environ. Le calme est venu ensuite, en doublant le château de la Latte, la mer nous a fait dériver, & nous avons eu bien de la la peine à le regagner. Cependant nous avons mouillé à deux heures après midi.

Comme la mer étoit fort tranquille, & le vent assez doux, dès les 9 heures du matin, Mr. Bougainville, Mr. de Belcourt, l'Huillier, Donat; de la Gyraudais Cap. du Sphinx & moi, nous avions été à l'Ile Agôt, où nous comptions tuer quelques Lapins; mais nous n'en vimes que deux pendant près de 3 heures que nous la parcourûmes. Comme je n'avois d'autre chasse à faire que celle des plantes, ou autres choses curieuses, qui pouvoient se trouver sur mes pas, je m'amusai à amasser des graines de raves ou raiforts sauvages, & quelques coquillages. Vers l'heure de midi, la faim commença à se faire sentir, on n'avoit rien tué, & la chasse ne pouvoit nous fournir dequoi dîner; nous tînmes conseil, & la résolution fut prise d'aller demander à dîner au Prieur de l'Abbaye de St. Jacut. Nous montâmes aussitôt dans notre Canot; & nous arrivâmes à cette Abbaye sur les deux heures. Le Prieur & les autres Bénédictins mes Confreres nous y firent l'accueil le plus gratieux, & nous servirent à dîner avec le même empressement qu'ils avoient montré le 6 de ce même mois, que nous y avions été cinq à six avec le Prieur des Bénédictins de St. Malo. Celui de St. Jacut étoit venu dîner à bord de l'Aigle le 13, & Mr. de Bougainville avoit fait les choses on ne peut pas mieux. Au sortir de table à St. Jacut, je fis ressouvenir le Prieur de l'offre qu'il nous avoit faite des légumes de leur jardin. Il nous permit, de la meilleure grace du monde, d'en emporter ce que nous voudrions, & nous chargeâmes notre Canot de choux, & de porreaux.

Le 19, à quatre heures du matin, le tems parut bon pour appareiller par un vent d'O. S. O. & nous levâmes l'ancre à neuf heures, mais le vent repassa au S. O. & le calme succéda. Il fallut laisser retomb l'ancre sous barre. Deux navires passèrent sur les dix heures, faisant route pour le Ras.

A une heure après midi, le lendemain, nous avions embarqué nos Canots, le vent au S. S. O. bon frais, & le tems à grains. Nous étions sous voiles à trois heures. Après avoir doublé la pointe du Château de la Latte, nous trouvâmes le vent

vent au N. O. & les deux Navires, qui avoient passé le matin, venoient relâcher. Nous y sommes retournés aussi ; & sur les 5 heures nous avons mouillé & affourché à la voile ; le Sphinx en a fait de même. De ces deux Navires, l'un étoit destiné pour Brest, l'autre pour Cayenne. Le Capitaine de celui-ci vint nous rendre visite ; & comme il avoit mouillé sous un seul ancre, & un peu trop près de terre, notre Capitaine lui fit remarquer qu'il couroit de grands risques, s'il venoit quelque grain violent. Etant retourné à son bord, il profita de cet avis, & affourcha, après s'être un peu éloigné de terre. A neuf heures du soir, il vint un grain violent qui lui fit sentir la necessité de cet avis.

Pendant la fougue de ce grain, qui dura environ une bonne demi-heure, l'Acadien, dont j'ai parlé ci-devant se tenoit les bras croisés sur le gaillard, & regardoit tranquillement faire la manœuvre, Mr. de Bougainville l'ayant vû dans cet état, ne put s'empêcher de lui en faire des reproches. L'Acadien se retira sous le pont, sans répondre ; mais y étant avec son épouse, son pere, & les deux autres familles Acadiennes, aussi passageres, il

C 3   leur

leur marqua hautement son mécontentement, voulut leur persuader de faire comme lui, & qu'enfin ils ne s'étoient pas engagés, ni embarqués pour faire la manœuvre, mais comme volontaires & passagers; qu'il aimeroit mieux être resté en France, que de s'être embarqué à ces conditions.

Tout ce discours fut rapporté à Mr. de Bougainville, qui en fut piqué; & il avoit raison. Ces familles Acadiennes étoient à St. Servant, & à St. Malo, depuis que les Anglois nous avoient enlevé l'Acadie. Le Roi leur donnoit, à la vérité, une somme par tête, à peu près comme aux troupes réglées; & ces familles n'avoient guéres d'autre ressource que cette espece de solde, & le travail de leurs mains. Mr. de Bougainville leur avoit proposé de les prendre à son bord, de les transporter dans un pays où il leur donneroit des terres en propriété, & mille autres avantages, qu'ils ne pouvoient espérer en France. Il leur avoit même fait faire des avances en effets & en argent. Sur le rapport qu'on lui fit des discours de cet Acadien il dit: il n'y a qu'à les remettre à terre, & les renvoyer
à St.

à St. Servant; puisque la misere leur plaît, qu'ils aillent y vivre misérables. Ce discours fut rendu aux autres familles, & fit tant d'impression sur leur esprit, que les femmes & filles se mirent à pleurer; les hommes firent des reproches à l'Acadien qui y avoit donné occasion, & la division se mit entre eux. Mr. de Bougainville en fut bientôt informé. Le lendemain 21, après la prière, il les fit tous venir dans sa Dunette, & leur dit: Il en est parmi vous de mécontens, fâchés de s'être embarqués avec moi. Je n'exige pas de vous que vous soyez obligés à la manœuvre comme matelots; je ne vous ai pas pris sur mon bord comme gens engagés pour cela; mais aussi je ne vous y ai pas pris pour rester oisifs, & ne pas donner la main dans le besoin. Vous êtes les maîtres de vous retirer à St Malo, à St. Servant, ou dans quelqu'autre lieu que bon vous semblera; & vous n'avez qu'à parler: on vous mettra à terre sur le champ.

L'Acadien & son père déclarerent qu'ils aimoient mieux retourner à St. Servant. Les deux autres familles demanderent à continuer le voyage. Dès l'après-midi, on débarqua près de St. Caſt le pere, le fils & ſon épouſe, avec tout ce qui leur appartenoit; & Mr. de Bougainville leur laiſſa par charité les avances d'argent qu'il leur avoit obtenues du Roy. Les deux autres familles furent charmées de cette ſéparation; elles ſe féliciterent de ce départ. La femme avoit une humeur un peu acariâtre; le mari en étoit ſi jaloux, qu'il ne la quittoit preſque pas un inſtant; il obſervoit juſqu'à ſes moindres geſtes; & auroit infailliblement troublé la bonne intelligence qu'ils deſiroient régner entre eux. Cette union s'eſt maintenue parfaite entre les deux familles, qui ont fait le voyage avec nous, & que nous avons débarquées & établies aux Iles Malouïnes. Elles étoient compoſées l'une du mari, de ſon épouſe, de deux enfans, l'un garçon âgé de trois ans, l'autre fille âgée d'un an, & des deux sœurs de la femme, l'une âgée de 20 ans, l'autre de 17. La ſeconde famille conſiſtoit dans le mari, la femme, un garçon de 4 ans, & la sœur de la femme, âgée de 16 ans. La femme étoit prête d'accoucher lorſque nous ſom-

sommes partis de ces Iles pour retourner en France.

23 Septembre.

Dès le matin, les vents, qui la veille avoient passé du N. N. O. au N. E. tournerent à l'E. N. E. petit frais. Ayant paru bons & constans, Mr. Duclos notre Capitaine fit mettre le pavillon *en berne* pour rappeller notre chaloupe & notre canot, qui étoient à terre, la chaloupe pour faire de l'eau, le canot pour amener les matelots, & les femmes qui lavoient le linge. Mr. de Bougainville, Mr. de Belcourt, Mr. L'huillier & Mr. Donat, avoient été à la chasse, près de deux lieues avancés dans les terres, & comptoient venir dîner au Château de la Latte, où Mr. Mauclair & moi, les attendimes jusqu'à deux heures ½. Mr. Duclos voyant que personne ne se rendoit à bord, fit tirer un coup de canon, ce qui accéléra le retour de nos Chasseurs; mais comme le tems pressoit, & qu'ils avoient dîné dans une maison de Campagne, on ne voulut pas s'arrêter au Château de la Latte. Nous fimes reporter le dîner à bord, où Mr. Mauclair & moi bûmes un coup seulement en attendant le souper.

A trois heures, on fit signal au Sphinx de défaffoucher. A six, nos canots embarqués, nous appareillâmes du Cap Fréhel; & après avoir fait plusieurs bords pour doubler le Château de la Latte, à neuf heures du soir nous étions Nord & Sud de la pointe du Cap. *)

Lundi 25 Septembre.

Sur les quatre heures du soir, on tendit un haim, ou hameçon à deux crochets. A peine l'eut-on jetté à la mer, qu'un poisson, ayant à peu près la forme & la couleur d'un Macquereau, y mordit, & s'y prit. Il pesoit environ 30 livres, & n'avoit pas deux fois plein la main, de boyaux, foye &c. Tout le reste

---

*) Fait route sur le N. O. ¼ O. à 10 h. le Cap Fréhel nous restoit au S. E. ¼ S. dist. 3 l. à minuit le Liegeon s. O. ¼ S O. l'on alors gouverné au N. O. à 4 h. Brehat restoit au N. O. ¼ N. dist. 1 li. ¼ gouverné au N. ¼ N. E, à 8 h. du matin la pointe de Brehat au Nord restoit au S. & Rufy à O. ¼ S. O. le tout du Compas. A midi, relevé Rufy au S. ¼ S. O. du Compas, & les Tréages à O. S. O. d'où le point de départ. Lat. de Rufy 48=53. lat. du point du relevement à midi 48=57. long. de Rufy mérid. de Paris 5=48. long. du point de relevement 5=47.

re du corps étoit d'une chair solide, comme celle du Thon: elle en avoit la couleur & le goût. On en fit une soupe excellente le lendemain. On en servit des tronçons à differentes sausses, & nous trouvâmes ce poisson très-bon: il est un peu sec, mais moins que la Bonite. On le nommoit Grande-Oreille.

L'hameçon avec lequel on le prit, n'a point d'appât de viande, ou poisson, ou insecte. Il est composé de deux crochets de fer, de la grosseur d'un tuyau de plume à écrire, accollés l'un à l'autre. On couvre la tige de ces deux crochets réunis, avec de l'étoupe, en lui donnant la forme d'un fuseau à filer: on couvre cette étoupe d'une toile blanche, forte, & d'une plaque de plomb, on y ajuste ensuite deux ou quatre plumes blanches de l'aile d'une oye, ou d'une poule; de maniere qu'elles soient placées comme des nageoires étendues. En cet état, l'hameçon représente à peu près un poisson volant. Le bout de la tige est tourné en anneau, dans lequel passe un fil de léton, tant soit peu moins gros, & long d'environ deux pieds & demi; on jette le tout à la mer, attaché à une ficelle grosse comme

me le petit doigt; longue d'une douzaine de brasses. Cette ficelle est attachée par un bout à l'arriere du Navire; l'autre où est l'hameçon, traine fort au loin dans le sillage du Vaisseau.

26.

Le lendemain, étant à la latitude obs. de 45 degrés 42, & de 45=44, estimée, de 11 deg. 19 min. de longitude, nous apperçûmes plusieurs Navires dans différens airs de vent. Ils n'approcherent pas assez de nous, pour pouvoir distinguer de quelle Nation ils étoient; mais nous jugeâmes qu'ils revenoient de la pêche de la Morue au banc de Terre-neuve.

Le 27, sur les quatre heures après midi, nous découvrimes un autre Navire. Il s'approcha du Sphinx, qui se trouva plus à sa portée, & qui avoit mis ses pavois. Le Capitaine de ce Navire ayant appris de Mr. de la Gyraudais, Capitaine du Sphinx, que le Commandant des deux Frégates étoit à bord de celle que nous montions, amena vers nous, sur les six heures du soir. On lui demanda, avec le porte-voix, de quel port il étoit, d'où il venoit, & où il alloit? Il répondit:

dit: nous sommes de Bayonne, où nous nous avons armé; nous venons de Terreneuve; & nous retournons à Bayonne. Il demanda ensuite le nom de notre Commandant, & celui de notre Frégate: on les lui dit: & on se souhaita réciproquement un bon voyage. Ce Navire étoit du port d'environ 300 tonneaux, n'avoit point de batterie de canons, & étoit monté d'une cinquantaine d'hommes.

Dans la nuit suivante, nous essuyâmes quantité de grains de vent, mêlés de pluie, que nos Marins appelloient *Housées*. Ces grains assez violens nous obligerent de mettre sous différentes voilures, & de faire des ris à nos voiles. Nous serrâmes les huniers & mîmes en cape sous la grande voile seulement, pendant une grande heure & demie. A deux heures, le vent étant un peu tombé, nous appareillâmes notre miseine & nous mimes le grand hunier dehors. Sur les dix heures du matin, nous apperçûmes plusieurs Navires dans différens airs de vent, mais qui tenoient tous à peu près la même bordée que nous. La Mer fut agitée toute la journée, & nous ne fîmes, suivant notre

tre estime, qu'onze lieues & demie dans les 24 heures. Nous étions, suivant la latitude observée, à 45 deg. 41 m. & 13 deg. 14 min. de longitude estimée.

Mardi 28.

Pendant la nuit il plut assez fort, & la mer continua d'être fort agitée; mais le vent étoit assez bon pour notre route. Presque à la pointe du jour, nous découvrimes quelques Navires; peu d'heures après, nous en comptâmes jusqu'à douze, qui couroient sur l'E. S. E. basbord au vent; quelques uns tribord; à la distance d'environ quatre lieues de nous. Un de ces Navires nous parut beaucoup plus gros que les autres. Nous jugeâmes que c'étoit, sans doute, une Frégate qui convoyoit les autres Navires. A midi, on a estimé la longitude de notre position à 13 deg. 16 min. La latitude observée étoit 44 deg. 39 min. & nous avions fait vingt-trois lieues & demie dans les 24 heures.

Le 29, nous fîmes 29 lieues & demie, & nous nous trouvâmes à 42 deg. 56 m. de latitude observée, & 15 deg. 5 min.
de

de longitude estimée. Le 30 nous fimes encore plus de chemin, & quoiqu'à peu près avec un vent d'égale force que les jours précédens, & avec la même voilure, nous fimes trente-six lieues, en route. Lat. Eft. 41=44, long. 16=49.

1 *Octobre.*

Dès le soir, le tems nous menaçoit d'orage; mais nous en fumes quittes pour quelques grains affez violens, mélés de pluye, avec une Mer très houleufe. Nous mimes deux fois à la cape pendant la nuit. Sur les cinq heures du matin, le vent fauta en fougue, du S. S. O. au N. O. de manière que nous nous vîmes contrains de carguer toutes nos voiles; nous fimes route fous les deux Pacfi; & peu de tems après fous le grand Hunier.

Le vent paffa à l'O. N. O. & nous ne pumes pas prendre hauteur à midi. Lat. eft. 41=38 Long. 17=20. Route O. ¼ S. O. Chemin 9 lieues. 5 m. eft. 16 deg.

2.

Dès le matin nous avons apperçu deux Navires; le tems continuant à grains & à pluye, & par fois calme, après des orages,

ges, qui avoient duré toute la nuit. Sur les neuf heures, ayant découvert un Navire démâté, nous avons porté dessus, dans le dessein de lui donner tous les secours qui dépendroient de nous. Nous lui avons parlé à dix heures. C'étoit un Navire marchand Hollandois, qui nous a dit être d'Amsterdam; qu'il venoit de Curaſol, & qu'ayant reçu un coup de vent à cent lieues environ des Bermudes, il avoit été obligé de couper son mât d'Artimon, & son grand mât. Nous lui avons demandé s'il avoit besoin de quelque chose; il nous a répondu qu'il avoit cinq Dames Françoiſes à son bord, qu'ils menoient en France; mais qu'il ne pouvoit mettre son canot à la Mer. Nous lui avons fait entendre que nous en partions, que nous n'y retournerions pas de plusieurs mois, & que nous ne pouvions pas nous charger de ces Dames; mais que s'ils avoient besoin d'agreils, ou d'autres choses, de venir les chercher. Ils ont répété qu'ils ne pouvoient mettre leur canot à la mer. Elle étoit en effet assez grosse; & n'ayant pas osé y exposer le nôtre, nous leur avons souhaité un plus heureux voyage, & continué notre route au S. O. ¼ O. A midi nous

nous nous sommes trouvés à 40 deg. 52 min. de latitude Nord observée, 40=55 de lat. estimée, 18=23 de longitude estimée ; & dans les 24 heures nous avons fait 15 lieuës ⅔ V^on. est. 15. la Route a vallu le S. S. O.

3 Octobre.

Sur les sept heures du matin, nous avons vû un Navire qui paroissoit faire même route que nous. Il étoit à quatre lieuës & demie ou environ de distance. A midi, nous avons estimé notre latitude à 39 deg. 25 min. observée 39 deg. 18 min. & la longitude 19 deg. 41 min. Chemin estimé 31 lieuës ⅔. Route a vallu le S. S. O. ¼ S.

Le lendemain nous n'avons rien eu de particulier. Nous avons estimé la latitude 37 d. 6 m. L'observée étoit de 37=46, la longitude 21 deg. 10 min. & le chemin estimé des deux jours précédens a été de 73 lieuës. La mer continua d'être grosse la soirée, & jusques vers les deux heures après minuit.

5.

Au point du jour, nous avons eu connoissance d'un Navire. Nous étions dans les parages où les Saletins font quelquefois leurs courses; & nous sçavions qu'ils avoient en mer une Frégate, nommée l'Oiseau, de 36 canons, & de 300 hommes d'équipage, que les Anglois avoient vendue aux Saletins. Ceux-ci en avoient donné le commandement à un Capitaine Provençal, Renégat, homme de mer & brave. Ils avoient aussi une corvette de 12 canons, & de cent hommes d'équipage. En conséquence, le Commandant de nos deux Frégates avoit donné ses ordres, pour qu'elles pussent agir de concert, en cas d'attaque. Le rôle de combat étoit affiché; les canons & les armes étoient en état; chacun se mit au poste qui lui étoit marqué, & nous portâmes dessus. On étoit convenu que si c'étoit la Frégate Saletine, le Sphinx arboreroit pavillon Anglois, & paroîtroit faire tous ses efforts, pour se retirer sous le canon de la Frégate Saletine, pour éviter de tomber entre nos mains. Nous devions en conséquence arborer pavillon François, & faire mine de poursuivre le Sphinx, en lui tirant des coups de canon, comme pour lui dire d'amener. Lorsque la Frégate Saletine se seroit trouvée contre le Sphinx & nous, le Sphinx de-

devoit arborer pavillon François, & l'af-
surer alors de toute sa bordée; de façon
que la Saletine se seroit trouvée entre deux
feux. On esperoit, par cette manœuvre,
suppléer au nombre, & la maltraiter par
un combat vigoureux, au point de l'obli-
ger à se rendre.

Nos équipages étoient braves, & mon-
troient un air gay & déterminé. Ils
avoient en effet beaucoup de confiance
dans la science, & la bravoure de nos
Capitaines, & des autres Officiers, avec
lesquels ils avoient fait des courses dans
dans la guerre derniere, & sous le commandement desquels ils avoient fait beaucoup de prises, & avoient même enlevé,
à l'abordage, quelques navires Anglois.

A mesure que nous approchions du
Navire que nous avions découvert; on
crut reconnoître qu'il étoit de construction
Angloise. Mais comme nous sçavions
que les Anglois en avoient vendu plusieurs aux Saletins; & que, malgré que
nous portions dessus, il ne mettoit point
de pavillon, nous crûmes que ce pouvoit
être un Navire Saletin qui venoit à la
découverte. Alors nous lui tirâmes un
coup

coup de canon; & nous avançâmes sur lui. Il n'arbora point encore de pavillon. Nous lui tirâmes un autre coup à boulet, dont il sentit peut-être le vent. Il mit alors en panne pendant un moment, & porta ensuite sur nous, sans pavillon. Quand il fut assez près il arbora pavillon Anglois; & vint passer si près de nous que l'on reconnut le Capitaine pour être celui de Guernesey, qui avoit servi de Pilote-côtier aux Anglois, lorsque dans la derniere guerre, ils avoient fait leurs descentes à Cancale & à St. Cast. On lui fit, en langue Françoise, les questions ordinaires, sçavoir d'où il étoit, d'où il venoit, où il alloit, & comment il nommoit son navire. Il ne répondit rien. Mr. de Belcourt prit le porte-voix, lui fit les mêmes questions en langue Angloise, assaisonna son discours de termes énergiques de marins; & ajouta que lui Capitaine du navire Anglois auroit mérité qu'on l'eut coulé à fond, pour avoir tant tardé à mettre son pavillon, même après avoir souffert deux coups de canon. Pour lors il répondit en Anglois, & s'excusa sur ce que son pavillon s'étoit trouvé embarrassé dans ses marchandises. C'étoit

toit un navire Marchand, à deux mâts, qui venoit, nous dit-il, de Lisbonne, & alloit à l'Ile St. Michel, l'une des Açores. Il étoit alors sept heures du matin. A midi nous nous trouvâmes par les 35 d. 48 min. de latitude estimée, 35 = 50, de latitude observée; 22 = 19, de longitude; & nous avions fait 44 lieues dans les 24 heures. La route a vallu le S. ¼ S. S. O. 2 deg. O. Dans l'après-dîner il a calmé par fois.

6.

La mer a été assez belle, & l'observation nous a donné 34 deg. 5 de latitude; l'estimation 34 = 6, & de longitude 23 = 37. nous avons fait 40 lieues 2 tiers. La route a vallu le S. O. ¼ S. 3 deg. S.

7.

Nous avons eu de la brume & du beau tems à l'alternative; mais toujours voiles hautes, bon frais. Latitude estimée Nord 32 = 31, observée 32 = 26. Longitude estimée 24 = 41. Chemin cinglé 36 lieues: la route a vallu le S. O. ¼ S. 4 d. O. Pendant l'après-dîner & la nuit suivante, il y a eu quelques petits grains, & un peu de pluye. V^{on}. est. 13 deg. N. O.

8.

Le calme ayant succédé le matin, nous avons mis notre grand canot dehors, pour aller chercher Mr. de la Giraudais, Capitaine du Sphinx. Il est venu à notre bord sur les sept heures. Mr. de Bougainville & Mr. Duclos notre Capitaine, ont eu une conférence avec lui. Il a reçu des ordres pour le rendez-vous, en cas de séparation, & des vues exactement dessinées, des terres où nous devons relâcher, & de celles que nous comptons rencontrer dans notre route. Mr. la Giraudais est retourné à son bord, sur les neuf heures. A midi, nous avons estimé la latitude 31=17. la longitude 24=57 & l'observation a donné 31=17 de latitude. Chemin estimé 23 li. $\frac{1}{2}$. Au soleil couchant nous avons trouvé douze degrés 30 min. de variation, & la route a vallu le S. $\frac{1}{4}$ S. O.

9.

Toute la soirée, le vent fut très foible & toujours variable, avec quelques grains pluvieux, auxquels succédoit un calme tout plat; de maniere que nous fûmes obligés de faire plusieurs routes, & à midi

midi nous n'avions fait, depuis 24 heures, que 3 lieuës ⅓. Nous nous trouvames, par l'estimation, à 31 deg. 14 min. de latitude, également que par l'observation. La longitude étoit de 25 deg. 1 min. Jusqu'à aujourd'hui, la route a vallu le S. S. O. Variat. observ. occ. 12=30. N. O. Chemin 21 ⅔.

10.

Le calme a continué, avec un tems brumeux, & des grains de pluye. Au lever du soleil, la variation a été de 12 d. 19 min. à midi la latitude observée 31=18; l'estimée 31=6, la longitude 24=36; & le chemin que nous avons fait n'a été que de 8 lieuës ½. la route a vallu l'E. N. E. 3 deg. E.

11.

Continuation de brume & de calme. Les courans paroissent ici porter au Nord; ce que l'on peut conjecturer des différences, qui se sont trouvées entre hier & aujourdhui dans l'estimé & l'observation; puisqu'ayant fait 7 lieuës ½ de route, notre estime nous a donné 31=8 de latitude, 23=66 de longitude, & l'observation 31=12 de lat. la route a vallu l'E. ¼ S. E. 4 deg. S.

12.

Nous avons eu beau tems, mais un très petit frais du Sud-Est, jusqu'à dix heures du matin, que nous avons couru sur l'Ouest. A midi, nous nous sommes trouvés, par estime, a 30=56. de latitude 23=25. de longitude, & l'observation nous a donné la latitude. Chemin dix lieues ⅔; la route a vallu le S. E. ¼ E. 3 d. E.

Après midi le vent s'est élevé peu a peu, & a tellement augmenté sur les neuf heures du soir, que la mer est devenue très-grosse, avec de grandes lames de l'O. N. O. cequi nous a fait mettre tantôt à la cape, tantôt sous les basses voiles.

13.

A neuf heures du matin, la mer étant tombée, nous avons pris trois poissons, nommés *Bonites*. Une quinzaine, avec deux Dorades, alloient & venoient de stribord sur l'arriere du Navire. Nous y apperçumes aussi quelques autres poissons, nommés *Pilotes*. On en prit un à la foüine; les Bonites furent prises à la ligne, armée d'une figure de poisson volant. Elles pesoient chacune environ 20 livres; le Pilote n'avoit que huit pouces de long. Nous

HISTORIQUE. 57

Nous faisions alors route au Sud; à midi nous étions par estime à 30=28 de latit. 23=27. de longitude, & l'observation ne nous a donné que 30=25. de latit. Chemin 9 lieuës ⅓. la route a vallu le S. 3 deg. O.

Aujourdhui 14, nous avons en beau tems, mais avec un très-petit frais du N. O. à l'O. La latitude observée s'est trouvée de 29=55. la latitude estimée 29=19. la longitude 23=10. & à midi nous avions fait dans les 24 heures 30 lieuës. La route S. E. ⅓. S. 3 deg. S.

Nous espérions trouver, à ce degré de latitude, les vents alizés, dont nous n'avions eu encore aucunes nouvelles. Quelque uns de nos Marins, qui avoient beaucoup couru les mers, nous avoient dit qu'on les trouvoit communément sous ce parallele. Mr. de Bougainville en étoit si impatient, qu'il ne sortoit jamais de sa Dunete, sans aller consulter le compas. Il lui fallut cependant bien prendre le tems comme il venoit.

Sur les deux heures après-midi, la Corvette le Sphinx, qui étoit plus à l'Est que nous, a réveillé notre attention, en mettant pavillon blanc au mât de Misene, ce qui étoit un Signal convenu, de connoissance de Terre. Nous avons répondu de de même, & nous avons reconnu que c'étoit l'Ile de Palme, la plus septentrionale, & la plus occidentale des Iles Canaries. Elle nous restoit à l'Est-Sud-Est du compas, & nous paroissoit, à environ 15 ou 18 lieuës de distance, telle qu'elle est représentée dans la figure de la premiere planche.

Nous en découvrions en même tems tems une autre plus au Sud-Ouest, présentant à peu près la figure B.

La connoissance de ces terres a servi a corriger les points pris & estimés, & nous avons reconnu que nous étions à environ 20 lieuës plus Ouest que notre estime.

15.

Le vent avoit régné à l'Ouest jusqu'à onze heures du soir, le vendredi 14 avec un tems nébuleux, & un peu de pluye: il passa ensuite au N. O. & au N. N. O. jusqu'au N. N. E. bon petit frais; par fois quelques petits grains jusqu'à midi que la latitude du relevement étoit 28 = 36.

La-

Latitude estimée 27=21.
Latit. observée   27=20.
Longit. du départ 21=30, ou du point de relevement.
Longit. estimée   22=1.
Chemin estimé -   32 lieuës ⅔.
Variation estimée N. O. 11 deg.

16.

Jusqu'à aujourd'hui midi, les vents ont toujours varié du N. E. au N. O. passant par le N. mais petit frais.
Latit. estimée N. 26=0.
— — observée 25=56.
Longit. estimée 22=22.
Chemin estimé   24 L. ⅓.
La route a vallu le S. ¼. S. O. 1 deg. S.
Variat. estimée 10=30. N. O.

Au lieu de vents alizés, ils ont toujours varié du N. O. à l'O. S. O. bon frais; par fois quelques grains, & de la brumaille. Sur les trois heures après midi, nous avons fait signal à la Corvette le Sphinx, que nous allions continuer notre route à bonnes voiles; ce que nous n'avions pas encore fait depuis notre départ, afin de ne pas nous séparer d'elle. Le Sphinx marchoit beaucoup moins bien que nous, & avoit re-
ar-

tardé notre route au moins d'une centaine de lieuës. Nous n'avions pas voulu nous en séparer plûtôt, pour nous prêter un secours mutuel, en cas que nous eussions rencontré les Saletins. Actuellement que nous sommes hors des parages où ils croisent, nous avons pris le parti d'aller devant, pour arriver plûtôt au rendez-vous du lieu de relâche; afin que tous les rafraîchissemens dont le Sphinx pourroit avoir besoin, se trouvent prêts à son arrivée, & que notre séjour n'y soit pas prolongé.

Après que le Sphinx a eu répondu à notre signal, nous avons mis quelques voiles de plus au vent, avec bon frais, & sur les six heures du soir, il nous restoit derriere trois lieuës au moins. Au coucher du Soleil, nous avons trouvé 13 degrés de variation.

17.

Ce matin lundi, nous n'avons plus eu connoissance du Sphinx, & suivant l'estime la
Latitude étoit N. 24 = 29.
Longitude   22 = 14.
Latit. observée 24 = 28.
Chemin estimé   30 L.
La Route le S. 5 = 30 E.

18. Le

18.

Le vent ayant changé de l'O. S. O. au S. S. O. très-petit frais, avec un tems brumeux, & une mer houleuse, le houl venant très-gros du Nord, un autre houl presque aussi gros venant de l'Ouest, nous avons été toute la soirée & une partie de la nuit, l'amure à stribord, & l'autre moitié à basbord; ce qui a continué jusqu'à midi, que la route a vallu le S. O. ¼ O.

Latit. estimée N. étoit 24 = 17.
— — observée 24 = 16.
Longit estim. 22 = 33.
Chemin estimé 7 L.

Vers les cinq heures après midi du 18, nous avons vûs quantité de Poissons volans, & deux gros Oiseaux. Le vent a régné du S. O. au S. S. E. passant par le Sud petit frais, avec beau tems, mais la mer toujours agitée du gros houl, venant du Nord, cependant un peu moins fort qu'hier: ce qui nous a contraint de prendre notre route à l'Ouest, sur les quatre heures après-midi.

19.

Depuis ce matin jusqu'à midi, la mer a continué d'être houleuse, & nous avons fait

fait même route, avec un vent si foible que, dans les 24 heures, nous n'avons fait que 16 lieuës.

  Latitude estimée N. 24 = 6.
  — — observée   24 = 10.
  Longit.   23 = 25.
  Route l'O. ¼ S. O.

Beaucoup de poissons volans ont continué à se montrer. Ils étoient poursuivis par des Thons & des Dorades, qui s'élançoient trois ou quatre pieds hors de l'eau pour les saisir. Nous avons tendus plusieurs hameçons pour en prendre; mais ils n'ont pas mordu. La Variation occase s'est trouvée de 10 d. 30 m.

20.

Après tous ces gros houls, le vent a régné de l'Ouest-Sud-Ouest au S. S. O. si petit frais, que le calme a succédé, dès le matin de jeudi 20, avec un peu de pluye par orage. Sur les huit heures le vent a passé à l'O. & O. N. O. jusqu'à midi, que la route S. S. E. 4 deg. S.

  Latitude estimée N. 23 = 50.
  — — observée   23 = 52.
  Longitude   23 = 57.
  Chemin estimé   7 lieuës.

Ces calmes, & ces vents toujours variables & foibles, ne nous promettoient pas une courte traversée. Nous commencions tous à nous impatienter de ne pas voir régner ces vens alizés, si commodes & si desirés. Mr. de Bougainville surtout se récrioit sur ce que les Navigateurs disent que ces vents ne manquent jamais dans ces parages. Puisque nous faisions l'expérience du contraire, il se promettoit bien, disoit-il, de donner, de retour à Paris, un Mémoire à l'Académie des Sciences, pour prouver la non-existence de ces vens alizés; damoins le peu d'espérance que les Navigateurs doivent avoir de leur existence habituelle. Sur le soir, le vent a changé du Nord-Ouest, à l'Est-Nord-est, avec un ciel très-serein; mais le calme a continué, & la surface de la mer étoit comme celle d'un étang agitée par le vent le plus leger; ce qui a persévéré jusqu'à midi de ce jour.

21.

Latitude estimée   23 = 7.
— — observée   23 = 7.
Longit. estimée   23 = 28.
Chemin en route S. $\frac{1}{4}$ S. O. 1 deg. 30 m. O. 15 lieuës $\frac{1}{3}$.

Tout

Tout le reste du jour nous avons vûs beaucoup de Poissons volans, de Bonites, de Dorades & de Thons leurs ennemis. Le vent a tourné au N. E. & ensuite à l'E. N. E. avec assez bon frais, & la mer belle.

22.

Le matin l'on nous a a présenté environ une dixaine de poissons volans, qui en voulant passer sur la Frégate, avoient donné dans les voiles, & étoient tombés dedans le Navire. On les a servis à dîner: nous les avons trouvés très-bons, & très délicats. J'en ai conservé un pour le peindre au naturel; on en trouvera la figure. Pl. I. fig. 4.

Ce poisson est, dans ces parages, d'un beau bleu sur le dos, qui s'affoiblit ou s'éclaircit insensiblement jusqu'au bas du ventre, qui est d'un bleu argenté. Ses deux aîles sont deux nageoires allongées, qui s'étendent en longueur dans le plus grand nombre jusques à la queue, dans d'autres jusqu'à la moitié du corps seulement; quoique le poisson soit de même forme, même grosseur & même longueur. Celui dont on voit ici la figure, avoit environ

dix

HISTORIQUE. 65

dix pouces de l'extrémité de la tête à celle de la queue.

    Latit. Nord estimée 21=22.
    — — observée 21=23.
    Longitude - - 23=57.
    Chemin cinglé - 36 li. ⅔.
    Route S. ¼ S. O. 3. ½ O.

Au coucher du soleil la variation s'est trouvée de 8 degrés 30 min.

23.

Continuation de vent de l'E. N. E. au N. N. E. ce qui nous a fait faire bonne route au S. ¼ S O. 1 deg. O.

    Latitude estimée   19=36.
    — — obs.   19=34.
    Longit.   24=22.
    Chemin   36 li. ⅔.
    Variat. obs. occase. 9=30. N. O.

Dans l'après-midi, voyant beaucoup de Thons, quelques Matelots se sont mis avec un harpon à l'avant de la Frégate, & ont pris un de ces poissons, qui pesoit 72 livres. En l'examinant de près, j'apperçus sur ses oreilles quelques animaux, qui y étoient attachés & pour ainsi dire, collés. On en voit la figure de grandeur naturelle dans la Pl. I. fig. 5 & 6. la

E   fig.

fig. D est le dessus de l'animal, qui étoit comme un composé de cordes à boyaux presque transparentes. Deux petits points noirs, placés au dessus de la gueule B, formoient ses yeux. Ils se tient cramponné au moyen de deux jambes C, & de deux autres beaucoup plus menues D.

Je puisai de l'eau de mer, & je la mis dans un gobelet de verre bien lavé, pour y conserver cet animal en vie, & y voir ses mouvemens. J'apperçus dans cette eau un point noir, que je pris dabord pour un atôme de poussiere. Lorsque je voulus l'enlever avec le bout du doigt, je vis l'atôme prétendu fuir mon doigt, & nager entre deux eaux. J'observai ses mouvemens, & je reconnus un être vivant, dont la structure exterieure étoit, dans sa grandeur naturelle, telle qu'on la voit dans la Pl. I. fig. 7. C'étoit une espece de cylindre formé par dix anneaux, si legers & si transparens, qu'il falloit placer le gobelet entre la lumiere & l'œil de l'observateur, pour l'appercevoir. Il nageoit au moyen de deux filets allongés BB, & de deux autres presqu'imperceptibles C, qui en se raccourcissant, & reprenant leur longueur naturelle, imprimoient au cylindre

HISTORIQUE

dre aimelé le mouvement d'un appeau de caille, ou d'un fouflet à poudre de Perruquier. Le corps A étoit violet vers C, & d'un brun clair vers BB.

Nous avons vû auffi une grande quantité de poiffons volans, & pris à l'hameçon, une Bonite, & un Pilote, que j'ai peint au naturel. On en trouvera la figure Pl. I. fig. 8.

Les Naturaliftes prétendent, fans doute fur le rapport de quelques Marins, que le Pilote précéde toujours le Requin; que c'eft pour cette raifon qu'on a donné à ce poiffon le nom de Pilote, comme s'il dirigeoit la route de l'autre. J'ai obfervé quelquefois un on deux Pilotes devant, ou auprès de chaque Requin que nous avons pêché; mais nous avons vû fouvent des Pilotes fans Requin, comme des Requins fans Pilotes.

Le Pere Feuillée page 173. confond le Pilote avec le Succet, & ne fait qu'un poiffon des deux. „Les Requins, dit-il, „font accompagnés de petits poiffons, „qui leur font inféparables, & qui ai„ment mieux périr avec eux, que de les „abandonner; ils leur font toujours fur „l'a-

,, l'avant, à une distance telle, que les
,, Requins ne les sçauroient prendre; ce
,, qui leur a fait donner le nom de *Pilo-*
,, *tes*. Nous ne prîmes aucun Requin,
,, sans avoir trouvé de ces petits poissons
,, collés sur leur dos, par le moyen d'u-
,, ne pellicule jaunâtre, cartilagineuse, de
,, figure ronde, qu'ils ont au dessus de
,, leur tête, laquelle a une infinité de pe-
,, tits trous remplis de fibres, qui leur
,, servent, selon toutes les apparences, à
,, tirer de la peau du Requin quelque
,, substance pour leur nourriture."

Il ne donne que trois rangs de dents au Requin, dont dit-il, un de ces rangs est composé de dents triangulaires, & plus longues que les autres; j'en ai compté sept rangs, toutes mobiles, & triangulaires, dans la geule de tous les Requins que nous avons pris. Les Succets n'avoient pas non plus le suçoir rond, mais de figure longue arrondie, tel qu'on le voit dans la fig. que j'en donne ci-après.

24.

Ce matin 24, le beau tems a continué, & les mêmes vents ont régné. Ce sont enfin ceux que l'on nomme *vents alizés*; qui

qui font compris fous les noms de tous ceux qui foufflent depuis le Sud-Sud-Eft jufqu'au Nord-Nord-Eft inclufivement, en paffant par l'Eft. Ce font les plus favorables pour la Navigation des Vaiffeaux qui partent d'Europe pour l'Amerique méridionale, les Isles fus & fous le vent, & Golfe du Mexique. Par ces vents nous avons fait route au S. S. O. & nous nous fommes trouvés à midi par

Latit. Nord eftimée   17=44.
—   — obfervée   17=47.
Long. eftimée   24=51.
Chemin en route   38 lieuës.
Route S. ¼ S. O. 3 deg. O.

L'après-midi, mêmes vents du N. N. E. à l'E. N. E. bon frais, la mer belle, quoiqu'un peu houleufe, beau tems, toutes les voiles hautes, bonnettes haut & bas, jufqu'à ce matin.

25.

Sur les huit heures nous avons eu connoiffance de terre à ftribord. A midi, on a jugé que cette terre étoit l'Ile de Bonne-Vifte, ou Bonne-Vûë, nommée fur les Cartes Bonavifta, l'une des Iles du Cap Verd, située au Nord-Eft de celle de San-Jago ou Saint Jacques, la plus grande & la plus peuplée de toutes. L'Ile de Bonne-Viste *) nous restoit au N. O. à neuf lieuës ou environ. Sa forme, dans notre position à son grand égard, nous a paru telle qu'on la voit Pl. I. fig. 9.

 Latit. Nord estimée 15=46.
 —   — obs. 15=43.
 Longitude estim. 25=22.
 Chem. estim. 42 li. $\frac{1}{2}$.
 Route S. $\frac{1}{4}$ S. O. 3 deg. O.

Il a paru alors que nous étions près de 20 lieuës plus Est que l'estime.

 Longit. du relévement 23=39.
 Variation N. O. 9 degrés.

Alors les vents ont régné du N. E. au N. N. E. bon frais, avec beau tems, ce qui nous a facilité la connoissance d'une autre Ile du Cap-Verd, sur les quatre heures de l'après-midi.

26. Cet-

---

*) Elle est, comme les autres, abondante en chevaux sauvages, en chevres, & en plusieurs autres animaux, malgré son terrain pierreux & stérile. Elle se montre de fort loin, à cause de ses montagnes blanches. Ce qui lui a fait donner son nom.

HISTORIQUE. 71

26.

Cette Ile est celle de May, nommée dans les Cartes *Ile de Mayo*, dont le terrein est aussi pierreux & stérile. Il y a cependant quantité de taureaux, de vaches, de chevres, d'ânes. Elle produit beaucoup de sel. L'air y est chaud & mal-sain. Elle nous restoit, la pointe la plus Sud au S O. ¼ O. la pointe la plus Nord O. ¼ S. O. du compas & nous paroissoit comme la fig. 10 de la Pl. I. la présente.

On a gouverné alors au Sud ¼ Sud-Ouest. Hier à midi, l'observation faite avec le quart de nonante, a donné 15=42, laquelle repond très-bien au relévement de l'Ile de Bonaviste: ce point nous met par la longit. de 23=30, ce qui fait une différ. à l'O. d. 1=43.

    Latit. N. est. 13=43.
    —   — obs. 13=42 V^{on}. 8d. N.O.
Long.   24=24.
Chemin estimé   43 lieues.
Route S. S. O. 3 deg ½ S.

27.

Toute la nuit il a fait des éclairs; ce qui nous menaçoit d'orage pour la matinée; mais nous en avons été quittes pour un tems sombre, une mer grosse, & un grain à dix heures & demie. A peine ce grain a-t-il été passé, qu'il s'est élevé un orage à l'E. S. E. dont la menace nous a contraint de serrer nos bonnetes, d'amener, & de carguer nos huniers & notre grande voile; mais sa durée a été très-courte. A midi, on ne put prendre hauteur. Route S. 3=15 O.

Latitude N. estimée 11=17.
Longitude est. 24=34.
Chemin · 48 l. ⅔.
Variation est. 7. N. O.

Vers les trois heures après-midi, nous avons pris une Bonite, qui pesoit quarante livres. Les vents ont régné de l'E. N. E. au N. N. E. petit frais, le tems toujours sombre, avec un peu de pluye, la mer assez belle, & nous avons tenu la route du S. ¼ S. O. jusqu'à aujourd'hui midi. Elle a vallu le S. 3=15 O.

28.

Latit. N. estimée 9=46.
Longitude 24=40.
Chemin · 30 l. ⅓.

Le tems sombre & couvert qui avoit empêché de prendre hauteur, s'est éclairci par

par un orage accompagné d'une pluye adondante, qui a duré depuis midi juſqu'à deux heures & demie. Alors le vent a paſſé au N. O. petit frais, enſuite au N. & N. E. ſur les cinq heures & demie, que l'orage a recommencé au S. E. Nous avons cargué & ſerré le fond de nos huniers, & nous ſommes reſtés en cape ſous le petit foc. Il a venté grand frais, & il eſt tombé force pluye, accompagnée de beaucoup d'éclairs, mais de peu de tonnerre. Le calme a ſuccédé ſans ceſſer de pleuvoir, juſques à dix heures & demie du ſoir, qu'il s'eſt élevé un vent de N. O. il a paſſé par le N. au Nord-Eſt. Les éclairs ont continué dans le Sud-Eſt, toute la nuit.

29.

Toute la matinée du Samedi 29, a été ſombre, & à midi nous avons eſtimé la route le S. 5 deg. O.

    Latitude N.   -   9=7.
    Longit.   - -   24=44.
    Chemin   -   13 lieuës.

Continuation d'orage & de pluye après-midi, ce qui nous a fait tenir en cape, toutes les voiles carguées Vers le ſoir, le calme a ſuccédé, enſuite un très-petit frais

frais depuis le N. N. E. au N. O. qui a passé au S. E. par le N. Nous n'avons cependant pas quitté la route du S. ¼ S. O. & le tems a été sombre toute la nuit.

30.

Le Dimanche 30 au matin, le tems s'est éclairci; les vents ont passé, bon frais, à l'E. S. E. & pour en profiter nous avons mis les bonnettes haut & bas.

Sur les huit heures du matin, Pierre Lainez, Mousse de St. Malo, âgé d'eviron 12 ans, ayant passé à l'avant du Navire, est tombé à la mer, sans que l'on aît sçu comment. Le second Maître qui revenoit de l'avant sur l'arriere, l'ayant apperçu le long du bord de stribord, a crié sur le champ qu'il y avoit un homme à la mer. Nous filions alors quatre nœuds, & nous avions vent largue. Aussitôt on a jetté à la mer un grand banc de bois, qui étoit sur le gaillard d'arriere, & tout ce qui s'est trouvé sous la main de planche ou autres choses surnageantes, pour donner à ce Mousse la facilité de s'accrocher à quelqu'une de ces choses, & de pouvoir se soutenir sur l'eau, en attendant que l'on pût aller le cher-

chercher. Tout l'équipage s'est mis en mouvement; on a cargué une partie des voiles; on a mis les autres vent dessus vent dedans, & l'on a fait toutes les manœuvres pour mettre en travers, & arrêter le Navire dans sa course. La plûpart sont montés au grand mats, d'autres sur nos dunettes, pour observer, & découvrir l'endroit où pourroit être ce Mousse. On a mis ensuite le canot à la mer, quoiqu'agitée d'un gros houl: six Matelots robustes & le Maître sont descendus dedans le canot, & ont cherché ce Mousse, jusqu'à une demi-lieuë du Navire, à droite & à gauche, partout ou l'on a cru pouvoir le rencontrer; mais inutilement. Après environ trois quarts d'heure, on a rappellé le canot, qui est revenu à bord avec beaucoup de peine. On l'a rembarqué, & nous avons continué notre route.

On a fait ensuite l'appel de l'équipage pour sçavoir quel étoit l'homme qui manquoit; car on ignoroit encore que c'étoit le Mousse, que je viens de nommer. Il fut le seul qui ne se montra pas. On fit la recherche dans son hamac & dans le tout le navire, & n'ayant

pas

pas trouvé ce Pierre Lainez, il fut aisé de conclure que c'étoit lui qui s'étoit perdu. Le tems devint beau sur les onze heures, & à midi la route corr. S. ¼ S. O. 2=15. S.

  Latit. N. estimée 8=21.
  — — observée 8=21.
  Différence N.   19.
  Longitude estimée 25=15.
  Corrigée -   25=4.
  Chemin -   21 li. ⅓.

Après avoir chanté les Vêpres, sur les quatre heures après midi, on a vendu, à l'enchere, les hardes du Mousse défunt, dont on avoit fait l'inventaire le matin. Mr. de Bougainville, notre Commandant, a presque tout acheté, & les a distribuées, en présent, aux Mousses qui étoient le moins en état de s'en procurer. La vente a monté à une cinquantaine d'écus. Il y a eu quelques grains la nuit suivante; & nous avons continué notre route du S. ¼ S. O. & Sud 5 degrés Ouest.

31.

Des grains, & de l'orage qui se sont fait sentir de tems en tems, nous ont obli-

obligés de carguer quelque fois, jusqu'à midi que la route a vallu le S. 1=30 O.

Latitude N. estimée   6=43.
—   — observée   6=49.
Longit. -   25=17.
Chemin -   29 li. $\frac{1}{3}$.
Variation estimée 5 deg. N. O.

Les grains & les orages ont continué, comme par boucade, toute l'après-midi, & la plus grande partie de la nuit. A chaque grain succédoit un calme presque entier. Dans ces intervalles nous avons pris, en moins de deux heures, deux Requins, qui pesoient environ cent livres chacun. Ils avoient l'un & l'autre des poissons cramponnés sur leur corps, près de la tête. On nomme ces poissons Succets. J'en ai peint un au naturel, en deux figures, pour faire voir le côté du suçoir qui est sur la tête. Voyez les fig. 11 & 12 de la planche I. L'autre figure 12. de la même planche représente le même poisson du côté du ventre. Il avoit sept pouces de long.

Quelques heures avant, une centaine de Marsouins dont on trouve la figure dans la planche II. fig. 1. vinrent se promener à une portée de pistolet

let du Navire, & fembloient y être venus pour nous divertir. Ils faifoient des bonds finguliers hors de l'eau. Plufieurs, dans ces cabrioles, fautoient au moins trois à quatre piés de haut, & tournoient jufques à trois tours en l'air, comme s'ils avoient été à la broche dans toute leur longueur. On peut juger delà qu'elle eft la force de ce poiffon.

1 Novembre.

De tous les vents qui ont amené ces grains, celui qui a le plus régné eft l'E. S. E. Il a toujours été accompagné d'une pluye abondante, quoiqu'il fut affez foible. La route a vallu le Sud ¼ S. O. 5 deg. O. & dans les 24 heures nous n'avons fait que 9 lieuës ⅓.

 Latitude N. eftimée   6 = 29.
 Longit. - -   25 = 23.
 La Route S. ¼ S. O. 2 deg. O.

Toute la foirée, il y a eu quelques vents variables, mais fi legers qu'ils étoient prefqu'infenfibles, & entremêlés de calmes tout plats de maniere qu'aujourd'hui

2.

A midi nous n'avions fait que 6 lieuës ⅔. Route S. S. O. 5 deg. S.

La-

Latitude estimée   6 = 0.
— — observée   6 = 5.
Longitude estimée   25 = 29.

Sur les trois heures après-midi, il s'est élevé de la partie du Sud-Est un orage très-vif, avec une pluye abondante. On a cargué promtement toutes les voiles, excepté celle de misene. Pendant cet orage, un Matelot m'apporta un poisson volant, de huit pouces & demi de longueur, qui venoit de se jetter sur le gaillard d'avant. Nous avions vû avant l'orage différentes troupes de Thons & de Bouites, en si grand nombre qu'il sembloit y en avoir un banc. Ils sautoient hors de l'eau, & faisoient écumer la mer, comme s'ils s'étoient livré un combat.

3.

Du Sud-Est le vent a passé au S. S. E. petit frais, & calme suivis de grains, pluye & orages avec des éclairs, mais sans tonnerre. Nous avons toujours tenu la bordée du Sud, jusqu'à midi.

Un Requin de moyenne grandeur, & du poids d'environ cent-cinquante livres, est venu se promener sur l'arriere du Navire.

vire. Il a mordu à l'émerillon, aussitôt qu'on le lui a présenté. Lorsqu'il étoit déja enlevé hors de l'eau, il s'est donné une secousse, qui l'a dégagé de l'émerillon moyennant un morceau de sa machoire, qu'il a laissé pour gage. Sans s'étonner ni se rebuter de cet échec, le Requin ayant apperçu le même morceau de lard, qu'on lui avoit tendu pour appât, la premiere fois, sa gloutonnerie l'y a rappellé; & en effet il a gobé, & le lard, & le morceau de sa machoire; sans être accroché par l'émerillon. On a mis un autre morceau de lard; le Requin avoit, sans doute, bon appétit; il est revenu pour le saisir. Mais, comme il faisoit dans ce moment, un calme plat, que d'ailleurs ce poisson n'est pas d'une nourriture saine, ni appétissante, au lieu de chercher à la prendre, on s'est amusé près d'une heure à lui laisser flairer l'appât. Lorsqu'il vouloit l'engeuler, on le retiroit promtement de l'eau; ce que l'on a répété une douzaine de fois au moins, sans qu'il soit arrivé au Requin de s'élancer hors de l'eau pour la saisir: ce que l'on dit cependant qu'il fait ordinairement.

Je ne l'ai pas vû non plus, se tourner sur le dos pour engouler l'appât; mais seulement se tourner tant soit peu sur le côté. Mr. de Bougainville, pendant cet amusement, lui a tiré deux coups de fusil à balle; mais, soit qu'il l'aît manqué, quoique presqu'à bout portant, soit que la balle n'aît pu pénétrer la peau du poisson, le Requin ne s'en est pas ému davantage; Il a continué de roder autour de l'appât, & a enfin avallé ce second sans avoir été accroché. Un grain étant survenu, on a laissé le Requin pour s'occuper ailleurs.

Nous étions alors par la
Latit. N. observée   5 = 38.
— — estimée   5 = 41.
Longit estim.   25 = 47.
Chemin   11 lieuës.
Route le S. O. ¼ S. 1 deg. S.

Dans la soirée, le vent a passé au S. S. O. le tems toujours sombre, avec grains & pluye abondante, la Mer calme excepté un gros houl sourd, qui nous surprenoit souvent, parce qu'il ne se montroit guere à la surface de la mer, qu'au moment qu'il se faisoit sentir, & qu'il causoit de grands roulis.

F 4. Ce

4.

Ce matin nous avons tenu le plus près du vent, avec même tems qu'hier à midi la route a vallu le S. O. ¼ S. 4 deg. O.

Latitude estimée	4 = 54.
Longit. estimée	26 = 22.
Chemin	19 li.

Continuation d'orages, grains & pluye, avec un vent de S. E. ou S. S. E. ce qui ne nous a pas cependant empêché de tenir la bordée du Sud, parce que le vent étoit si foible, que les voiles battoient quelquefois contre les mâts. C'étoit proprement un calme. Nous avons vû quanté de Bonites & de Thons ; mais aucun n'a mordu aux hameçons que nous avons tendus. Les Oiseaux de mer se sont aussi montrés en assez grand nombre.

5.

Du Sud-Sud-Est le vent a sauté ce matin a l'E. S. E. mais il y a resté très-peu de tems, & il faisoit si petit frais que depuis hier midi nous n'avons fait que dix lieuës, les différentes routes comprises. Route a vallu le S. O.

Latitude estimée   4 = 33.
— — observée   4 = 29.
Longitude   26 = 43.

Toute la soirée & une grande partie de la nuit, les vents ont été variables du S. S. E. au S. E. petit frais, & presque toujours calme, de tems à autre, calme tout plat, accompagné de beaucoup de pluye.

6.

Vers l'Aurore, le vent s'est élevé petit frais à l'E. N. E. avec une pluye abondante: après qu'elle a eu cessé, quantité de poissons, & de gros oiseaux, se sont montrés, & nous avons tenu la bordée de basbord amure jusqu'à midi que la Route a vallu le S. O. 3 deg. S.

Latitude estimée N.   4 = 5.
Longit.   27 = 11.
Chemin en toutes routes 8 l. ⅔.

Jusqu'à 8 heures du soir, le vent a varié du N. E. au S. E. petit frais, & toujours de la pluye. A dix heures, un petit grain, qui a éclairci le tems. Quelques étoiles se sont alors montrées. Nous n'en avions pas vû depuis cinq a six jours,

jours, le tems ayant toujours été sombre
& couvert.

7.

Ce matin, le Soleil s'est levé assez beau, mais au milieu de quelques nuages épars. Avant que de paroître, ses rayons dardés sur ces nuages, présentoient un des plus beaux aspects du monde, par la variété & l'éclat des couleurs. J'ai été, on ne peut pas plus, mortifié de ne pouvoir peindre une aurore semblable, qui auroit fait un des plus brillans tableaux. Je n'ai pu conserver qu'une très-foible esquisse d'un soleil couchant, que nous avions admiré tous, pendant près d'une demi-heure. Mais il n'est pas possible d'en présenter avec des couleurs à la gomme un tableau, sur lequel on puisse s'en former une idée exacte. Ces couleurs sont trop mattes, & ne sçauroient exprimer le brillant & l'éclat que les rayons du soleil répandent sur les bords des nuages. Les couleurs à l'huile l'exprimeroient, sans doute, beaucoup moins mal; mais je n'en avois pas: & d'ailleurs il faudroit un habile peintre pour faire un tel tableau, & je ne le suis pas. La route corrigée, le S. O. $\frac{1}{4}$ S.

La-

HISTORIQUE.

Latit. N. estimée   3 = 38.
—   — observée   3 = 35.
Longit. est. 27 = 15. Corrigée 27 = 19.

Sur la correction faite de notre estime par la hauteur prise à midi, nous avons corrigé à 21 lieuës ½ le chemin cinglé que nous avions estimé être de 18 lieuës ⅓.

Le beau tems ayant continué avec une chaleur vive, on a fait faire *branle-bas*, pour faire sécher les hardes de l'équipage, qui avoient été toutes mouillées pendant ces jours pluvieux. Cette humidité des hardes est une cause prochaine du scorbut & de plusieurs autres maladies, bien plus que la nourriture saline que l'on donne aux Equipages. Un Capitaine ne sçauroit avoir trop d'attention à entretenir la propreté parmi l'équipage, & à faire prendre l'air aux hamacs, aux quadres &c. s'il veut prevenir les maladies. Notre Capitaine m'a fait faire cette observation sur sa propre expérience, dans les divers voyages qu'il a faits à la Chine, aux Indes, au Pérou & en Canada. Il a toujours eu, me disoit-il, cette attention, à laquelle, jointe au choix des bons alimens, il attribuoit le peu de maladies dont ses équipages ont été affligés pendant ses voyages.

L'après-midi, nous avons vû un gros oiseau nommé Goëlan par les uns, & Caignard par les autres. Sur le soir, une hirondelle est venue seule se percher sur la vergue du grand mâts; elle voltoit encore ce matin autour du Navire.

8.

Pendant la nuit, plusieurs poissons volants se sont jettés à bord de notre Frégate. Ils étoient tous de l'espece de ceux qui ont les nageoires qui leur servent d'aîles, longues jusqu'à la queue.

Depuis hier, même vent de l'E. S. E. au S. E. bon frais, & beau tems, excepté quelques grains legers accompagnés d'un peu de pluye. Un gros houl du Sud nous a empêché de faire autant du chemin que nous aurions pu en cingler; car la mer étoit d'ailleurs assez belle. A midi l'estime nous a donné, route le S. S. O. $3=30$ S.

Latit. N. est. $1=58$.
— —obs. $2=4$. V^{on}. est. 3. d. N. O.
Longit. $27=50$.
Chemin estimé 32 lieuës.

Bon

Bon frais & beau tems pendant la soirée, parfois pendant quelques petits grains, & la mer un peu grosse, avec un gros houle qui venoit du S. S. E. pendant que le vent regnoit du S. E. ¼ Sud.

9.

Il y a eu quelque peu de pluye pendant la nuit; mais la matinée a été assez belle, & nous avons toujours tenu la bordée basbord amure à bonne voiles, jusqu'à midi que nous étions.

Latit. N. estimée	0 = 54.
— — observée	0 = 54.
Longit.	29 = 3.
Chemin estimé	27 li.
Route S. O. ¼. S. 30 min. S.	
Variation occase obs. 2 = 30. N. O.	

Pendant la soirée le vent a continué au S. E. bon petit frais; avec quelques grains & la mer très-houleuse. Nous avons continué la route du plus près, l'amure à basbord à bonnes voiles.

Sur les cinq heures du 9, un oiseau, à peu près gros comme un pigeon, mais plus allongé, étant venu se percher sur la vague du mâts de Misene, un Matelot

lot l'a pris à la main. Cet oiseau, que j'ai peint, moitié grandeur naturelle, & dont on voit la figure, pl. II. fig. 2. est d'un brun clair-rougeâtre, presque de couleur de noisette. Les plus grandes plumes des aîles & de la queuë sont d'un brun plus foncé, même un peu noirâtre. Son bec est noir, droit, percé de part en part au milieu, menu avec un petite grosseur en dessous, aussi long que la tête de l'oiseau. Le dessus de la tête est blanc près du bec, & d'un blanc perlé de plus en plus foncé jusqu'au cou, qui est assez long pour la grosseur. Ses pattes sont d'un gris noir, palmées comme celles de la Poule d'eau. Après avoir fait de cet oiseau l'usage que nous dirons ci-après, Monsieur de Bougainville me le donna pour le peindre. Je le mis dans une petite armoire de ma Dunete, où je le trouvai le lendemain bien vivant, & si peu effarouché de se voir pris, que l'ayant posé sur ma table, il s'y plaça dans l'attitude, où je l'ai peint. Je lui présentai de la nourriture; il mangea; toujours accroupi, & demeura ainsi pendant trois jours; ce qui me donna tout le tems de le peindre au naturel. Quelques uns de nos marins

rins on dit que c'étoit une espece de *fou* parce qu'il s'étoit laissé prendre à la main, & qu'il étoit apprivoisé aussitôt que pris; mais il n'avoit cependant pas le bec de corbeau, ce qui a fait donner au *fou* le nom de Canard à bec étroit. Nos Marins donnoient aussi le nom de *fou* à un Oiseau presque semblable; mais qui a le bec recourbé à peu près comme le Perroquet.

Le matin, sur les dix heures, la mer ayant paru moins bleue qu'à l'ordinaire, & sa couleur d'un vert-blanchâtre, qui s'étoit manifestée, étant encore la même à six heures du soir, on soupçonna que ce pouvoit être l'effet du voisinage de quelque terre, ou quelque haut fond; on prit le parti de jetter la sonde à la mer, on fila cent-vingt brasses (600 pieds) & l'on ne trouva pas de fond. Nous fumes par là débarrassés de l'inquiétude que nous avions; inquiétude fondée sur l'erreur des Cartes, qui, presque toutes, reculent à l'Ouest la côte du Brésil, près de cinquante lieuës plus loin que les observations de nos Marins ne les mettent. On étoit déterminé à jetter la sonde une seconde fois, si la mer eût conservé cette couleur blan-

châ-

châtre; mais, comme le lendemain matin on lui trouva sa couleur bleue ordinaire, nous continuâmes notre même route sans avoir sondé.

Depuis sept à huit jours, les Maîtres, les Contremaîtres, & les Matelots, qui, dans d'autres voyages avoient passé la ligne, s'étoient disposés à ce qu'ils appellent *la cérémonie du Baptême*, qui se donne de la part & au nom du *Bon-homme la Ligne*, à tous ceux qui ne l'ont pas passée, sans distinction de grade, ni de qualité, & sans exception de personne.

Il étoit près de sept heures, & nous étions à souper, lorsque nous entendimes claquer un fouët; qui nous annonça l'arrivée du Courier du Bon-homme la Ligne; ce qui se pratique toujours la veille de la cérémonie du Baptême, dont je viens de parler. C'étoit le Maître Canotier, en courier très-proprement mis. Il heurta à la porte de la Chambre: on demanda qui heurtoit? C'est, répondit-il, un envoyé du Bon-homme la Ligne, Seigneur, & Président de ces parages. Qu'on lui ouvre, dit Mr. de Bougainville. On ouvrit, l'envoyé mit pied à terre, entra, &

sa

sa monture resta à la porte. Cette monture étoit formée de deux Matelots, attachés l'un à l'autre cul contre cul, marchant à quatre pattes. L'un avoit sur la tête un *faubert* *) pour repréſenter la queuë de l'animal; l'autre en avoit auſſi un, pour former la criniere, & un maſque de carton figuré en tête de Cheval. Les harnois, étoient le pavois du grand canot, c'eſt-à-dire un tapis ou grande bande d'étoffe bleue, parſemée de fleurs de lys d'étoffe jaune.

L'Envoyé ayant été introduit adreſſa la parole à notre Commandant en ces termes: *Le Seigneur Préſident de ces Parages, le Bon-homme la Ligne*, ayant appris que Mr. le brave Chevalier de Bougainville, Commandant de la Frégate l'Aigle, y étoit arrivé, m'a ordonné de venir le ſaluer de
ſa

---

*) Le Faubert eſt une eſpece de balay, compoſé de fils de carret, noués enſemble par un bout, attaché à un manche de bois gros & long comme un bâton. Ces fils de carret ſont pris des vieux cordages; ainſi noués & liés enſemble, ils répréſentent à peu près une groſſe & longue queuë de cheval. Ce balai ſert à éponger l'eau de deſſus le gaillard & les ponts, quand on les lave & qu'on les nettoye.

sa part, lui témoigner la joye qu'il ressent de sa venue, lui souhaiter une bonne santé & lui remettre une lettre, dans laquelle mon Maître exprime lui-même ses sentimens.

Mr. de Bougainville lut la lettre, qui étoit conçue en ces termes: *Brave Chevalier, vos hauts faits ont rendu le nom François très-celebre dans le Canada: Votre réputation est parvenue dans les parages de ma domination, sur les aîles de la Renommée, & votre nom est en telle vénération dans le cœur de mes sujets, que les Dorades, les Bonites, les Thons & les Marsouins ayant apperçu la Frégate l'Aigle que vous commandez, sont venus en bandes, m'annoncer dès-hier votre arrivée. Ils ont exprimé la joye que votre présence a répandu dans leurs cœurs, par les bonds & les sauts multipliés, qu'ils ont fait longtems en passant auprès de votre Navire. Je vous envoye cet Ambassadeur pour vous témoigner la mienne, en vous remettant la présente, & j'espere vous dire moi-même demain, combien je suis charmé de la visite que vous me rendez.*

Signé Le Bon-homme la Ligne.

A la 54 minute du I. degré de latitude, longitude 29 degrés 3 min. de ma domination septentrionale, le 9 Novembre de l'an 7763. de mon regne.

Mr. de Bougainville dit ensuite à l'Envoyé qu'il comptoit avoir l'honneur de se présenter le lendemain devant le Bonhomme, & de lui faire sa réponse de vive voix. Que l'on donne un coup à boire au Courier, ajouta-t-il, & que l'on ait soin de son cheval: il doit-être beau; faites l'entrer; je suis curieux de le voir. On l'introduisit; il fit des cabrioles, il piaffa, battit du pied & hennit. Comme il pouvoit être fatigué du voyage, & qu'il pouvoit avoir soif, on lui présenta un verre de vin: il le but. Le Courier dit qu'il avoit deux têtes, l'une à l'avant, l'autre à l'arriere, on donna donc un verre de vin à la tête de l'arriere.

Sur le point de se retirer, le Courier présenta de la part du Bon-homme la Ligne, un oiseau au Commandant; comme un témoignage de la bienveillance de l'illustre Président de ces parages. C'étoit l'oiseau que l'on venoit de prendre à la main, duquel j'ai parlé ci-devant. Mais,

com-

comme nous ignorions tous fa prife, nous ne fûmes pas peu furpris de ce préfent. on le prit d'abord pour un oifeau artificiel. Il fit voir, en pinçant avec fon bec, qu'il étoit non feulement naturel, mais plein de vie. On l'examina, & voyant que c'étoit un oifeau d'eau, la furprife n'en fut que plus grande.

Après-fouper, on monta fur le gaillard d'arriere, on y danfa au fon du Tambourin; puis au fon de deux violons, des menuets, des contredanfes, &c. jufques à près de dix heures, que l'on fe retira.

Jeudi 10 *Novembre.*

Nous avons paffé la ligne fur les cinq heures du matin, au 29 degré 3 min. de longitude eftimée, avec un vent de Sud-Eft, petit frais, & quelques grains. la mer très-houleufe, & nous avons fait route S. S. O. 4 deg. au plus près l'amure bâbord à bonnes voiles. Nous avons vû fur les dix heures un oifeau, nommé *Frégate.* *) A midi la route a vallu le S. S. O. 5 deg. O.

La-

---

*) On trouve affez communément cet Oifeau à 400 Lieuës de terre, quoique l'on dife qu'il ne peut

Latit. estimée Sud	0=13.
— — observée	0=10.
Longitude estim.	29=3.
Chem. estim.	23 li. ⅓.
Variat. est. 1 d. N. O.	

Baptême de la ligne.

Vers les deux heures après-midi, l'on commença sur le gaillard d'arriere, à disposer une baignoire pleine d'eau de mer, & des seaux: on tendit à bâbord & à stribord une corde nommée la *ligne*, qui sert à sonder; & le tambourin battit pour faire assembler tout le monde sur le même

peut se reposer sur l'eau, sans y périr, comme il arrive à ceux qui n'ont pas l'habitude d'y vivre. Ses jambes sont courtes, grosses & ramassées. Ses piés ne sont pas palmés, mais armés de grifes fortes & aigues. On en voit qui ont neuf piés d'envergûre du bout d'une aile au bout de l'autre. Au moyen de la grandeur de ses aîles déployées, il se soutient facilement en l'air, en leur donnant un mouvement presqu'insensible. Il s'éleve quelquefois si haut que l'œil le plus pénétrant le perd de vûe. Lorsqu'il s'approche des Navires, il voltige autour des girouettes, s'en éloigne & s'en rapproche bien des fois; mais sans se poser. Sa grosseur est à peu près celle d'une poule. Son regard est perçant & assuré. Il fond sur sa proye me gaillard. Le tems étoit fort propre à la cérémonie: car il faisoit très-chaud. On plaça auprès de l'escalier qui descend à la chambre, un banc couvert du pavois, qui avoit servi, la veille, de caparaçon à la monture du courier; & l'on disposa ainsi un siege, ou Thrône, au Seigneur Président de la Ligne, à son Chancelier & au Vicaire qui devoit administrer le bâtême.

Tout le monde étant assemblé, on demanda de la grande hune, avec un porte-voix; *Comment nomme-t-on le Navire, que*

proye avec une vitesse incroyable, & s'en saisit avec ses griffes & son bec, dont la partie supérieure est arquée. Les mâles ont une membrane rouge & boutonnée, qui leur descend du bec jusques vers le milieu du cou. Les plumes du ventre sont d'un gris blanc, qui le fait paroître blanc à une certaine hauteur. Celles du dos & des aîles sont brunes. Il vit de poissons volans, qu'il saisit adroitement en rasant la surface de la mer, lorsqu'ils volent, pour éviter d'être la proye des Bonites & des autres poissons leurs ennemis. On dit qu'il poursuit aussi les Goëlans, & les autres oiseaux de mer, pour leur faire dégorger les poissons qu'ils ont avallés, & pour s'en saisir lui-même.

Je

HISTORIQUE. 97

que je vois là-bas, dans mes parages? On le nomme l'Aigle, répondit le Capitaine. — *Qui le commande?* — Mr. le Chevalier de Bougainville. — *J'en suis charmé; je le verrai avec plaisir dans ma société, avec les cérémonies accoûtumées. Je reçus hier de ses nouvelles; & je vais lui en marquer ma satisfaction, en descendant dans son Navire, avec toute ma Cour. A la bonne heure*, répondit Mr. de Bougainville. Expression marine, pour dire que l'on a entendu l'inter-

Je ne sçai trop pourquoi on a nommé *Frégate* cet oiseau-là, amoins que ce ne soit par comparaison de la vitesse de son vol avec la legereté des Navires qui portent le même nom, & qui ordinairement sont meilleurs voiliers que les autres.

N'ayant pu en voir de plus près que le haut du mâts, je ne puis en donner le description que d'après ceux qui en ont vûs & touchés. Le Pere Labat, (Nouveaux Voyages, Tom. VI. pag. 395.) ajoûte à ce que j'en ai dit, que cet oiseau a les yeux noirs & grands. Il descend rarement à terre, & se tient perché, parce que la grandeur de ses aîles, & l'espace qu'il lui faut pour les mettre en mouvement, lui donneroient trop de difficultés pour s'élever de terre. Il dit que les plumes du dos & des aîles de cet oiseau sont noires, grosses & fortes; que celles

G qui

terrogation, & qu'on y applaudit en donnant son consentement.)

Dans le moment, un Matelot, ayant pour tout habillement une culotte gaudronnée, sur les épaules une peau de mouton avec sa laine, barbouillé de rouge & de jaune par placards, un bonnet sur la tête, fait aussi de peau de mouton, peinte, surmonté de deux cornes de bœuf, parsemé de quelques morceaux de bois noircis, de plumes de dindes & de poules; la poitri-

qui couvrent l'estomach & les cuisses, sont plus délicates & moins noires: celui que j'ai décrit, est peut-être la femelle, ou un jeune. J'en tuai, ajoute-t-il, quelques uns dans l'Ile où nous étions, pour avoir leur graisse..... On dit que cette graisse est admirable pour les douleurs de la goute-sciatique, pour les engourdissemens des membres, & autres accidens, qui arrivent par des humeurs qui ne circulent pas. On doit faire chauffer la graisse; & pendant qu'elle est sur le feu, faire de fortes frictions sur la partie affligée; afin d'ouvrir les pores, & mêler de bonne eau de vie, ou de l'esprit de vin avec cette graisse, au moment que l'on veut en faire l'application.

On peut mettre un papier brouillard imbibé de ce mélange, sur la partie, avec des compresses & une bande, pour les tenir en état.

trine, les bras, le ventre, les jambes & le visage également barbouillés de rouge & de jaune, détrempés à l'huile, & une grande moustache noire. Ce Matelot ainsi accoûtré descendit de la grande hune par les haubans de bâbord, ayant une chaine de fer autour de corps, en façon de ceinture. Il en tenoit le bout d'une main; de l'autre il portoit le croc du coq, qui sert à tirer la viande de la marmite.

Six Mousses le précédoient nuds, peints de jaune, & de rouge depuis les pieds jusques par dessus la tête, les uns par placards, les autres par bandes croisées à la maniere des Sauvages.

Arrivés sur le gaillard, le Matelot les arrangea, leur fit mettre le pouce sur la ligne ou corde tendue, & les contraignit de danser, au son du tambourin, pendant un demi-quart d'heure. Ils s'approcherent ensuite de la baignoire, & le Matelot leur jetta quelques seaux d'eau sur la tête.

Alors on annonça la descente du Seigneur Président de la Ligne, par des haricots blancs, que l'on jetta en guise de dragées, de la grande hune sur le gaillard. Le *Bon-homme la Ligne*, précédé de toute sa Cour, prit la même route que le Matelot & les Mousses; il descendit lentement, & majestueusement. Sa Cour étoit composée du second Maître, des Contremaîtres, du Pilote, & du Canonier. Le premier Maître représentoit le Bon-homme la Ligne. Il étoit couvert de peaux blanches de mouton avec leur laine, cousues ensemble, pour former un habillement d'une seule piece. Son bonnet de même étoffe lui descendoit jusques sur les yeux. Un paquet d'étoupes mêlées avec la laine, lui servoit de perruque, & de barbe. Il avoit un nés postiche de bois peint. En guise de cordon il portoit d'une épaule à l'autre un chapelet de pommes de racage, grosses comme des œufs d'oyes.

Les gens de sa suite étoient affublés à peu près de même, excepté que quelques uns avoient les bras les jambes nues, peintes de rouge & de jaune ainsi que le visage, décoré de grandes moustaches noires, & de longs nés postiches de bois. L'un portoit une masse, ou casse-tête à la Sauvage, l'autre un arc, celui-là une hache, celui-ci un calumet. Auprès du Seigneur Président étoit son Chancelier, portant

tant son Sceptre, fait d'une espece d'écouvillon (instrument qui sert à laver le canon, quand on le rafraîchit après qu'il a tiré.) Le Maître Canotier, habillé en femme, & fardé avec du gros rouge à l'huile, se tenoit auprès du Bon-homme, qui l'appelloit sa fille. Le Vicaire à son côté étoit vêtu d'une espece de robe de toile, pleine de brais & de gaudron; une corde grosse comme le pouce, lui servoit de ceinture. Il portoit un bonnet carré de carton noirci, un masque de même, une étole de toile, peinte en rouge, & tenoit un livre à la main. Un Mousse ayant un bonnet carré rouge & noir, un autre Mousse portoit un encensoir de bois, auquel étoit des ficelles en façon de chaines, & de l'autre main un réchaut avec du feu pour mettre les parfums, composés de brais & de gaudron. Un troisieme Mousse tenoit un arc & une fléche; enfin un quatrieme portoit un bassin & un pot à l'eau plein d'eau de mer pour servir au Baptême.

Tout ce monde descendu sur le gaillard, & l'équipage y étant assemblé, le Seigneur Président demanda à parler au Commandant, qui se présenta aussitôt pour le recevoir. *Soyez le bien venu; je suis char-*

mé de vous voir, Mr. le Chevalier, dit le Bon-homme la Ligne: excusez-moi si je ne vous fais pas de longs complimens; j'ai la poitrine si foible, qu'à peine puis-je parler. N'en soyez pas surpris; je suis âgé de 7763. ans; je ne puis même presque plus écrire. J'ai chargé mon Sécretaire de le faire pour moi; & voila une lettre, qui suppléera à ce que j'aurois pu vous dire, ainsi que mon Chancelier. Je suis descendu de mon Palais exprès pour vous recevoir dans ma societé. J'espere que vous ne ferez pas difficulté de vous soumettre à la cérémonie du Baptême en usage pour cet effet. Mr. de Bougainville prit la lettre, la lut; & lui répondit: *à la bonne heure*. Il salua ensuite la fille du Bon-homme; & après l'avoir félicité d'avoir une fille si jolie, il s'approcha de la Ligne, ou corde tendue. Les Officiers du Bon-homme l'y accompagnerent, & le Seigneur Président fut s'asseoir sur son thrône pavoué, ainsi que sa fille & son Chancelier.

Les Officiers lierent le pouce de la main gauche de Mr. de Bougainville sur Ligne, avec un ruban rouge. Nous nous y plaçames ensuite en rang d'oignon, Mrs. de Nerville, de Belcourt,

L'huil-

L'huillier & moi, & on nous attacha aussi le pouce de la main gauche avec le même ruban.

Ayant un air grave, & son livre à la main, le Vicaire s'approcha de Mr. de Bougainville. A la gauche du Vicaire étoit le Porte-Sceptre du Sr. Président; à sa gauche deux Mousses en Sauvages, l'un portoit une assiette couverte d'ue serviete pliée, pour recevoir le tribut, qu'ils appellent *rachat*, parce que l'on se contente de verser un peu d'eau de mer sur la tête de ceux qui se rachetent, au lieu de les plonger dans la mer, comme l'on fait quand on donne la cale. *) L'autre Mousse

*) La cale est une punition que l'on fait subir à ceux de l'équipage, qui sont convaincus d'avoir volé, blasphémé, ou excité quelque révolte. Il y a deux sortes de cale, l'ordinaire & la seche. La cale ordinaire consiste à conduire le criminel vers le platbord, ou passe-avant, au dessous de la grande vergue. Là on lui passe un bâton entre les jambes sur lequel on le fait asseoir, pour le soulager. Il embrasse un cordage attaché à ce bâton, & qui passe par une poulie suspendue à un des bouts de la vergue. Trois ou quatre Matelots hissent cette corde, le plus promptement qu'ils peuvent, jusqu'à ce qu'ils ayent guindé le patient à la hau-

Mousse tenoit un arc d'une main, & de l'autre un encensoir. C'étoit un morceau de bois, creusé en forme d'écuelle à trois anses, suspendue à trois bouts de corde. On ne plonge plus dans la mer pour donner le Baptême; parcequ'on a fait réflexion que cette cérémonie deviendroit très-dangereuse, à cause des Requins qui pourroient roder autour du Navire, & emporter une cuisse au moins à celui qui auroit le malheur d'en être mordu. On a substitué à ce baptême celui de la bagne, ou baignoire, sur le bord de laquelle on fait asseoir celui qui ne s'est pas

hauteur de la vergue. Ils lâchent ensuite le cordage tout à coup, ce qui précipite le criminel dans la mer. Quelquefois pour augmenter la peine en augmentant la rapidité de la chûte, on lui attache un boulet de canon aux piés. Ce supplice se réitere autant de fois que la sentence le porte; ce qui va même jusques à cinq. On l'appelle *cale seche*, quand le criminel est suspendu à une corde raccourcie de maniere, que dans sa chûte, il ne descend que jusqu'à la surface de l'eau, & n'est pas plongé dans la mer. C'est une espece d'estrapade. Ce châtiment est rendu public par un coup de canon, pour avertir tous ceux de l'Escadre d'en être les spectateurs.

Les

pas racheté, ou à qui l'on veut faire piece; comme nous le verrons ci-après.

Les choses ainsi disposées, le Vicaire dit à Mr. de Bougainville: „Pour être „reçu dans la noble & puissante societé „du Seigneur Président de la Ligne, il „faut prendre, au préalable, quelques en„gagemens, que vous promettrez d'ob„server. Ces engagemens n'ont pour ob„jet que des choses raisonnables. A la „bonne heure, répondit Mr. de Bougain„ville. Promettez-vous, dit alors le Vi„caire, d'être bon Citoyen, & pour cet „effet de travailler à la population, & de
„ne

Les Hollandois pratiquent une autre cale, qu'ils appellent *la grande cale*. Pour la donner, on conduit le coupable au bord du Navire, on lui lie une corde au milieu du corps. Un bout de cette corde est attachée au bord du Vaisseau: ou au bout de la vergue amenée; l'autre bout passe sous la quille, & est tenu de l'autre côté du Navire par quelques uns des plus forts & des plus robustes Matelots. On met quelque chose de pesant autour du corps, ou aux piés du criminel, pour le faire plus enfoncer dans l'eau.

Le coupable étant jetté à la mer, à l'ordre qu'en donne le Quartier-Maître, ceux qui tiennent la
corde

„ ne pas laisser chômer les filles, toutes
„ les fois que l'occasion favorable s'en
„ présentera? — Je le promets. — Pro-
„ mettez-vous de ne jamais coucher avec la
„ femme d'un marin? — Je le promets. —
„ Promettez-vous de faire prendre les
„ mêmes engagemens, & d'employer les
„ mêmes, ou de semblables cérémonies,
„ à l'égard de ceux qui n'auront pas passé
„ la Ligne, quand ils s'y trouveront avec
„ vous? — Je le promets." Mettez donc
la main sur ce livre sacré, en témoignage de vos engagemens. Mr. de Bougainville y toucha sur une estampe, qui repré-
sen-

corde au bord opposé, la tirent le plus vîte
qu'ils peuvent, de sorte que le patient passe
rapidement sous la quille. On réitere autant de
fois que la sentence le porte.

Ces châtimens sont rudes, & dangereux pour la
vie-même; surtout la grande cale. Car le
moindre défaut de diligence, ou d'adresse,
de la part de ceux qui tirent la corde, ou quelqu'autre accident, peut être cause que celui
que l'on tire se rompe un bras, ou une jambe,
& même le cou, ou quelqu'autre partie du
corps froissée contre la quille. Aussi met-on
cette cale au nombre des peines capitales.
Nos Matelots François regardent les deux autres
au moins comme infamantes.

sentoit, un Génie ou Ange & une jeune fille qui s'embrassent tendrement. C'est celle de la 47. page du livre qui a pour titre *Sentimens d'un Chrétien, touché de l'amour de* Dieu. Au bas de cette estampe est écrit: *quis mihi det te fratrem meum sugentem ubera matris meæ, & inveniam te foris, & deosculer te. Cant.* 8. Le Vicaire fut rendre compte au Seigneur Président, de la Ligne des engagemens de Mr. de Bougainville: & le Bon-homme répondit: *dignus est intrare in nostro docto corpore: admittatur.* Alors le Vicaire retourna à Mr. de Bougainville, & lui dit: Le Seigneur Président de la Ligne vous juge digne d'être admis dans la société dont il est le Chef, & m'a chargé de vous y recevoir par l'administration de son Baptême. Comment vous nommez-vous? Louis, répondit Mr. de Bougainville. Hé bien; *Ego, nomine Reverendissimi Domini Domini & Serenissimi Præsidentis Æquatoris, te, Ludovice, admitto in societate ejus.* En prononçant ces paroles, il lui versa sur la tête quelques gouttes d'eau de mer. On délia le pouce de Mr. de Bougainville, qui mit de l'argent dans l'assiette, sous la serviette,

&

& le Vicaire l'encensa. On passa à Mr. de Nerville à qui le Vicaire fit les mêmes questions; & ainsi successivnment aux autres Passagers & Officiers avec les mêmes cérémonies.

Etant parvenu à un Garde-Marine ou Pilotin, assez mauvais sujet, & haï de presque tous, le Vicaire lui dit que le Seigneur Président ordonnoit qu'il fut reçu avec toutes les cérémonies en usage. En conséquence, il lui posa un bout de son étole sur la tête, marmotta quelques paroles, & puis lui fit baiser cette étole peinte à l'huile tout fraîchement. Il prit ensuite du noir à l'huile dans un petit pot, que tenoit un Mousse, & lui en appliqua au front & aux joues. On le délia de la Ligne, & on le conduisit à la bagne, sur les bords de laquelle étoit posé, dans des entailles, un bâton sur lequel on le fit asseoir. A peine s'y fut-il placé que l'on retira prestement le bâton, & le Pilotin se trouva le cul enfoncé dans l'eau, dont la bagne étoit à demi pleine. A cette bagne est aussi ajusté une corde, de maniere qu'en en tirant un un bout, au moment que le Catécumene ne enfonce dans la bagne, cette corde le saisit par le milieu du corps, & l'y tient assujetti, sans qu'il puisse s'en débarrasser, que lorsqu'il plait de lui donner le liberté. Dès que le Pilotin s'en trouva saisi, on lui barboüilla de noir & de rouge toute la tête & le visage: on lui versa au moins cinq ou six seaux d'eau sur la tête: puis on le laissa aller.

On en vint ensuite à deux Demoiselles Acadiennes, auxquelles le Vicaire demanda si elles étoient pucelles? elles répondirent, oui. Promettez-vous, leur dit-il ensuite, de ne pas manquer à la foi conjugale, si vous épousez un Marin. La promesse faite, il leur mit tant soit peu de noir au front, au nez, aux joues & au menton; & après leur avoir versé de l'eau sur la tête, elles se retirerent. La sœur de l'une des deux s'étoit cachée pour n'être pas exposée à recevoir de l'eau sur le corps. On la trouva, & l'on voulut la contraindre à venir recevoir le batême; mais le Vicaire averti qu'il y avoit des raisons pour qu'elle ne s'exposât pas au batême de l'eau, lui dit qu'il se contenteroit de lui mettre des mouches aux visage. Elle se présenta, & il tint parole.

role. Deux femmes mariées ne furent pas baptifées, parce que leurs enfans dans le bas âge qu'elles ne pouvoient pas abandonner, crioient & fe cachoient par la peur que leur infpiroient les figures grotifque des gens de la fuite du Seigneur Préfident de la Ligne.

Quelques autres furent enfuite baptifés & barboüillés de noir & de rouge, mais on ne les fit pas placer fur la bagne; parce qu'ayant commencé à jetter quelques feaux d'eau fur les baptifés, ceux-ci, pour avoir leur revanche en jetterent auffi. Ceux qui avoient été moüillés, voulurent moüiller les autres; ce fut à qui plus en jetteroit; de façon que tous ceux qui fe trouverent fur le gaillard furent auffi moüillés que s'ils étoient tombés dans la mer. On ne fe contenta pas de s'inonder d'eau; ceux qui avoient été noircis frotterent leur vifage à celui des autres qui ne l'étoient pas; tout l'Equipage ou prefque tous furent ainfi barboüillés, & ils ne cefferent la farce, que lorsqu'ils en furent las. Ce contretems fit perdre au Bon-homme, & à fa fuite une partie du tribut, que lui auroient payé quelques uns de deux, qui ne furent pas baptifés

avec

avec les cérémonies ordinaires. Le reste de la soirée se passa en danses, & à différens jeux.

Cette farce est en usage dans les Navires de toutes les Nations de l'Europe qui passent sous la Ligne. Mais il n'y a pas d'uniformité déterminée pour les cérémonies usitées en ce cas-là. Chaque Nation en imagine de conforme à son génie & à son caractere. Chaque Navire se comporte même dans cette occasion, suivant le plus ou moins d'esprit de ceux qui y président. Quelquefois celui qui baptise donne à chaque baptisé un nom pris de quelque Baye, de quelque Cap, ou de quelque Morne remarquable sur une Ile, ou sur une côte; mais on tâche d'assortir ces noms de maniere qu'ils expriment le caractere, l'humeur, la figure ou l'inclination de celui, ou celle, à qui on le donne. En général on appelle cette cérémonie le *Baptême* ou le *rachat*: le baptême, à cause de l'eau dont on inonde ceux qui passent la Ligne pour la premiere fois; le rachat, à cause du tribut que payent ceux qui ne veulent pas être inondés. Ce tribut est ordinairement volontaire de la part de celui qui paye. Quelquequefois ce font les farceurs-même qui l'imposent, en gardant néanmoins la proportion convenable aux facultés des Tributaires. Quand ils n'imposent pas le tribut en argent, c'est en vin, en eau de vie, en jambons, & autres choses de cette espece; quand le Capitaine du Navire, qui n'en est pas plus exemt que les autres, passe la Ligne pour la premiere fois.

Lorsque le Navire dans sa route ne doit pas passer la Ligne, mais seulement le Tropique, ceux des Equipages qui l'ont déja passé, ne voulant pas perdre ce droit de tribut, se sont avisés de nommer le Tropique, le *fils ainé du Bon-homme la Ligne, héritier présomptif de ses droits*. Ils jouent en conséquence, au passage du Tropique, la même farce que les autres sous l'Equateur. Ils ont même imaginé de faire cette cérémonie, quand un Navire double, pour la premiere fois, le Cap St. Vincent, pour passer le Détroit de Gibraltar. Les Navires qui vont à les pêche de la Morue, observent la même pratique, lorsqu'ils approchent du Grand banc de Terre-Neuve.

Les vents regnerent dans l'après-midi au S. E. & au S. E. ¼ S. assez bon petit frais.

frais. Sur le soir le tems devint un peu nébuleux; mais quelques petits grains & un peu de pluye le nettoyerent.

11 Novembre.

Pendant la nuit il a fait beaucoup d'éclairs sans tonnerre, & la mer étoit agitée d'un gros houl venant du S. E. Nous avons tenu la route au S. O. ¼ S. 4 deg. 30 min. S. elle nous a vallu par estime dans les 24 heures le S. O. 2 deg. O.

Chemin	26 ⅓ lieuës
Latit. estimée Sud	1 = 14.
— — observée	1 = 6.
Longit.	29 = 52.
Variation ortive N. O.	30 minutes.

A midi nous avons viré de bord, le Cap à l'E. ¼ N. E. Sur les six heures du soir, le vent étant revenu au S. E. nous avons repris notre route, en remettant bâbord amure. Quelques grains ont fait passer le vent du S. E. à l'E. S. E. bon frais ce matin.

12.

Nous avons fait route S. ¼ S. O. 5 d. a vallu le S. 5 deg. O.

H

Latit. obſervée Sud	1 = 46.
— — eſtimée	1 = 54.
Longitude.	29 = 56.
Chemin	26 li. ⅓.

Continuation de beau tems, le vent à l'E. ¼ S. E. bon frais, la mer aſſez belle, quoiqu'avec un gros houl du S. S. E. ce qui nous a fait aller au plus près, à bonnes voiles.

13.

Ce matin, ſur les 8 heures, nous avons vû un de ces Oiſeaux nommés Frégate. Il a ſuivi le Navire, & a voltigé autour de la girouette, pendant près d'une heure. La Route a vallu le S. S. O. 5 deg. O.

Latitude obſervée	3 = 20.
— — eſtimée	3 = 27.
Longitude	30 = 28.
Chemin	38 li. ⅖.
Variat. ortive N. O.	53 minutes.

Toujours vent à l'E. S. E. puis à l'E. bon frais, beau tems, mais la mer agitée d'un houl du S. E. qui a continué ce matin Lundi.

14.

Nous avons fait bonnes voiles, & gouverné au Sud cinq dégrés. L'eſtimé &

& l'obſervation ont fait ſoupçonner que les Marées, ou les Courans, portent ici au S. comme l'a remarqué l'Auteur du Voyage de l'Amiral Anſon. La route a vallu le S. 5 deg. O.

Latit. eſtimée Sud   5=6.
— — obſervée   5=20.
Longit.   30=39.
Chem. corr.   41 l. ⅓.
Chemin eſtimé 33 lieuës.

Le bon frais a continué l'après-midi, de l'E. à l'E N. E. beau tems, la mer belle, & bonnes voiles, les bonnetes mêmes grayées, gouvernant au S. ¼ S. O.

Sur les 8 heures du ſoir, un oiſeau ſemblable à celui dont j'ai donné la figure Pl. II. fig 2. s'eſt laiſſé prendre à la main ſur ma Dunete. On l'a fermé dans une loge à poules.

15.

Ce matin un des Contremaîtres l'ayant tiré de ſa priſon, pour le mettre ſur ſon poing, l'oiſeau a pris ſon eſſor, & s'eſt envollé. Peu de tems après nous avons vû une Frégate, cet oiſeau a rodé autour de la girouette, & a paru la becqueter plus d'une fois. Même obſervation ſur les Courans que le jour précédent. Route S. ¼ S. O.

  Latitude eſtimée S.   7 = 6.
  — — obſervée   7 = 20.
  Longitude   31 = 3.
  Chemin eſtimé 36 lieuës.
  — — corrigé 40 ⅔.

L'obſervation faite au coucher du Soleil a donné un degré de variation N. E. Continuation de bon frais de l'E. N. E. beau tems & la mer belle, nous avons gouverné au S. S. O. bonnettes haut & bas, ainſi que ce matin Mercredi.

16.

A midi nous nous ſommes trouvés moins Sud que mon point, par la raiſon, ſans doute, dont j'ai parlé ci-devant. Route

  Latit. obſervée   9 = 18.
  — — eſtſtimée   9 = 12.
  Longitude   31 = 57.
  Chemin   40 l. ⅔.
  Variation eſtim. 2 deg. 30 min. N. E.

Toute la ſoirée le vent a continué à l'E. N. E. ſur le ſoir il a paſſé à l'E. S. E. Il a calmé enſuite, & nous avons continué notre route au S. S. O. avec un très-petit frais. Le tems étant enſuite devenu

ſom-

sombre, il s'est élevé un petit grain avec de la pluye. A midi aujourd'hui

17.

Nous estimions être par la
Latitude Sud   10 = 56.
— — observée   10 = 58.
Longit. estim.   32 = 38.
Route le S. S. O.
Chemin   35 lieuës.
Variation 3 deg. N. E.

28.

Depuis hier midi le vent a regné Est & E. S. E. bon frais, beau tems, la mer belle, toutes voiles dehors, même les bonnetes. L'observation a donné un différence considérable de l'estime.

Latitude est. Sud   12 = 56.
— — observée   13 = 6.
Longit. corrigée   33 = 32.
Chemin corrigé   44 l.
Route S. S. O.
Variation occase Nord-Est 2 deg.

Le vent a continué petit frais & variable de l'E. à l'E. S. E. beau tems mêlé de tems à autre de quelques petits grains, accompagnés d'un peu de pluye.

19. L'ob-

19.

L'obſervation nous a donné à midi 26 min. de différence. Route S. S. O.

Latit. eſt. S. 14 = 36.
— — obſ. 15 = 2. V^{on}. eſt. 2 = 30.
Long. corr. 34 = 22.
Chem. corr. 43 l.
— — eſtimé 32 l. ⅔.

Juſques à préſent nous nous ſommes trouvés dans ce climat comme au mois de Mai en France, les matinées & les ſoirées même aſſez fraiches, malgré que nous ſoyons ſous la Zone torride. Nous n'avons eſſuyé aucunes de ces chaleurs brûlantes, dont tant de Voyageurs ſe plaignent dans leurs Rélations. Il eſt vrai que depuis que nous avons paſſé la Ligne équinoctiale, nous avons toujours eu au moins un peu de vent, que nous n'avons point été ſurpris de calmes, & que les nuages nous ont garantis des rayons du Soleil. Soit propreté, ſoit que notre Frégate fut neuve, nous n'avons pas été inquiétés de ces inſectes, dont parlent les mêmes Rélations. Il n'y a eu juſqu'ici aucun malade dans l'Equipage. Pour contribuer à entretenir la ſanté, tous les ſoirs, après-ſouper, on fait danſer

ſer les les Matelots ſur le gaillard d'arriere Ils ſont même ſi portés à la joye, qu'ils jouent à la main chaude, au cheval fondu, à faire courir la ſavate, & le ſiflet, ou enfin à quelque autre jeu, qui donne de l'exercice, & nourrit la gayeté. Quelques uns, aſſez comiques de leur naturel, s'habillent, ſe maſquent ſous des figures les plus groteſques, & ſe préſentent ſucceſſivement, on entrent par bandes, ſur le gaillard, où ils danſent des Menuets, des Contredanſes, des Gavottes Allemandes, Angloiſes & Matelotes. La plûpart ont appris ces danſes, pendant qu'ils étoient priſonniers de guerre dans les ports de la Grande Bretagne. Le plus grand nombre s'en eſt échappé aux riſques de leur vie, dans des Vaiſſeaux neutres, dans des bâteaux de pêcheurs, & même dans des petits canots, qu'ils enlevoient des ports. Pluſieurs m'ont aſſuré que les Anglois favoriſoient ces fuites, tantôt en traitant pour le paſſage de ces priſonniers avec les Capitaines des Vaiſſeaux neutres; tantôt en leur vendant leurs bâteaux. Quelques uns prêtoient des habits pour le déguiſement, d'autres avançoient de l'argent, d'autres en donnoient par charité, té, d'autres enfin les chargeoient de lettres de recommandation pour leurs amis de Londres, on pour ceux des Ports où ils penſoient que ces Priſonniers pourroient s'embarquer avec moins de riſques. Ils faiſoient plus encore; pour leur faciliter un certain bien-être dans les priſons où ils étoient détenus, ils les encourageoient par des libéralités, payoient très généreuſement les petits ouvrages de main, que quelques-uns de ces priſonniers faiſoient. juſqu'à acheter d'eux des petites figures de la Vierge, de Saints &c. faites de bois, ſculptées auſſi mal qu'on peut le faire avec un couteau & un canif, & quand on ne l'a pas appris. Un de nos Matelots qui s'en mêloit, m'a dit plus d'une fois, qu'on les lui payoit la valeur d'un écu de trois livres, & qu'on lui recommandoit ſeulement de ne s'en pas vanter parmi les Anglois. Belle leçon d'humanité & de charité!

La gayeté & la propreté ſont des choſes auxquelles les Capitaines devroient donner beaucoup d'attention. Elles ne contribuent pas peu à prévenir toutes les maladies, qui affligent ordinairement les Marins. C'eſt dans la même vûë, que l'on l'on doit toujours mêler un peu de vinaigre dans l'eau qu'ils boivent journellement; & que l'on met dans un tonneau, nommé *charnier*. On mettoit celle de la chambre, ou que l'on servoit à la table des Officiers, dans de grands vases de terre, au fond desquels on avoit mis des petits cailloux à la hauteur d'un demi-pié on davantage. Après qu'elle avoit été transvasée des tonneaux dans ces grands vases, nommés *jarres*, exposés à l'air sur le gaillard, ou auprès, on les y laissoit dépurer pendant trois ou quatre jours, avant que d'en boire. On prétendoit que ces cailloux en attiroient le limon.

Il est bon d'observer que l'eau que nous avons embarquée à St. Malo, n'a pas souffert la moindre altération, comme il arrive ordinairement entre les deux Tropiques. Le biscuit s'est également très-bien conservé. Il n'y a eu que quelques choux marinés, & quelques petits tonneaux de daubes de veaux, qui ayent été un peu gâtés: ce qui, vraisemblablement, doit être plûtôt attribué au défaut d'apprêt qu'au climat des Tropiques.

20.

Le vent a continué à l'E. N. E. & à l'E. ce matin Dimanche 20. la mer belle, toutes les voiles dehors, faisant route du S. S. O. du compas. A huit heures du matin nous avons pris un Marſouin, peſant environ 100 livres. Je l'ai peint au naturel, ſans cependant garder de proportion pour ſa grandeur. On le voit à la figure I. Planche II. On nous en a ſervi un plat à diner, & je l'ai trouvé, ainſi que pluſieurs autres convives, beaucoup moins mauvais que l'on ne le diſoit. *)

J'a-

---

*) Pluſieurs regardent le Marſouin, comme une eſpece de Baleine, & le nomment auſſi *Soufleur*. Il y en a différentes eſpeces. Les uns ont le dos gris preſque noir, & le ventre d'un gris beaucoup plus clair. D'autres ſont d'un gris preſque blanc, ce qui leur a fait donner le nom de *Marſouins blancs*. Ceux que nous avons pris, & dont je donne ici la figure, avoient la tête faite, non comme le grouin d'un cochon, mais preſque ſemblable à la tête d'un oiſeau, revêtue d'une peau épaiſſe & griſe, ainſi que le bec armé d'un bout à l'autre de dents aigues, blanches & de la forme de celles du brochet. Ils avoient une ouverture (A) ſur la tête par laquelle ils lançoient de l'eau, après quoi, il en ſortoit de l'air, qui rendoit un ſon

à peu-

J'avois fait l'anatomie de la tête & des nageoires, que je voulois conferver. Mais les ayant fufpendues fur nos Dunetes, près du bâton de Pavillon, quelques Matelots, en faifant la manœuvre, les firent, par mégarde, tomber à la mer. A midi la hauteur prife a donné.

Latit. obfervée Sud   16 = 44.
— — eftimée   16 = 43.
Longitude corr   35 = 10.
Route eftimée le S. S. O. 4 deg. O.
Chemin   -   37 lieuës ⅓.
Variation eftim. 3 deg. N. E.

De

à peu près femblable au grognement d'un Cocchon. Leur queuë étoit difpofée horifontalement, contre l'ordinaire des autres poiffons, chez qui elle eft perpendiculaire, quand ils font pofés fur le ventre. Elle fert fans doute de point d'appui au Marfouin pour s'élancer fi haut hors de l'eau, & lui donner la facilité de faire en l'air les tours de broche, dont j'ai parlé dans un autre article. Il leur fuffit, pour cela, de s'appuyer plus fur un côté de la queuë que fur l'autre, en s'élançant. De cette difpofition de leur queuë vient apparemment aufli leur maniere de nager, comme s'ils fortoient de l'eau, & s'y replongeoient à l'alternative. Celui, dont je donne ici la défcription, (& tous ceux que nous avons pris lui reffembloient,) eft,

De l'E. N. E. où le vent avoit regné depuis midi, il a paffé au Nord, bon petit frais, beau tems, mais la mer agitée d'un affez gros houl venant du Sud-Eft.

Ayant apperçu un changement de couleur dans l'eau de la mer, on a pris le parti de jetter la fonde: précaution d'autant plus néceffaire dans les parages où nous fommes, que l'on ne peut gueres compter fur les Cartes. Les Hollandoi-

> eft, je penfe, de l'efpece de ceux que l'on nomme *Morne de Mer*. Car la partie antérieure de la tête fe termine en bourlet près de la racine du mufeau, ou bec, & y forme comme les bords d'un coqueluchon. Il a le dos noirâtre & le ventre d'un gris de perle, un peu jaunâtre, moucheté de taches noires & d'autres gris de fer. Il a trois nageoires arquées & très-épaiffes, une fur le dos, deux autres fous le ventre. Elles font, ainfi que la queuë, recouvertes d'une membrane, ou peau groffe, & épaiffe, laquelle enlevée, laiffe apercevoir cinq cartilages blancs, difpofés comme les doigts de la main, & articulés en phalanges.

Les Marfouins vont prefque toujours en troupes, & nagent de front, comme s'ils étoient rangés en ordre de bataille. Ils femblent aller chercher le vent. Nous avons remarqué qu'ils prenoient doises rapprochent les côtes du Bresil à l'Est près de 60 lieues plus que les Cartes Françoises. Nous nous trouvons d'ailleurs, suivant notre estime, & la hauteur du Soleil observée, au travers, ou bien près des bancs de rochers & de gravier nommés los Abrollhos, dont la longueur, la largeur & le gissement ne sont pas assez exactement connus, ni déterminés dans les Cartes, pour que l'on puisse s'y fier.

On jetta donc la sonde, sur les 7 heures $\frac{1}{2}$ du soir. Nous filâmes cent-trente-cinq

noient toujours leur route du côté d'où le vent s'élevoit peu de tems après qu'ils avoient passé. Il n'est point de poisson qui ait, peut-être autant de force que le Marsouin, proportionellement à sa grosseur. Dans le nombre de ceux que nous avons harponnés, deux ou trois se sont débarrassées du harpon, soit en se déchirant le dos, soit en brisant le harpon-même; quoique la barre de fer, dont il étoit composé, fût grosse comme le pouce. Ceux que nous avons pris ont toujours forcé cette barre, & l'un d'eux l'avoit tordue, comme le commencement d'une vis. La chair de ce poisson exhale une odeur si forte & si tenace, que mes mains, après l'anatomie que j'en ai faite, ont conservé cette odeur plus de trois jours, quoique je les eusse lavées bien des fois avec du vinaigre. Il en est de même de celle du Requin.

cinq brasses de ligne, sans trouver de fond. Un moment après, un troisiéme de ces oiseaux, dont j'ai donné la figure dans la Pl. II. fig. 2. & que je croit être un de ceux que l'on nomme *oiseaux du Tropique*, vint se poser sur le bâbord du gaillard d'arriere, où on le manqua. Il fit le tour du Navire, & s'étant posé à bâbord sur le gaillard d'avant, un Matelot l'y prit à la main. On l'enferma dans une loge de la cage à poules, dans le dessein de lui attacher le lendemain un ruban au Col, sur lequel on se proposoit d'écrire: *j'ai été pris sur la Frégate Françoise l'Aigle le* 20 *Novembre* 1763. *à la hauteur* de 16 deg. 44 min. longitude 35 = 10, & remis en liberté *le* 21 *au matin.* A minuit on a sondé une seconde fois, sans trouver de fond.

21.

Ce matin lundi 21. sur le six heures ¼, un des Maîtres ayant voulu examiner l'oiseau pris la veille, ne l'a pas tenu avec assez de précaution; il lui a échappé, & nous a privé du plaisir que nous aurions en de lui attacher le ruban dont j'ai parlé. Depuis que nous avions donné la liberté au second de cette espece d'oiseaux, tous
les

foirs fur les huit heures, il en venoit un roder & voltiger autour de nos Dunettes. A midi la route à vallu par eftime le S. S. O. 4 deg. 30 m. O.

 Latitude eftimée Sud 18=33.
 Longitude —   36=7.
 Chemin   40 li. ⅓.
 Variation eftimée 4 deg. 30 min. N. E.

De l'Eft-Nord-Eft le vent a paffé au N E. bon frais, avec un tems fombre, & la mer affez belle. Ayant encore reconnu du changement dans la couleur de la mer, dès le matin du même jour 21, & ayant continué toute la journée, on a jetté la fonde à huit heures du foir. A 35 braffes on a trouvé fond, & la fonde a raporté du corail, des morceaux de coquillages & de la pierre pourrie. A dix heures on a fondé de nouveau, & l'on a trouvé même fond à 30 braffes. A minuit aujourd'hui

22.

On a fondé fans trouver fond: à deux heures encore fondé, & à 40 braffes même fond que ci-devant. A 4 heures, fans fond Le Banc des Abrolhos s'étend plus au Sud que ne le marque la Carte Françoife.

Il faut obferver que l'Auteur du Voyage de l'Amiral Anfon, fe trouvant dans la même latitude & même longitude eftimées, avoit fondé & trouvé même fond que nous, ce qui nous a un peu fervi de renfeignement. Cette différence de fonde fucceffive avec fond & fans fond eft d'autant plus à remarquer, que nous n'avions pas changé de route à l'eftime d'une demi-lieuë; que depuis midi nous faifions la route du S. O. du compas, jufqu'à fept heures & trois quarts que nous avons fondé: enfuite celle de S. $\frac{1}{4}$ S. O. jufqu'à dix heures, puis celle du Sud jufqu'à minuit, que nous fommes revenus au S. S. O. après avoir fait deux lieues deux tiers; à deux heures trouvé fond, & à quatre, faifant même route, & même chemin de cinq à cinq mille & demi par heure, fans fond.

A midi nous avons obfervé le Soleil au Zenit, & nous n'avons pu qu'eftimer la hauteur. Nous avons même obfervé quelques minutes après que nous avons eu dépaffé le Soleil, & lorfque nous avions l'ombre au Sud. On a donc eftimé

La latitude Sud   19=48.
— —   obſervée   20=11.
Longitude   37=4.
Chemin eſtimé   30 li. ⅓.
Route S. O. ¼ S. 3 deg. O.

Environ les trois heures après-midi, nous avons fait ſignal à un Navire que nous voyions depuis quelques heures, parce que nous penſions que ce pouvoit être la Corvette le Sphinx. Il ſembloit venir à nous, & faiſoit route O. S. O. Alors nous avons diminué de voiles pour l'attendre. Mais voyant qu'il ne répondoit pas au ſignal, & ayant obſervé qu'il n'avoit que deux mâts, nous avons jugé que c'étoit un Senau Négrier, qui alloit à Rio-Janeyro. Le vent étoit au N. E. bon frais & beau tems, quoiqu'un peu ſombre. Nous avons tenu la route du S. O. jusqu'à neuf heures du ſoir, que nous sommes revenus au S. O. ¼ S. A minuit nous avons ſondé, ſans trouver fond. A quatre heures, nous avons fait route au S. O. ¼ O. & à ſept heures du matin, aujourd'hui

Mercredi 23 Novembre.

Nous avons vû la Terre du Breſil à 6 heures du matin dans l'Oueſt & O. N. O.

environ à quinze lieues de distance. Nous sommes alors revenus au vent, pour accoster cette Terre; mais, à dix heures, le tems s'étant engraissé, nous l'avons perdue de vûë. La mer nous ayant aussi paru changée, nous avons sondé & trouvé fond de sable fin à quinze brasses. A onze heures sonde de rechef, & trouvé même fond. A midi la route a vallu par estime le S. O. ¼ O. 2deg 15 min. O.

Latitude estimée Sud 21 = 34.
— — obs. douteuse 21 = 8.
Longitude est. 38 = 56.
Longitude corrigée, 43 = 0.
Chemin estimé 40 li. ⅔.
— — corrigé 54 -

En pointant la carte on s'est trouvé à soixante-dix lieuës éloignés de la côte du Brésil, Est & Ouest de la pointe de Sud de l'entrée de la Riviere du Saint Esprit, en suivant la longitude corrigée. Nous avions alors vûë de terre: & nous nous trouvons cependant soixante lieuës plus Ouest que l'estime: ce qui confirme les observations de l'Auteur du Voyage de l'Amiral Anson, que les marées portent sur le Sud-Ouest. Il est donc très-à propos de se défier de ces marées, ainsi que des

Car-

Cartes, surtout de la Françoise depuis la Ligne jusqu'à Rio de la Plata.

Notre premiere sonde pourroit bien avoir été faite sur un banc de sable, qui n'est pas marqué dans la Carte Françoise, au large de terre, mais que l'on trouve dans la Carte Hollandoise de Wan-Culen, marqué *bon fond*, à 15 ou 16 lieuës au large. C'est celui où nous avons sondé à dix & à onze heures. Celle de Peter-Goos est plus sure; une de Mr. Buache est encore meilleure.

Le vent étant ensuite du N. N. E. venu au N. E. bon frais, avec un tems brumeux, une mer très-grosse & brouillée, nous avons sondé de quart-d'heure en quart-d'heure, & sur les trois heures ne trouvant que neuf brasses, nous avons mis le Cap au S. $\frac{1}{4}$ S. O. Le fond ayant encore diminué, nous sommes revenus jusqu'au S. $\frac{1}{4}$ S. E. pendant une demie heure, mais voyant que la mer diminuoit encore de profondeur, & que nous ne trouvions plus que six brasses d'eau, quoique nous portions au large, nous avons arrivé, & mis le Cap au S. S. O. Alors la profondeur a augmenté peu à peu, de maniere qu'à cinq heures nous avions 25 brasses d'eau même fond de sable, couleur de son, mais un peu plus vaseux que sur le haut du banc. A 8 heures, nous avons mis en travers & sondé par 35 brasses, fond de sable très-blanc & brillant. A dix heures, 40 brasses, fond de coquillages pourris & un peu de corail.

24.

Quoique la derniere sonde nous eût presque tirés de l'inquiétude où nous étions, par l'erreur des Cartes sur le gissement des Côtes du Bresil, & l'omission de ce banc de sable, ou haut fond que nous venions de trouver, nous avons cru devoir continuer à sonder pour plus grande sûreté. Ainsi à minuit nous avons trouvé à cinquante brasses, même fond, mais sans corail. A 4 heures, 60 brasses même fond que le dernier; à cinq heures & demie, nous avons couru sur le S. O. jusqu'à midi. Ce haut fond est les Basses de St Thomas, fort dangereuses de mauvais tems. Elles mettent 16 à 17 li. au large, & le haut du Banc n'a que 3 ou 4 brasses d'eau. Il y a passage près de terre. Les Navires Portugais, qui font le Cabotage de la côte du Bresil, & qui en sont

pra-

pratiques, passent en terre de ces Basses; mais il est arrivé à plusieurs d'y toucher.

Le fond entre la terre & ces Basses est de sable comme cristal pilé, & sur le Banc il est de pierre pourrie.

Il est bon de remarquer que la Carte Hollandoise dont j'ai parlé ci-devant, ne donne pas assez d'étendue au banc de sable, qui y est nommé *Bon-fond*, & qu'il se prolonge jusques par les 23 degrés de latitude. J'ignore son étendue de l'E. à l'O. A midi la route a vallu, par estime, le S. S. O. 2 deg. O.

Latitude est. Sud 23 = 24.
— — observée 23 = 52.
Chemin estimé 44 li.
— — corrigé suivant la
hauteur 60 li. $\frac{2}{3}$.

Par où l'on peut voir combien les Marées & les Courans portent au Sud & à l'Ouest. Hier à six heures du soir, le Cap saint Thomé nous restoit à peu près au N. O. du compas à 14 ou 15 lieuës.

Longit. est. depuis mon relevement d'hier 44 = 53.

Le vent a regné au N. N. E. grand frais, le tems sombre & couvert, & nous avons fait route le Cap au S. O. jusqu'à six heures du matin aujourd'hui

Vendredi 25.

Alors nous avons gouverné à l'O. S. O. Hier à sept heures du soir, nous sondâmes, & nous ne trouvâmes pas de fond à 80 brasses. Aujourd'hui à midi, la route a vallu le S. O. ¼ O. 5 deg. S.

Latitude estimée Sud	25 = 10.
— — observée	25 = 32.
Longitude estimée	42 = 21.
— — corrigée	42 = 29.
— — suivant la terre vûë	46 = 29.
Chemin estimé	46 li. ⅔
— — corrigé	52.
Variation occase Nord-Est	8 d. 30 m.

Le vent a passé au N. E. petit frais, le tems parfois un peu couvert, & nous avons fait la route de l'O. S. O.

26.

Depuis quatre heures du matin, il a fait calme jusques à six. On a profité de ce calme pour sonder, & l'on n'a pas trouvé fond. Un petit vent s'est levé du Sud,

HISTORIQUE.

Sud, & a soufflé jusqu'à huit heures. Il a sauté ensuite à l'E. N. E.

 Latitude estimée Sud 25 = 42.
 Longitude estimée 43 = 25.
 — — corrigée 47 = 26.
 Chemin corrigé   19 li. ½.
 Route suivant le Compas O. ¼ S. O.
 Variation occase N. E. 10 d. 30 m.

Jusqu'à huit heures du soir le vent a regné de l'E. N. E. au N. E. petit frais. Il a fraîchi ensuite jusqu'à minuit, avec beau tems, & la mer belle.

Dimanche 27.

Après un calme de peu de durée, le vent a passé du N. E. au N. & puis au N. N. O. petit frais, jusqu'à huit heures du matin. Nous avons sondé trois fois pendant la nuit. A dix heures, sans trouver fond; à minuit, fond de sable gris à 90 brasses. A deux heures, 85 brasses fond de sable gris un peu vaseux. Route O. S. O. 2 deg. S.

 Latitude estimée Sud 25 = 59.
 — — observée   26 = 37.
 Longitude estimée   44 = 59.
 — — corr. suiv. la terre 48 = 59.
 Chemin   46 li. ⅓.

De-

Depuis midi jusqu'à 8 heures du soir le vent a regné du N. E. bon frais. Le vent est ensuite un peu tombé, & il faisoit presque calme à quatre heures du matin Lundi.

Un calme plat a succédé jusqu'à six heures. Alors il s'est élevé un petit frais, qui s'est augmenté à dix heures, avec beau tems, & la mer assez belle, mais agitée d'un houl du N. E.

Au Soleil couchant, quoique l'horison fut un peu gras, nous avions vû la terre devant nous. En faisant toujours route, nous avons sondé à sept heures du soir, & nous avons trouvé, à trente-cinq brasses, fond de vase molle, grise-noirâtre, mêlée de quelques petits coquillages. A minuit sondé encore, 31 brasses, même fond. Depuis la premiere sonde, nous, étions restés sous les deux huniers & les voiles en pointe jusqu'au jour, le Cap au N. O. $\frac{1}{4}$ O. Au jour, nous avons fait de la voile, mais il ventoit peu. Au Soleil levant, nous avons vû la terre se prolonger, & nous avons gouverné dessus, pour la reconnoitre. A huit heures,

28.

J'ai reconnu un Islot, que quelques Cartes nomment *Aracari*. Il nous restoit au N. O. 5 deg. O. du compas, distant d'environ cinq ou six lieuës. Alors la pointe que j'ai pu distinguer la plus près de nous, étoit la pointe qui s'avance le plus à l'Est dans cette partie, formant une Presqu'Ile. Elle nous restoit à l'O. ¼ N. O. du compas, distante d'environ 3 lieuës. Route depuis hier midi, par estime, l'O. ¼ S. O.

 Chemin estimé 19 li.
 Latitude est. S. 26=57.
 — —observée 26=58. Variat. occase
 Longit estimée 45=58.10=30m.N.E.
 — du relevem. 49=58.

Ce qui quadre très-bien avec la vue de terre à midi.

Nous avons ensuite continué la route du S. E. ¼ S. jusques à quatre heures, avec un vent de Nord au N. N. E. bon frais, beau tems & la mer un peu houleuse. Un Orage formé dans le Sud nous a donné des éclairs & un peu de tonnerre. Le vent est ensuite tombé, &

il a

il a passé du Sud au Sud-Sud-Ouest; où il a resté toute la nuit, en calmiole.

Le 28. A huit heures du soir j'ai relevé la pointe du Sud de l'Ile de Gal, à O. S. O. la pointe du Nord de l'Ile Ste. Catherine au Sud-Ouest. Nous avons ensuite couru dehors, le Cap à l'Est quart Sud-Est, puis au Sud-Est, jusqu'à quatre heures du matin du Mardi

29.

Suivant mon estime, nous étions deux lieuës plus au large qu'hier au soir à huit heures. Ayant fraîchi vers les quatre heures & demie, nous avons viré le Cap à O. $\frac{1}{4}$ S. O. & O. S. O. pour accoster la terre. Mais voyant qu'à peine pouvions-nous doubler l'Ile de Gal, à huit heures nous avons fait un bord au large d'environ deux lieuës; ensuite reporté à terre. A midi nous étions entre l'Ile de Gal & la pointe de celle de Ste. Catherine. Le vent étant toujours du Sud au Sud-Sud-Ouest, nous nous sommes trouvés dans la nécessité de faire plusieurs petits bords, pour gagner le moüillage, où nous sommes arrivés à

qua

quatre heures après midi, par les six brasses d'eau, fond de vase verte très-coulante.

Marques du Moüillage.

Affourché Sud-Sud-Est & Nord-Nord-Ouest.

Dans cette Baye, qui forme un Canal autour de l'Ile St. Catherine, il y a trois Forts, & une batterie de Canon près du goulet, en arrivant à la Ville du côté de notre moüillage. Le premier Fort se présente à bâbord en entrant dans la Baye. Il est placé sur une pointe de l'Ile, en dedans d'un petit Ilot nommé *l'Ile aux Perroquets*, au Nord-Est ¼ Est, & à l'Est Nord-Est. On le nomme *le Fort de la pointe grosse*. Un peu plus avant, & presque vis-à-vis, est le second Fort, sur un Ilot, près de la terre ferme, au Nord-Ouest ¼ Nord du Compas. On l'appelle, le *Fort de l'Ile Sainte-Croix*. En entrant il se présente bien, bâti en terrasses, soutenues par des arcades. Le Commandant y fait son séjour. Le troisieme Fort plus avancé du côté de la Ville, est aussi placé sur un Ilot, distant presqu'également de la terre-ferme, & de l'Ile: On le nomme me, le *Fort de l'Ile Ratonne*. On voit les plans de ces Forts dans la Pl. IV. Nous étions mouillés entre ces trois Forts; & le Commandant nous fit entendre par des signaux, que c'étoit le meilleur mouillage: Il avoit ses vûës; car le mouillage un peu plus avancé du côté de la terre ferme, est beaucoup plus commode.

En entrant dans la Baye, nous apperçûmes le pavillon Portugais au milieu des bois, élevé au dessus des arbres, sur une hauteur de l'Isle, & placé de maniere qu'il peut être vû des deux premiers Forts. On arbore sans doute ce pavillon dès que l'on apperçoit quelque Navire en mer, pour en donner avis aux aux Forts qui sont dans la Baye. Car nous le vîmes arborer, & on le retira, après que que nous eûmes mouillé, & salué le Fort de Ste. Croix.

Avant que d'affourcher, étant au travers de ce Fort, lequel ainsi que les deux autres, avoient arboré le pavillon Portugais, nous avons mis notre Canot à la mer, pour conduire au Fort Mr. Alexandre Guyot, notre second Capitaine, qui sçait la langue Portugaise, saluer le Commandant,

& lui

& lui demander, si, au salut de notre Canon, il nous rendroit le salut coup pour coup. Le Commandant a fait accompagner Mr. Guyot à son retour, par un Officiers de la Garnison du Fort, pour nous rendre la politesse, & voir qui nous étions. Dès qu'ils ont été rendus à bord, nous avons mouillé, & salué le Fort de neuf coup de canon, qui nous ont été rendus en même nombre. L'Officier a soupé & couché à bord, pour aller le lendemain avec Monsieur Guyot saluer le Gouverneur de cette partie du Bresil, qui fait sa résidence dans une petite Ville, située au fond d'une anse de l'Ile St Catherine, à cinq lieuës au Sud de notre mouillage, & lui demander la permission de faire de l'eau & du bois. Le soir même, le Commandant du Fort de Ste. Croix nous envoya des rafraichissemens; & le lendemain dès les quatre heures du matin, Mr. Guyot partit avec l'Officier dans notre grand canot.

Le Gouverneur, nommé Don Antonio Francisco de Cardoso y Menezes y Souza, Colonel & Chevalier de Christ; d'une très illustre famille de Portugal, fit un accueil très gracieux à Mr Guyot, & accorda tout ce que nous demandions.

Notre canot partit de la Ville sur les neuf heures du matin, & ne pût être de retour qu'à sept heures du soir, à cause des vents contraires.

Dès que les habitans de la côte eurent apperçu notre Frégate à l'ancre, trois ou quatre vinrent à bord, dans des Pirogues, *) nous apporterent des citrons, des oranges, & quelques choux. Le Commandant du Fort de Sainte Croix s'en étant apperçu, envoya des ordres dans toutes les Cases **) avec défense de porter quoique ce fût à notre Frégate, & mê-

---

*) C'est une sorte de bateau fait d'un seul arbre creusé, dont les Sauvages de l'Amérique méridionale ont accoûtumé de se servir. Certaines grandes pirogues ont des planches ajoûtées, surtout au derriere, pour en élever les bords. Quelquefois ils y peignent des figures de Sauvages ou des grotesques. J'ai vû jusqu'à douze hommes dans une de ces pirogues, que quelques uns nomment aussi *piragues*. On dit qu'il y en a de grandes, qui portent jusqu'à cinquante personnes, avec leurs munitions de guerre & de bouche.

**) Les Cases dont je parle, sont des bâtimens, qui n'ont que le rez de chauffée, comme les maisons
de

& même d'en approcher; de nous rien vendre, ni acheter de nous. Il envoya aussi des Soldats dans les Cases les plus voisines, pour observer la conduite des habitans à cet égard, & pour nous empêcher de nous répandre dans les environs. Il nous faisoit à l'extérieur mille protestations de bienveillance, & n'étoit pas avare de politesses.

Sans doute que dès le moment de notre arrivée, il avoit dépêché une pirogue au Gouverneur pour lui en donner avis. Le lendemain matin, pendant que Mr. Guyot étoit en route pour aller voir le Gouverneur, l'Oïdor, ou Chef de la Justice, arriva à bord de notre Frégate, pour faire un procès-verbal de notre mouillage, de la qualité & notre Navire, & des motifs qui nous avoient amenés. Mr. de Bougainville le satisfit sur tous

ces

---

de nos Paysans de France. Ils sont ordinairement couverts de cannes & de feuilles de Baniers, ou d'autres grandes feuilles d'une espece de canne ou de roseau. Il n'y a pas communément de cheminée. Les Négresses Esclaves apprêtent les mêts sur un feu allumé au milieu de leur appartement: de façon que la fumée s'y répand par tout.

ces articles, & il repartit environ midi. Nous le faluâmes, à son départ, de sept coups de canon, que le Fort de Ste Croix nous rendit aussitôt.

Après le diner, Mr. de Bougainville accompagné de Mrs. de Nerville, de Belcourt & L'huillier de la Serre, fut voir le Commandant de ce dernier Fort. Ils y trouverent un Officier général de Rio Janeyro, détenu prisonnier depuis quatre ans, avec défense au Commandant lui laisser mettre le pied hors du Fort, pour n'avoir pas exécuté ponctuellement les ordres qu'il avoit reçus de la Cour de Lisbonne au sujet de l'expulsion des Jesuites du Bresil, & pour les avoir favorisés. Ce Prisonnier a pour Intendant de ses affaires, & pour Sécretaire, un Portugais, homme d'esprit, qui avoit été Page d'un Ambassadeur de Portugal en France, & avoit demeuré quatre ans à Paris. Il fut charmé de revoir des François, & se fit un plaisir de servir de Truchement à Mr. de Bougainville. L'attachement qu'il avoit pour cet Officier prisonnier, lui avoit fait sacrifier sa liberté, il s'étoit enfermé avec lui & lui tenoit compagnie. Cet Intendant accompagna Mr. de de Bougainville, & les autres à leur retour. Dans le narré qu'il nous fit des causes de la détention du Prisonnier, il le disculpa autant qu'il put, & nous dit en présence même de deux autres Officiers, venus à bord avec lui, qu'il étoit coupable à la verité de n'avoir pas exécuté les ordres de sa Cour, aussitôt qu'il les eût reçus; mais que l'Archevêque, qui favorisoit les Jésuites, l'en avoit empêché, assurant qu'il avoit reçu des ordres contraires: & que lui, Officier Commandant, ne devoit pas conséquemment exécuter les siens, qu'il n'en eût reçu la confirmation. Soit par respect pour l'Archevêque, soit par d'autres motifs que j'ignore, il mit trop de délai dans l'exécution, & en fut puni par la perte de sa liberté. Il voulut engager Mr. de Bougainville de se charger d'un Mémoire justificatif, pour le remettre à l'Ambassadeur de Portugal en France, après notre retour, pour le faire passer de là à la Cour de Lisbonne. Mais je pense qu'il n'a pas été donné à Mr. de Bougainville.

Lorsque Mr. Alexandre Guyot fit sa visite au Gouverneur, celui-ci l'invita, & le pria d'inviter de sa part à diner pour le lendemain, Mr. de Bougainville & les Officiers ainsi que les principaux Passagers de notre Frégate.

Nous partimes donc dès le matin Jeudi 1 Décembre, Mrs. de Bougainville, de Nerville, de Belcourt, Lhuillier, Alexandre Guyot, & moi, & nous nous rendimes, sur les une heure & demie après midi, à la Ville, dont le nom Portugais, s'interprête en François, *Notre Dame de l'exil,* ou *la Vierge exilée.*

Presque tous les Officiers de la Garninison étoient venus au devant de nous sur le bord de la mer, pour nous recevoir. Ils nous accueillirent à la descente de notre canot, avec toute la politesse imaginable, & nous accompagnerent jusqu'au Gouvernement, au milieu de beaucoup de peuple.

Le Gouverneur vint nous recevoir à la porte extérieure, & nous introduisit dans une grande salle, où nous trouvames le couvert mis, & la table servie. Le Gouverneur, son fils *) qui parle assez bien

le

---

*) Ce fils étoit Capitaine dans le Régiment du pere, & l'un des quinze enfans qu'il nous dit

avoir

le François, le Major de la Place qui en sçait assez pour se faire entendre, l'Oidŏr, deux autres Officiers & un Pere Franciscain, dînerent avec nous. Beaucoup d'autres Officiers de la Garnison se tinrent debout, & quelques uns nous servirent. Ces Officiers *servans* le font, suivant le dire d'un Officier de la Garnison du Fort de Ste. Croix, pour faire leur cour au Gouverneur, qui les invite tour à tour à manger avec lui; & ils se servent les uns & les autres.

Les mets étoient apprêtés à la mode du Pays, assez mal pour des François. La soupe se mangeoit à la fourchette, aussi ne servit-on pas de cueillers. C'étoit une espece de colle solide. Le pain, des plus mau-

avoir eus, non de son épouse légitime, car il n'a jamais été marié, mais d'une ou plusieurs Maitresses. Ses autres enfans vivans sont à Lisbonne, où ils ont, suivant les loix, les mêmes honneurs & les mêmes prérogatives que les enfans nobles & légitimes. Les bâtards y sont, dit-on, Gentilshommes nés. Une des filles de ce Gouverneur a épousé un des Ministres de la Cour de Portugal, & un autre de ses fils y occupe une des premieres places.

mauvais, gris, lourd, gras ou plûtôt une pâte, ayant la forme d'un petit pain rond d'environ trois pouces de diametre, & d'un pouce & demi de hauteur, dont la superficie n'étoit qu'un peu desséchée, & avoit à peine senti le feu. L'intérieur n'étoit pas oeilleté, & ressembloit à cette bouillie consolidée de blé noir qui fait la nourriture de beaucoup d'habitans du Limosin, où on la nomme *gallette*.

L'entremets étoit composé de beaucoup de plats, tous apprêtés au sucre. Ils en mettent presque dans toutes les sausses, ainsi que du Cartame, ou fleur de Saffran bâtard. Les assietes étoient d'étain, mal écurées, & d'une forme antique. Les couverts d'une très ancienne mode, mais d'argent, & très-pesans, ainsi que les plats, & quelques vases pour boire, ayant la forme d'un cylindre octogone, haut de sept à huit pouces. On nous servit d'abord à boire dans de très petits verres, semblables à ceux où l'on buvoit autrefois de la liqueur, montés sur un pié très élevé, & dont la coupe se termine en pointe par le bas. Comme avec de tels vases il eut fallu boire un coup au moins à chaque morceau que l'on mangeoit, j'en de-

demandai un plus grand, pour pouvoir y mêler de l'eau avec le vin. Alors on m'apporta un de ces cylindres d'argent, plein d'eau & de vin. Une autrefois on me servit plein un grand gobelet de cristal, le seul qui parut, & qui tenoit près d'une bouteille, mesure de Paris. Les autres convives furent servis de même. Ces grands vases passoient de l'un à l'autre jusqu'à ce qu'il n'y restoit plus de liqueur. Le vin étoit de Porto; & très-bon.

Après le diner on fit lever la nape; on resta autour de la table, pour prendre le caffé, & faire la conversation. Je m'apperçus alors que le Pere Franciscain n'étoit plus dans la compagnie. Mon dessein étoit de l'accoster pour raisonner avec lui sur le Pays, & sur ses habitans, dans la persuasion que, lui ignorant la langue Françoise, & moi la Portugaise, je pourrois converser avec lui en Latin. Je communiquai mon dessein au fils du Gouverneur: je lui demandai pourquoi ce Pere Franciscain s'étoit retiré. Il me répondit que j'avois dû m'appercevoir, dès notre arrivée, que ce Pere affectoit de s'éloigner de moi, parce qu'il avoit prévû mon dessein; que ne sachant pas le Latin, il avoit mieux aimé ne pas se trouver avec moi, que d'avoir la confusion d'ignorer cette langue. Cependant, ajouta-t-il, c'est un défaut qui lui est commun avec presque tous les autres Ecclésiastiques de ces pays-ci.

Pendant que l'on versoit le caffé, une douzaine d'Officiers de la Garnison entrerent, & l'on nous régala d'un petit concert de musique instrumentale. Plusieurs de ces Officiers jouerent, les uns de la flûte traversiere, d'autres du par dessus de flute, d'autres du violon, un du violoncelle, & un d'une espece de hautbois. Les mêmes jouerent successivement de divers instrumens. Deux Négres donnerent du cor; tous s'en acquitterent fort bien. Ils avoient presque toutes les pieces de nos meilleurs Musiciens François. Les chanterelles des violons étoient des cordes de soye.

Nous nous promenâmes ensuite dans la Ville, qui me parut composée d'environ cent cinquante maisons n'ayant que le rez de chaussée, & le toit par dessus. La Garnison en occupe une partie, elle est composée de Blancs pour la plûpart. Les autres habitans sont presque tous Negres,

gres, ou Mulâtres; on en voit de toutes les nuances, depuis le noir jusqu'au blanc. Ces Mulâtres font le plus grand nombre dans les deux sexes, & sont généralement d'une figure laide, & d'un air sauvage, comme s'ils venoient d'un mélange de Brasiliens & de Négresses.

Ils vont presque tous piés nuds, tête nue & très-mal peignée; une chemise, une culote, & quelques uns un manteau par dessus qu'ils jettent sur l'épaule à la mode Espagnole. Assez communément cette chemise & la culote sont trouées, & déchirées en plus d'un endroit; ce qui leur rend le manteau fort nécessaire. On en voit de ceux qui sont sans doute plus à leur aise, la tête couverte d'un chapeau à forme très-haute, ayant des aîles d'environ dix pouces de hauteur, & rabattues horisontalement. Ceux-ci sont chaussés, & portent une veste, sous un vaste & ample manteau, qui leur descend jusqu'au soulier, & dont ils relevent quelquefois les pointes sur l'épaule opposée, & s'en couvrent même le visage. Au lieu de chapeau, quelques uns ont un chaperon de la même étoffe que le manteau, auquel il est attaché, pour se cou-

K 4   vrir

vrir la tête; de sorte que l'on ne peut souvent reconnoître la personne, si ce n'est à sa démarche, ou à quelqu'autre marque distinctive, telle que la couleur du manteau, ou la façon de le porter.

Le Gouverneur, les Officiers & la Garnison sont vêtus de drap, & à la Françoise. Je fus même très surpris de voir, dans un pays aussi chaud, des Officiers habillés d'un drap aussi grossier au moins que celui de nos Soldats.

L'Oidor & les Officiers de justice se font distinguer par une grande canne ou bâton, ou par un rotin plié en cerceau, que les principaux portent au bras gauche, au dessus du conde: les subalternes le portent attaché à la boutonniere de la poche gauche de leur habit.

Les Esclaves vont nuds, à l'exception d'une culote ou caleçon pour les hommes, & quelquefois une très-mauvaise chemise; souvent même ils ne sont couverts que d'un simple pagne autour des épaules. Il est rare d'en voir qui ayent une chemise, & une veste. Mais, lorsqu'ils ont reçu leur liberté, ils peuvent porter l'habit & le man-

manteau d'étoffe, comme les Blancs. Les Négresses Esclaves sont nues à l'exception d'une bande de toile, qu'elles attachent par les deux bouts autour d'elles, & qui les couvre depuis la ceinture jusqu'à mi-cuisses au plus. Etant libres, elles sont comme les autres femmes, vêtues d'une jupe, & d'une chemise dont le haut est ouvert par devant, à peu près commes nos chemises d'hommes : lorsqu'elles sortent de la maison elles mettent un grand pagne; c'est une piece d'étoffe fine de laine, le plus souvent blanche, & bordée d'un ruban d'or, d'argent, de soye ou de fil, suivant l'état & les facultés de la personne. Cette piece d'étoffe a environ deux aunes de long sur une de large. On l'ajuste de maniere qu'un des angles se trouve au milieu du dos, & produit un effet à peu près semblable à celui du coqueluchon des Grands Carmes. L'angle opposé s'affuble sur la tête; les deux autres, après avoir couvert les épaules & les bras, jusqu'au coude, viennent se croiser sur la poitrine, comme le mantelet de nos Dames Françoises. Quelquefois aussi, au lieu de les croiser sur la poitrine, elles passent ces bouts sous le bras, qui en est couvert, & laissent voir

leur

leur gorge. Cette maniere de s'habiller est très incommode; il faut être sans cesse à le rajuster tantôt sur la tête, tantôt sur les bras, parce qu'il se dérange au moindre mouvement du corps.

Les Portugaises établies, ou nées dans l'Isle sainte Catherine, & sur les côtes de la Terre-ferme que nous avons parcourues, sont très blanches de peau, malgré la chaleur du climat. Elles ont communément de grands yeux bien fendus; mais le visage peu coloré. Ils vivent généralement, hommes & femmes, dans une grande oisiveté; & laissent à leurs esclaves le soin du ménage, & du peu de travail qui se fait dans le pays. La terre leur produit presque tout ce qui leur est nécessaire pour vivre, sans qu'ils se donnent la peine de la cultiver.

Dans la Ville on ne voit presqu'aucunes boutiques de marchands. Je n'y apperçus que celle d'un Serrurier, & celle d'un Apotiquaire. Les Négresses libres portent sur leurs têtes des fruits dans de grands paniers, pour les vendre par la Ville, ou se tiennent accroupies aux coins des rues, avec leurs paniers devant elles.

Pen-

Pendant que nous étions agréablement occupés à entendre de la Musique, Mr. le Gouverneur envoya chercher un Perroquet singulier par la beauté & la variété des couleurs de son plumage. Comme il vit que nous l'admirions tous, il pria Mr. de Bougainville de l'accepter. Tout son plumage, surtout la tête, le col, le dos & le ventre étoient parsemés de plumes, les unes d'un jaune de jonquille, les autres d'un jaune de citron; d'autres étoient d'un beau rouge de carmin, d'autres d'un rouge cramoisi: Et toutes entremêlées de plumes d'un verd plus ou moins foncé, & d'un bleu vif; particulierement aux deux oreilles. Le Gouverneur nous dit que cette variété étoit due en partie à l'art, & en partie à la nature. Que lorsque cet oiseau est fort jeune, & n'a presque encore que les tuyaux des plumes sortis après le duvet, on lui arrache ces tuyeux en différens endroits, & qu'aussitôt on insere à la place une espece de poison en liqueur: que les plumes qui succédoient aux tuyaux venoient jaunes ou rouges, au lieu de vertes qu'elles seroient venues naturellement; mais que sur cent de ces oiseaux
à qui

à qui l'on faisoit cette opération, à peine cinq ou six n'y perdoient pas la vie.

Le Gouverneur joignit à ce préfent une cinquantaine de peaux de Toucans, arrachées depuis le bec jufqu'aux cuiffes, & féchées avec les plumes, qui font partie couleur de citron, partie rouge-incarnat, & partie noires; par bandes transverfa lesd'une aîle à l'autre.

Ce généreux Gouverneur promit auffi à Mr. de Bougainville deux Guaras vivans, l'un mâle, l'autre femelle; & offrit même de donner ceux qu'il nous montra, s'il n'en trouvoit pas d'autres avant notre départ de l'Ile. Le vent contraire l'ayant empêché de retourner à la Ville, la veille du jour que nous partimes, il ne put accomplir fa promeffe.

Cet oifeau eft gros comme une grande Pie de France. Il a le bec long, & recourbé par le bout; les cuiffes, & les piés longs. Les premieres plumes qui le couvrent après qu'il eft éclos font noires. Cette couleur s'évanouit infenfiblement, & devient cendrée. Lorfqu'il commence à voler, toutes fes plumes deviennent blan-

blanches: elles prennent enfin la couleur de rofe; & de jour en jour devenant plus rouges, elles acquierrent la couleur d'écarlate la plus vive, qu'elles confervent toujours. Quoique vorace, & vivant non feulement de poiffon, mais de toute autre chair qu'il ne mange qu'après l'avoir trempée fouvent dans l'eau, il niche & pond fes œufs fous les toicts des maifons, & dans les trous des murailles, comme nos Moineaux. Il vole en troupe; & les Sauvages employent fes plumes pour leurs ornemens de tête. Les deux que Monfieur le Gouverneur avoit promis à Mr. de Bougainville, commençoient à peine à rougir.

Vendredi, deux de Décembre, on mit à terre les Acadiens, leurs femmes, leurs enfans & leurs belles-fœurs, & on les logea dans une Cafe de la Terre-ferme, que le Commandant du Fort de Ste. Croix avoit fixée. Ils s'y font occupés à faire la leffive, & à laver le linge de la Chambre, & celui de plufieurs Officiers de la Frégate.

Le Commandant nous avoit indiqué un endroit près de fon Fort, pour faire

de

de l'eau & du bois. On y envoya l'équipage pour procéder à cette opération; mais, après plusieurs tentatives, on trouva beaucoup de difficultés pour puiser cette eau, qui couloit d'un petit torrent. D'ailleurs une petite Baleine, depuis quelque tems échouée tout auprès, exhaloit une odeur si puante, que l'on prit le parti de demander au Gouverneur la permission de faire eau dans l'Ile. Il l'accorda très-gracieusement, ainsi que celle de pêcher, de chasser, & de nous promener par tout où nous voudrions. Un habitant nous montra auprès de sa case l'eau de source formant un petit ruisseau, dans lequel l'Amiral Anson avoit fait son eau, & un four bâti à quelques pas de là, depuis sept à huit ans, par des François qu'il y avoit aussi vûs en relâche. L'eau en est très-bonne: nous nous en sommes pourvûs abondamment. Quant au bois, nous l'avons fait dans l'endroit indiqué en terre-ferme, parce que le lieu est des plus commodes pour cela. Après l'avoir coupé sur la pente de la montagne, il est très aisé de le faire couler jusque sur le bord-même de la mer, pour en charger les chaloupes. Presque tout celui que nous

nous avons coupé étoit du Cedre, du Saſſafras, du Canelier, & du bois de Breſil, que l'on employe pour la teinture; Il y en avoit peu d'autres eſpeces dans cet endroit.

Après avoir dîné le Samedi 3 du mois, nous deſcendimes en Terre-ferme, & nous nous promenâmes le long de la côte, dans le deſſein d'y chaſſer. Nous trouvames deux ou trois ſoldats, poſtés par le Commandant, dans la caſe la plus près de celle de nos Acadiens. Ils voulurent nous empêcher de paſſer outre, diſant que le Gouverneur leur avoit donné des ordres pour cela. Nous feignimes de ne pas entendre ce qu'ils nous diſoient, parce qu'ils nous parloient en langue portugaiſe, & nous continuâmes notre route; ils ne firent pas de réſiſtance. En effet, le Gouverneur n'avoit pas donné de tels ordres, mais le Commandant du Fort de Ste. Croix. Nous avançames plus d'une lieuë ſur le chemin neuf auquel on travailloit, pour aller par terre à Rio-Janeyro, & le long de la liſiere des bois, dont toutes les hauteurs ſont couvertes. Ils ſont ſi touffus, qu'il n'eſt poſſible qu'aux bêtes feroces & aux ſer-

serpens d'y pénétrer. On tua des Toucans *), des Perroquets, des Criards, des Tiepirangas & une Tourterelle.

Dimanche 4, Mr. de Bougainville avec quatre ou cinq Officiers, fut diner chez le Gouverneur, qui nous avoit invité Jeudi dernier. Je restai à bord pour dire la Messe à l'Equipage. Ces Messieurs y furent encore reçus & traités splendidement. Le vent & la marée contraire les ayant empêché de revenir à bord ce jour là, malgré tous les efforts qu'ils firent, ils prirent le parti de retourner à la Ville. Le Gouverneur les en avoit prévenus, & avoit fait tout son possible pour les retenir. Il leur représenta les risques qu'ils couroient de s'exposer ainsi dans un canal remplis de hauts-fonds, de bancs de sable, & de roches, dont ils auroient toutes les peines du monde à se garantir, s'ils se trouvoient surpris par la nuit, dont l'obscurité les empêcheroit de voir les *balises* plantées de distance en distance pour indiquer le canal. Il s'étoit même proposé de leur donner le plaisir d'un

---

*) Voyez la description de cet oiseau & des suivans, après le Journal de ce relâche.

d'un Bal, & y avoit déja invité plusieurs Dames, Epouses des Officiers de la Garnison. Voyant la partie rompue par le départ de nos Messieurs, il avoit déjà démandé tous les invités. Sitôt qu'il eut appris le retour de Mr. de Bougainville, & de ceux qui l'avoient accompagné, il envoya au devant d'eux, & sans les en avertir, il fit de nouvelles invitations pour le souper, & le bal qui devoit suivre.

Le souper fini, auquel les Dames n'assisterent pas; le Gouverneur, sans prévenir nos Messieurs sur le Bal, se contenta de les engager à aller passer quelques heures dans la maison d'un des Officiers de la Garnison, où il se trouveroit, dit-il, une assez jolie assemblée. Nos Messieurs y consentirent d'abord par complaisance; mais ils furent agréablement surpris d'y trouver plusieurs Dames, dont ils furent parfaitement bien accueillis. Ils ne s'étoient pas imaginés, sur la réputation que les Portugais ont d'être extrémement susceptibles de jalousie, qu'ils eussent permis aux Dames de se trouver ainsi dans de telles Assemblées. On tint donc une espece de Bal, où les Dames figurerent comme les Messieurs, & l'on se retira sur

L   les

les deux ou trois heures après minuit, très contens les uns des autres.

Dans cette entrevue, Mr. de Bougainville se plaignit au Gouverneur des procédés du Commandant de Ste. Croix à notre égard. Il en obtint une permission générale de prendre tous les arrangemens qu'il jugeroit convenables, pour la chasse, la pêche, pour faire de l'eau & du bois partout où nous voudrions. Mr. de Bougainville l'invita ensuite à venir dîner à bord avec l'Oïdor & ceux des Officiers qu'il voudroit amener avec lui.

En conséquence de cette permission, on a envoyé à la pêche presque tous les jours, & notre Canot en est toujours revenu chargé de poissons de bien des especes, & en assez grande quantité pour en distribuer à tout l'Equipage. On voit la figure de quelques uns dans la Planche II. fig. 4. 7. & 8.

On alloit aussi tous les jours à la chasse, ou en Terre-ferme, ou dans l'Ile. On abandonna bientôt la premiere, parce que l'on n'y trouvoit gueres que des Perroquets, des Toucans & quelques Tourterelles. Dans l'Ile, outre ces oiseaux, les

Alouet-

Alouettes de mer, les Pluviers, les Bécassines & quelques autres y étoient assez abondans. Soit par défaut de courage, soit par nonchalance, soit en effet par les risques qu'il y a à courir de la part des bêtes féroces, & des serpens, qui sont en grand nombre dans les bois & les marais, les Officiers de la Garnison & les habitans du Pays ne vont pas à la chasse, & nous exhortoient à les imiter. Il faut avouer aussi que les habitans des Cafes ne sont pas pourvûs d'armes; & le peu qu'on y en trouve, sont anciennes, la plûpart à rouet, & fort mauvaises. Ils n'avoient même presque ni poudre ni plomb.

Moins craintifs qu'eux, &, à la vérité mieux armés, nous avons pénétré plus d'une fois dans les endroits accessibles de l'Ile. Au moyen de nos bottes molles, nous avons surmonté les obstacles que nous présentoient dans les bois & les broussailles, une espece d'Aloës épineux, dont ils sont tout farcis. Nous n'y allions jamais seuls, mais toujours deux ou trois ensemble; afin de nous secourir l'un l'autre, en cas d'attaque de quelque serpent monstrueux, ou de quelque bête féroce, surtout des Onces, dont on nous avoit montré quelques ongles enchaſſés dans de l'argent, & que les habitans nous diſoient y être fort communs, & plus cruels que les Tigres-mêmes.

Un jour que nous étions allés chaſſer dans l'Ile, & que nous nous étions partagés en différentes bandes, je ſuivis, avec Mr. de Belcourt & ſon Domeſtique, le bord d'une anſe qui entre beaucoup dans les Terres, & que nous appellions *la Riviere*. Mr. de Belcourt s'amuſa à tirer ſur quelques oiſeaux d'eau. En côtoyant toujours le bord, j'apperçus ſur le ſable les traces fraîches d'un animal à quatre piés, qui, à en juger par ces traces, devoit être fort grand, & paroiſſoient être celles d'un Tigre. Nous ſuivimes ces traces juſqu'à un endroit très-marécageux, où nous n'oſâmes pas avancer, n'en connoiſſant ni le fond ni la Carte. En retournant par le chemin où nous étions venus, j'apperçus Mr. de Belcourt qui venoit à nous. Je lui montrai cette trace.

Il faut, me dit-il, que ce ſoit celle d'un animal que je n'ai qu'apperçu ici preſqu'au moment qu'il s'enfonçoit dans les brouſſailles. Il eſt haut ſur ſes piés comme me le plus grand chien Danois, & d'une couleur grisâtre. Il y est entré par-là, allons-le chercher? Volontiers, lui répondis-je. Nous pénétrâmes comme nous pûmes, dans des broussailles marécageuses, & si remplie d'une espece d'Aloës piquant, dont les feuilles avoient quelquefois jusqu'à cinq piés de hauteur, que nous eumes toutes les peines du monde à nous en tirer. Nous cherchâmes en vain l'animal pendant près de deux heures: nous n'apperçumes que le train de derriere d'un autre, dont le poil nous parut d'un gris verdâtre; haut comme un chien barbet de la grande espece. Sa queuë paroissoit aussi verte que les feuilles des plantes dont il étoit environné. Elle sembloit grosse & longue comme celle d'un Renard. Les broussailles nous le déroberent au moment que Mr. de Belcourt alloit le tirer.

Il faisoit alors une chaleur étouffante. Nous fimes halte, assis sur des bouts de branches, le dos appuyé contre un arbre. Nous avions quelques oranges, & du biscuit de mer. Nous nous en régalâmes, étourdis sans cesse par le sifflement des serpens, dont nous étions environnés; ce qui

qui nous obligeoit d'être toujours sur nos gardes avec le sabre nud à la main. Après ce déjeuné, dont nous avions grand besoin, nous continuames notre chasse, & nous apperçumes une case sur la hauteur où nous arrivâmes enfin; & y trouvâmes Mr. de Bougainville, avec son Domestique. Deux Portugaises, dont la figure n'avoit pas de grands attraits, nous y reçurent, & nous montrerent, pendant près de deux heures, un maintien très-aisé & des manieres fort libres. Elles avoient un Perroquet privé, assez beau, & qui parloit bien. Nous leur proposâmes de l'acheter; elles refuserent de s'en défaire. Tout ce que nous avions leur faisoit envie, mouchoirs, couteaux, chapeaux, les fusils mêmes & les sabres: elles nous demandoient tout sans façon, & si nous avions voulu les en croire, nos habits & la chemise même ne nous auroient pas embarrassés dans le retour. Nous nous contentâmes de quelques oranges, & nous partimes pour aller diner à bord. En rentrant dans le bois, nous nous séparâmes encore de Mr. de Bougainville & de son domestique, sans le vouloir. Le chemin que nous primes, Mr. de Belcourt & moi,

& moi, nous conduisit dans un marais, où les arbres se trouverent heureusement assez éloignés les uns des autres. Nous y vîmes plusieurs serpens de la grosseur du bas de la jambe; & d'autres plus petits, les uns rougeâtres, les autres rouges & jaunes, quelques uns gris ressemblant assez à de très grosses couleuvres; mais, loin de nous attaquer, ils fuyoient devant nous. Etant près d'arriver au canot, Mr. de Belcourt tira un oiseau, nommé *la Spatule*, & lui cassa seulement une aîle. Il le prit & l'apporta à bord. C'étoit un jeune, & tout son plumage étoit de couleur de rose tendre; l'extension du tuyau, d'où naissent les barbes des plumes des aîles, étoit d'un rose vif. Ses jambes étoient hautes d'un pié, les cuisses comprises, d'un blanc-gris ainsi que les piés, qui étoient palmés, comme ceux des oyes. Son bec avoit six pouces de longueur, plat tant la partie inférieure que la supérieure, gris vers sa racine, & blanc vers le bout; il commençoit à s'élargir vers les deux tiers de sa longueur, & son extrémité finissoit en spatule, de deux pouces & demi de diametre dans sa plus grande largeur. Nous le portâmes à bord, où il vécut trois jours, au moyen de quelques petits poissons, & de quelques morceaux de viande fraîche, qu'on lui faisoit avaller de force; car il ne voulut pas manger de lui-même. Lorsque l'on approchoit de lui, il faisoit claquetter son bec avec le même bruit que si l'on frappoit deux palettes de bois l'une contre l'autre. Je le dessinai ainsi à mon aise, tel qu'on le voit dans la Pl. II. fig. 3. Quelques uns de nos Marins lui donnoient le nom de *Flamand*; mais celui de *Spatule*, ou *Palette*, lui convient mieux à cause de la forme de son bec, bien différent de celui du Flamand, qui est presque fait comme le bec le plus ordinaire des oiseaux.

Le lendemain, nous retournames dans l'Ile pour chasser l'animal que nous n'avions pu rencontrer la veille. Plusieurs pénétrerent dans le même bois. Mr. Lhuillier y trouva un autre animal de la grosseur de celui dont je viens de parler, mais ayant à peu près la forme & la couleur fauve du Lion. Il lui tira trois coups à balles, dont deux le percerent sans l'arrêter, & sans qu'il en fit un pas plus vîte, ni plus rallenti. On le suivit

suivit à la trace du sang; mais il s'enfonça dans les broussailles, & on ne le vit plus. La chaleur étant très-vive, & n'ayant gueres plus que le tems qu'il nous falloit pour aller dîner à bord, on se contenta de tuer des Perroquets, des Pluviers, des Bécassines, & quelques autres oiseaux. Comme j'étois curieux d'avoir un oiseau-mouche, dont j'en voyois assez souvent passer autour de nos oreilles, ne pouvant, ou ne sachant comment les prendre vivans, je hazardai de tirer un coup de fusil sur un qui voltigeoit comme un Papillon, & planoit de même sur une petite branche d'arbre. Soit de peur, soit par l'air violemment agité par le plomb, le petit oiseau resta sur le coup. Après l'avoir cherché longtems, je le trouvai enfin mort sur une feuille de la même branche. On en voit la figure de grandeur naturelle dans la Pl. III. fig. 1.

Quelques-uns nomment cet oiseau *Lisongere* ou *Becquefleurs*, parce qu'il voltige sans cesse sur les fleurs, comme le Papillon, & qu'il en pompe également le suc. Tout le volume de son corps avec ses plumes, n'est pas plus gros qu'une noisette commune. Il a la queuë

près

près de trois fois plus longue que le corps; le cou assez petit, la tête proportionnée, & les yeux fort vifs. Son bec est un peu blanchâtre à la racine, & noir dans tout le reste, aussi long que son corps, menu & très pointu. Ses aîles sont longues, déliées, très amples en proportion; l'extremité de leurs plumes atteint jusqu'au tiers, on environ, de la queue. Elle est, ainsi que les aîles, d'un brun pourpré. Le reste du plumage d'un verd doré, comme si l'on avoit couché sur une feuille d'or, une couleur verte presque transparente. Le col & la tête sont d'un bleu turquin, également doré. Ces couleurs varient suivant que la lumiere y frappe plus ou moins vivement. Quelquefois tout le plumage de cet oiseau paroît comme la gorge des pigeons, ou les plumes vertes des aîles des canards sauvages; tantôt d'un beau bleu, tantôt d'un beau verd, tantôt d'un pourpre, qui se marient toujours avec l'éclat d'un or vif, éclatant & bruni. La langue de cet oiseau en miniature, est fourchue, ressemblante à deux brins de soye rouge. Ses piés sont courts, noirs, armés d'ongles très-longs.

Il y en a de plusieurs especes, qui different en grosseur & en couleur. Un de la petite espece, que j'ai conservé dans de l'eau de vie, a des plumes blanches, depuis la poitrine jusques à la queue. La couleur du reste de son plumage est semblable à celle des autres.

La femelle ne pond que deux œufs, de la grosseur d'un petit pois. Ils font leur nid sur les orangers, avec les plus petits fétus qu'ils peuvent trouver. L'habitant Portugais auprès de la case duquel nous faisions notre eau, nous donna un de ces nids avec deux petits dedans, qui n'avoient encore que le premier duvet. Il venoit de le prendre avec le pere & la mere, à deux pas de son habitation. Nous le posâmes sur un banc de pierre à la porte de la maison, pendant que nous mangions une orange: à peine eumesnous le dos tourné, qu'un chat emporta le nid & les petits. Ces nids sont d'un travail admirable, & grands comme un petit écu. Les Brasiliens donnent à cet oiseau les noms de *Guainumbi, Guiuambi, Aratica, Arataratagaucu.* Les Portugais le nomment *Pégafrol.*

Nous

Nous en eumes encore un d'un troisieme espece, un peu plus grosse que celles que je viens de décrire, mais beaucoup moins que nos plus petits Roitelets de l'Europe. Les plumes de leur tête commencent vers le milieu de la partie supérieure du bec. Elles sont extrémement petites à leur naissance, rangées en écailles, augmentant toujours en grandeur, jusqu'au dessus de la tête, où elles forment une petite hupe d'une beauté singuliere, par l'éclat de l'or qui y brille, & la variété des couleurs qui s'y diversifient, selon qu'elle est frappée des rayons de la lumiere, ou suivant les différentes positions de l'œil qui la regarde. Tantôt le plumage de cet oiseau paroît d'un noir égal à celui du plus beau velours noir; tantôt d'un verd naissant, tantôt couleur d'aurore. D'autres fois, c'est un drap d'or nuancé de toutes ces couleurs. Tout le dos est d'un verd obscur doré. Les grandes plumes des aîles sont d'un violet foncé, tirant quelquefois sur le pourpre. La queue est composée de neuf plumes, aussi longues que tout le corps, & d'un noir mêlé de brun, de pourpre & de violet, dont le mêlange for-

forme l'aspect le plus agréable, suivant la position de spectateur. Tout le dessous du ventre est aussi un mélange de noir, de violet, de verd & d'aurore, qui frappent toujours différemment l'œil de l'observateur, suivant que l'oiseau ou lui changent de point de vue. Le jais poli n'est pas d'un noir plus vif & plus brillant que l'œil de cet oiseau, dont les jambes sont courtes, noires ainsi que les piés, qui sont composés de quatre doigts, dont trois sur le devant, tous armés d'un ongle courbé, pointu & noir, très-long par proportion au reste du corps. Quand il vole, ses aîles font un bourdonnement à peu près semblable à celui de certaines grosses Mouches, que nous voyons en France, voltiger de fleurs en fleurs. Il suspend son nid entre les grandes herbes, à des branches d'Orangers, ou de petits arbres. Dans nos Iles Françoises on le nomme *Colibris*, quelques uns *Quinde*, & les Espagnols *Tomineios*, parceque le nid & l'oiseau ne pesent qu'un Tomins d'Espagne.

En arrivant à bord, nous y trouvâmes un Espagnol établi dans le pays, à qui, le jour-même que nous mouillames, nous avions confié un mouton assez malade,

lade, & très maigre, pour le restaurer, en le faisant paître autour de sa case. Cet Espagnol nous avoit apporté quelques cents d'huîtres. Elles étoient beaucoup plus grosses que les huîtres blanches de Saintonge: car leurs écailles avoient au moins cinq pouces de diametre. On n'en mange pas de plus grasses & de meilleures en France. C'étoit une véritable crême nouvelle, pour le goût & la blancheur. Nous fîmes tout notre possible pour engager l'Espagnol à nous découvrir le lieu où il les pêchoit: nous n'y réussîmes pas. Il nous promit seulement de nous en apporter encore; & ne tint parole que deux jours avant notre départ. Nous cherchames sa case inutilement, il nous l'avoit mal indiquée; & il garda notre mouton: mais il nous en dedommagea bien, au moment que nous appareillions, par quelques milliers d'oranges & de citrons, & par sept à huit cents des mêmes huîtres dont il nous fit présent.

Un Portugais étoit aussi venu à bord, dans une grande, & belle Pirogue, que Mr. Duclos-Guyot notre Capitaine avoit achetée pour Mr. de Bougainville, qui

pen-

pensoit alors qu'elle seroit très-utile dans les Iles Malouines, que nous allions chercher & reconnoître. Elle étoit armée de ses pagaïes, ou *Pagalles*, comme les nomme le P. Labat dans ses nouveaux Voyages. Cette Pirogue étoit faite d'un seul tronc d'un arbre canelier creusé, de dix-neuf pieds & quelques pouces de longueur, sur trois pieds de large en dedans, & presqu'autant de profondeur. Quelques uns de nos Officiers de terre & de mer, qui avoient été en Canada, sçavoient les manœuvrer. On s'en servit pour la pêche. Mais, lorsque nous relachâmes à Montevideo, Mr. de Bougainville la céda à un Officier Espagnol, pour la somme de huit piastres. Elle lui avoit couté environ dixhuit livres de France,

Sur les quatre heures après-midi, nous passames en Terre-ferme; nous parcourumes quelques Cases de la côte, où nous fimes provision de Citrons, d'Oranges, & de quelques Ananas, que nous trouvames meurs. Ce fruit, & la plante qui le porte, sont connus aujourd'hui en Europe puisqu'elle y vient assez bien; mais il s'en faut de beaucoup que ce fruit ait en France, même en Provence,

& en

& en Languedoc, la saveur & l'odeur suave de celui du Bresil. Il y croit de lui-même sans culture, & en grande abondance. Il noircit & gâte les coûteaux avec lesquels on le coupe: ce qui peut-être a fait dire à quelques Auteurs que l'écorce de ce fruit est si dure, qu'elle en émousse le tranchant. Il est vrai que si, après avoir coupé l'Ananas en tranches, on ne lave & on n'essuye pas bien le couteau, au bout de quelques heures la lame se trouve altérée & rongée, presque comme si l'on y avoit mis de l'eau forte, un peu foible. Son jus ou suc est est un savon excellent pour ôter les taches des habits. Celui du Bresil est, dit-on, un préservatif contre le mal de mer.

En me promenant, je cueillis quelques graines de Plantes, & des Grenadilles, avec un petit fruit, rouge couleur de cinnabre, ressemblant assez à la pomme d'amour. Un Portugais, qui étoit avec nous, me le nomma *Maracuja*; on en voit la figure dans la Pl. III. fig. 2. La plante qui le porte est épineuse, la feuille approche beaucoup de celle du *Stramonium furiosum*, mais elle est plus petite. La pelure du fruit couvre une pulpe de
deux

deux lignes d'épaisseur, blanche & de la consistance de celle de la pomme calville, d'un goût un peu doux, mais assez fade. Tout l'intérieur est rempli d'une graine applatie, semblable à celle du grand piment, ou poivre long. Ce Portugais me dit que le fruit Maracuja ne se mangeoit pas, quoiqu'il ne lui connût pas de qualités dangereuses.

La Grenadille du Bresil est ronde, cependant un peu applatie par les deux bouts, grosse comme un œuf de poule. L'écorce en est très-lisse, luisante en dehors, & de couleur incarnate, lorsque le fruit est dans sa maturité. En dedans elle est blanche, & molle; son épaisseur est d'environ une ligne & demie. La substance qu'elle renferme est visqueuse, d'une saveur aigre-douce, rafraîchissante, & cordiale. On peut en manger beaucoup, sans en ressentir aucune incommodité. On y trouve une quantité de petits grains ou pepins, faits à peu près comme la graine de lin, & moins durs que ceux des grenades ordinaires. Toute cette substance est séparée de l'écorce par une pellicule extrêmement fine. La plante qui porte ce fruit, grimpe le long des arbres, & ressemble par ses feuilles & par sa fleur à celle que l'on nomme *fleur de la Passion*. Elle répand une odeur fort douce. Pour manger la Grenadille bonne, il ne faut pas la laisser meurir parfaitement sur la plante; elle s'y flêtriroit, & dessécheroit. On la cueille un peu avant qu'elle soit mêure, & on la garde quelques jours.

Depuis notre arrivée au Bresil, nous cherchions des Perroquets, & nous ne pouvions en trouver de privés à acheter. Dans la course que nous avons faite, nous avons eu le bonheur de rencontrer quelques Portugais complaisans, qui en céderent un à Monsieur Lhuillier; cet Officier en fit aussi avoir un à Mr. de Belcourt. De retour à bord, un Espagnol qui parloit un peu François, & que nous avions chargé de nous en trouver, nous en offrit quatre, dont deux tout élevés, & parlant la langue portugaise, ainsi que les deux dont j'ai parlé. Les deux autres avoient été pris dans leur nid tout nouvellement, & ne mangeoient pas encore seuls. Je donnai pour avoir un de ces derniers, un ruban rayé, de tête; & je le préférai dans l'idée qu'il apprendroit la langue fran-

françoise avec plus de facilité. Je l'ai conservé jusqu'au commencement de May, qu'il est mort d'un catharre dans la tête. Ce catharre lui avoit fait enfler les yeux. Il tomba dans la poitrine, & l'ayant rendu asthmatique, je ne pus le sauver.

Dans le nombre de ces Perroquets il y en avoit de trois especes, qui différoient par le plumage & par la grosseur. Un des deux qu'avoit Monsieur Lhuillier, avoit les plumes du cou & de l'estomach d'un rouge tanné & changeant, mêlé d'un peu de gris; le dessus du devant de la tête d'un rouge de cinnabre un peu passé, & éteint; les bouts d'aîles d'un rouge plus vif que celui de rose, & plusieurs plumes des aîles & de la queuë d'un beau rouge de carmin; d'autres d'un très-beau bleu d'azur, & d'autres noires: tout le reste du corps étoit verd. Il parloit très bien portugais, & apprenoit aisément le françois. Il mourut dès les premiers jours de notre arrivée aux Iles Malouïnes. Le second étoit plus gros qu'aucun de ceux que nous avions. Le dessus de sa tête étoit d'un rouge de cinnabre, les deux côtés d'un bleu vif vers les oreilles, & qui s'affoiblissoit jusqu'à devenir gris, à mesure que les plumes s'en éloignoient. Les aîles & la queuë étoient comme celles du premier. Les autres étoient près de moitié moins gros; d'ailleurs ils lui ressembloient pour le plumage, excepté que le rouge de leur tête étoit beaucoup plus vif, Peut-être étoient-ils plus jeunes. Le Perroquet de Monsieur de Bougainville périt de la même maladie que le mien, pendant notre séjour aux Iles Malouïnes; celui de Mr. de Belcourt tomba à la mer, & s'y noya, de maniere que de sept nous n'en avons apportés que deux en France, le gros de Mr. Lhuillier, que je lui rendis sain & sauf à Versailles, & un de la petite espece, qui n'avoit pas de queuë, parce qu'il s'en arrachoit les plumes à mesure qu'elles repoussoient. Le Matelot à qui il appartenoit, n'en avoit pas pris, à beaucoup près, tout le soin que nous avions eu des nôtres, & le conserva. Il parloit on ne peut mieux, & imitoit, à y être trompé, les cris des enfans que nous avions à bord, ceux des Mousses quand on les fouette lorsqu'ils ont commis quelques fau-

fautes, ceux des poules, & de tous les autres animaux que nous avions dans la Frégate.

En paſſant auprès de l'habitation où nous avions logé nos familles Acadiennes, nous entendimes un bruit ſemblable à celui d'un Bucheron qui abat du bois. Nous demandames à un Negre affranchi ce que ce pouvoit être? C'eſt, dit-il, un Singe, qui rode autour du jardin pour en manger les fruits, & le Mays; & avertit ſes camarades de venir lui aider. Mais ſi j'avois un bon fuſil, comme les vôtres, je l'aurois bientôt délogé de là. Il y a trois ou quatre jours qu'il fait ce tintamare. Un de nos Contremaîtres lui prêta ſon fuſil; le Négre le chargea de gros plomb, alla au bruit, tira le ſinge deux fois ſans qu'il prît la fuîte: au troiſieme il tomba mort au pié de l'arbre. Le Contremaître apporta le ſinge à bord de la Frégate, où nous eumes tout le tems de le conſidérer à loiſir. Il avoit deux piés & près de huit pouces de haut étant debout ſur ſes jambes de derriere; ſon poil étoit long & d'une couleur brune-fauve par tout le corps, excepté ſous le ventre, qui tiroit ſur le fauve clair.

Sa barbe brune lui prenoit depuis les oreilles, & descendoit près de cinq pouces sur la poitrine; ses piés & ses mains noirs; ses oreilles, sans poil, étoient bien détachées, & sa face couverte d'un duvet bazané, si raz qu'à peine le distinguoit-on de la peau. Ses sourcils plus noirs étoient saillans. Sa queue étoit aussi longue que son corps, la tête comprise.

Je ne sçai à quel jeu il avoit perdu l'œil gauche. Il fallut l'examiner de près pour s'appercevoir qu'il étoit borgne. Au globe de son œil perdu, il avoit substitué une boule, composée d'une gomme qui nous étoit inconnue, de bois pourri & d'un peu de mousse très-fine, le tout paîtri ensemble. La paupiere recouvroit cette boule, comme elle auroit fait le globe de l'œil. Avoit il imaginé cet oeil postiche pour paroître moins difforme, ou pour se guérir de son oeil malade, ou pour le garantir de l'insulte des mouches, & autres insectes? Je le laisse à deviner. Ce singe d'ailleurs paroissoit vieux; car il avoit la peau du visage assez ridée, & quelques poils blancs à la barbe. Nous n'avons vû que celui-là pendant notre séjour à l'Ile Ste. Catherine, quoique l'on

nous

nous dit qu'il y en avoit beaucoup, que l'on mangeoit les jeunes, & qu'ils étoient fort bons. On a même voulu me perfuader qu'un des ragoûts dont je mangeai chez le Gouverneur, & que je pris pour du très-bon lapin, étoit du vrai finge. Quoiqu'il en foit, bien d'autres en mangerent comme moi, & parurent le trouver de leur goût.

Le Maitre de l'habitation auprès de laquelle nous faifions notre eau, ayant vû que Mr. le Roy, Lieutenant fur notre Navire, avoit grand envie d'un joli petit oifeau que le Portugais avoit en cage, & qui chantoit très-bien, lui en fit préfent. Cet oifeau fe nomme au Brefil *Guranhé-Engera*. Il eft de la grandeur d'un Sérin de Canarie. Il a les aîles, le dos, le col & la queue bleus, quelques taches blanches au milieu des grandes plumes des aîles, & à celles de la queuë, diftribuées comme ces taches le font à celles du Chardonneret. Depuis le deffous du bec en fuivant la poitrine jufqu'au deffous de la queuë, toutes les plumes font d'un beau jaune doré, vif, éclatant, fon ramage eft varié, comme celui du férin, & il imite le chant des autres oifeaux. Il y en a de p'uſieurs eſpeces. Les Braſiliens le nomment auſſi *Teitei.* Voyez-en la figure Pl. III. fig. 3.

En me promenant dans les champs avec notre Capitaine, je lui vis cueillir une aſſez grande quantité d'une plante à fleurs jaunes, que je pris au premier coup d'œil pour l'immortelle jaune, très-abondante ſur les hauteurs de la côte de la Terre-ferme. La curioſité me porta à lui demander l'uſage qu'il vouloit en faire. Il me répondit que c'étoit de la *Doradille*; qu'étant à Valparaiſo, il l'avoit entendu nommer ainſi, & que dans cette Ville, ainſi que dans les autres du Perou, où il avoit été, on en uſoit beaucoup en infuſion, pour guérir les maux d'eſtomach. Notre Capitaine s'en plaignoit de tems en tems. J'en amaſſai une aſſez grande quantité, & nous en avons pris quelquefois en guiſe de Thé. Le goût en eſt aſſez agréable. D'autres la nommoient *Vira-Verda,* c'eſt auſſi le nom que l'on lui donnoit à Montevideo. Frézier, dans la Rélation de ſon Voyage de la Mer du Sud, dit qu'un Chirurgien François en faiſoit uſer avec beaucoup de ſuc-

succès pour guérir la fievre tierce. Mais la *Doradilla* des Espagnols est une espece de Ceterach dont la feuille est toute frisée; ils lui attribuent de grandes vertus. La Vira-Verda dont il est ici question a la tige & les feuilles cotoneuses & semblables à l'immortelle jaune; la fleur est un assemblage de petits fleurons jaunes, dont les feuilles sont pointues. Les fleurs de l'immortelle sont faites en rose, & les feuilles en sont distribuées de même.

Au retour de la pêche, qui fut très-abondante à l'ordinaire, nous examinames différentes sortes de poissons, & nous y trouvames celui que l'on nomme au Bresil *Panapana*. Celui dont je donne ici la figure Pl. III. fig. 4. avoit deux pieds & demi de longueur de la tête à la naissance de la queuë, d'un oeil à l'autre dix pouces. Sa peau étoit rude & dure comme celle du Requin; mais le grain en étoit beaucoup plus fin, & à peu près le même que celui de la peau d'une espece de Requin communément de médiocre longueur & menu, que nos Marins nommoient *Demoiselle*; nous en avons pêché trois ou quatre pendant notre relâche a l'Ile l'Ile Sainte Catherine, & deux aux Maldonades, à l'embouchure de *Rio de la Plata*.

La tête du Panapana est plate, difforme, & faite en marteau. Ses yeux sont fort éloignés l'un de l'autre; car ils sont placés aux deux extrémités de la tête. Il a la gueule & la queue semblables à celles du Requin, les dents fort tranchantes; mais je n'y en trouvai pas sept rangs. Nos Marins lui donnoient le nom de *Marteau*, qui lui convient très-bien rélativement à sa forme.

Dans le nombre des Plantes que je ramassai, étoit une espece de poivre, ou piment, assez commune dans les champs, le long de la lisiere des bois. Son goût est infiniment plus mordicant que celui des piments ou poivres longs que nous connoissons en France. Aussi nos Marins le nommoient-ils *piment enragé*. Ce fruit est de la longueur, de la forme & de la couleur, mais du double au moins plus gros, que celui de *l'epine-vinette*. Il est d'abord verd & devient rouge dans sa maturité. La fleur auquel il succede ressemble à celle des pimens. La plante qui la porte, s'éleve à la hauteur

teur d'environ deux piés. Elle est branchue & noueuse; la tige ronde, verte, assez grêle. Les feuilles sont semblables, pour la forme, à celles du *Solanum hortense*, ou Morelle des jardins; mais aussi petites que celles du *Chenopodium fœtidum*, ou *Vulvaria*, dont elles approchent beaucoup. Un des petits fruits du piment enragé, mis dans une sausse, en releve autant le goût qu'un fruit entier des plus gros piments. C'est ce qui engagea nos Matelots à en faire une grande provision.

Je m'étois aussi muni de toutes les graines meures des plantes que je trouvai, & ayant rencontré dans une caze des Portugaises qui épluchoient du coton, pour le séparer de sa graine, elles me donnerent une poignée de ces dernieres. Elles me firent d'autant plus de plaisir, que je desirois beaucoup en avoir, & que je n'aurois pu en cueillir sur pié, l'arbrisseau n'étant alors qu'en fleur. Le bois en est tendre & spongieux; l'écorce mince & grise. Ses feuilles sont d'un verd gay, quand elles sont nouvelles; mair ce verd devient plus foncé, à mesure qu'elles approchent de leur maturité, ou que l'arbrisseau vieillit.

lit. Elles sont grandes, divisées en cinq parties, qui finissent en pointe. Celles qui approchent de la fleur ne sont partagées qu'en trois, & ressemblent assez à celles du Ricin. Ses fleurs sont presque semblables à celles du petit arbrisseau, qui fait aujourd'hui la décoration de nos Parterres, & que l'on nomme *Althea*. Elles ne sont cependant pas tout à fait si évasées, jaunes par le bout & tachées de rouge dans le fond. Ses pétales sont au nombre de cinq, soutenues par un calice à petites feuilles vertes, dures & pointues. Au pistile succede un bouton, ou fruit ovale, qui dans sa maturité est de la grosseur d'un œuf de canne. Ce fruit est divisé en trois, quelquefois en quatre loges, remplies d'une substance filamenteuse, blanche, qui enveloppe dix ou douze graines d'un brun-noir, attachées ensemble deux à deux, comme le froment dans l'épic. Ces grains sont de la grosseur d'un pois, mais longues de trois ou quatre lignes.

Cette substance filamenteuse est celle que nous connoissons sous le nom de *Coton*. Elle se gonfle, & fait tellement ressort dans la coque qui la renferme, qu'elle qu'elle la force de s'ouvrir, lorfque le fruit eft meur. Alors les graines, pleines d'une fubftance huileufe, fe détachent avec les floccons qui les enveloppent, & tombent du fruit, fi l'on n'a pas foin de les cueillir auparavant.

Les Portugais ignorent fans doute les machines dont on fe fert dans nos Iles Antilles, pour féparer le coton des graines qui y font renfermées, & auxquelles il eft adhérent; ou les Portugaifes, que j'ai vûes occupées à cet ouvrage, s'en faifoient un pur amufement; car elles le féparoient brin à brin, en le pinçant avec les doigts feulement. Elles le filent enfuite, pour en faire de la toile, mais j'ignore avec quel inftrument; je ne les y ai pas vû travailler.

Ce Cotonier eft la feule efpece que j'ai trouvée cultivée dans l'Ile Sainte Catherine, & fur les côtes de la Terre-ferme, qui font dans le Voifinage. Elle eft bien différente du Cotonier du Brefil, dont parle Dampier en ces Termes: „la „fleur eft compofée de petits filamens „prefqu'auffi déliés que des cheveux, de „trois ou quatre pouces de long, & d'un „rou-

„ rouge obscur; mais leur sommité est „ de couleur cendrée. Au bas de la tige „ il y a cinq feuilles étroites & roides, de „ six pouces de long." L'espece dont parle Frézier, est semblable en tout à celle que j'ai décrite, excepté que les graines de celle-ci ne sont pas séparées les unes des autres, & dispersées dans le coton, comme le dit cet Auteur, & comme il l'a fait représenter dans la figure du fruit qu'il en donne. Il paroît que le Pere Labat a fait copier d'après cette figure de cotonier, celle qu'il a insérée dans le second Tome de ses Nouveaux Voyages aux Iles de l'Amérique; ou Frézier l'auroit-il prise du P. Labat? Les figures données par l'un & l'autre sont absolument semblables.

Dans une caze un peu plus éloignée où nous fûmes demander de l'eau pour boire, la femme qui nous en donna, étoit occupée à déchirer des feuilles, à longues & menues épines sur la côte, d'une espece de roseau, très-commun le long des bois & des chemins. Elle en tiroit une sorte de filamens verds & très fins, ressemblant presque à de la soye décruée, & teinte en verd pâle. Elle nous dit
qu'elle

qu'elle filoit enfuite cette fubftance filamenteufe, pour en faire des lignes, & des filets à pêcher, & qu'ils duroient fort longtems. Peut être pourroit-on auffi l'employer à d'autres ufages.

Non loin de là je vis auffi, pour la premiere fois, une efpece d'Aloës nommé *Pithe*, dont la feuille fe rouit comme le chanvre, & donne une fubftance propre à être filée, dont on fait des toiles en Orient. Du milieu d'une vingtaine de feuilles, hautes d'environ cinq piés, épaiffes dans le bas au moins de trois pouces, épineufes dans leurs bords, finiffant en pointe, creufées en canal, & d'un beau verd, s'élevoit une tige verte, d'environ huit pouces de diametre dans le bas, diminuant infenfiblement en s'élevant, & montant à la hauteur de trente piés au moins. Environ à la hauteur de vingt piés, fortoient de côté & d'autres de cette tige, jufqu'au fommet, des branches, au nombre de douze ou quinze, garnies de jets amoncelés, prefque femblables à la tige naiffante de la plante du lys, lorfqu'elle eft deux pouces ou environ hors de terre. Ces toufes de jets font placées irrégulierement le long de de ces branches, qui sont dénuées de tout autre feuillage, & s'étendent presque horisontalement. Sans doute lorsque ces jets ont caquis une certaine maturité, ils se détachent d'eux-mêmes, & prennent racine sur le terrein où ils sont tombés. J'en amassai une quinzaine, avec leurs racines, & je les portai à bord, où nous les plantames dans des caisses placées sur nos Dunetes. Ils y prirent très-bien, & nous en aurions vraisemblablement conservé le plus grand nombre, si, malgré tous nos soins, deux Chats que nous avions à bord, n'avoient été la nuit gratter la terre de ces caisses, & l'empoisonner de leur urine & de leurs excrémens. Nous nous avisames, mais un peu tard, de les couvrir de filets à pêcher, soutenus par des cerceaux, & nous en avons conservé deux piés, ainsi que quelques cotoniers, venus des graines que nous y avions semées. Les uns & les autres furent transplantés à notre arrivée à St. Malo, dans le jardin de Beau-séjour, à St. Servant, qu'occupoit Monsieur Duclos-Guyot notre Capitaine.

Peut-être les Portugais ont-ils remarqué que les jets de Pithe, qui ont ainsi pris racine d'eux-mêmes, ne prospèrent pas si bien que ceux que l'on a soin de mettre dans une terre labourée & meuble. C'est apparemment ce qui les engage à faire, dans le terrein qui se trouve dessous les branches, & aux environs du pié, des trous d'un pied en quarré, où je trouvai cinq ou six de ces jets plantés, & qui sembloient en effet mieux venus que ceux qui avoient été abandonnés aux seuls soins de la Nature. J'ignore si le Pithe porte un autre fruit, & s'il se multiplie par d'autres voyes.

Outre les Citrons & les Oranges, il y a dans l'Ile Sainte Catherine une sorte de rafraîchissement pour les chasseurs. C'est un fruit très-commun que l'on nomme *Pommes de Raquettes*. Ce fruit approche beaucoup de la forme de nos figues. Sa premiere peau est verte: elle jaunit ensuite un peu, & prend enfin la couleur rouge de lacque, sur le côté où elle est frappée des rayons du Soleil. Cette pelure est toute hérissée d'épines extrémement fines. Il faut être adroit pour cueillir ce fruit, & le peler, sans faire de ses doigts une pelote remplie de ces épines, qui sont presqu'imperceptibles. Heureusement

sement elles y causent plus d'inquiétude que de mal, jusqu'à ce que l'on ait trouvé le moyen de s'en débarrasser.

Sous la peau, qui est épaisse comme celle d'une figue, on trouve une enveloppe blanche, mince & plus tendre que la premiere. Elle renferme une substance molle, d'un rouge vif, parsemée de petites graines comme les figues. Cette substance a une saveur aigrelette, un peu sucrée, fort agréable, qui semble réjouir le cœur. Lorsqu'on en mange une certaine quantité, l'urine se teint en rouge, presque comme sang; mais sans qu'il en résulte aucun mal. Ce fruit est même rafraîchissant. Notre Capitaine, ses deux fils, & moi avons été presque les seuls, qui en ayent mangé: les autres n'ont pas osé nous imiter, dans la crainte d'en être incommodés.

Pour cueillir ces figues épineuses, & les peler sans courir les risques dont j'ai parlé, il faut avoir un petit morceau de bois, fait en poinçon, l'enfoncer dans la figue, auprès de la queue; couper cette queue avec un couteau, & tenant ainsi ce fruit au bout du morceau de bois, le peler

ler legerement tout autour, sans y toucher des doigts.

Le Samedi dix de Décembre, on a été chasser dans l'Ile, afin d'avoir du gibier, pour traitter le lendemain Mr. le Gouverneur, que Mr. de Bougainville avoit invité à venir dîner à bord de notre Frégate. On n'a rapporté de cette chasse que des Perroquets, des Beccassines, & quelques autres oiseaux.

Nous avons trouvé dans un terrein humide & marécageux, une quantité prodigieuse d'une espece de Crabe, qui se tient à terre, & qui s'y forme une retraite dans un trou qu'il s'y creuse. On lui donnoit le nom de *Tourlourou*. Les plus gros n'ont pas plus de deux pouces de largeur. La forme de leur casque est presque quarrée, d'un rouge-brun, qui s'éclaircit insensiblement, jusques sous le ventre, qui est d'un rouge-clair. Cette écaille, on casque, est assez forte, quoique mince. Leurs yeux sont d'un noir éclatant, durs comme de la corne. Ils sortent, & rentrent ainsi que ceux des Ecrevisses.

Les Tourlouroux ont quatre jambes de chaque côté, composées chacune de quatre articles, dont le dernier est plat & terminé en pointe. Ils s'en servent pour marcher de côté, comme les Crabes ordinaires, & pour creuser la terre. Ils ont encore deux jambes ou pinces plus grosses, mais une surtout d'un volume au moins double de l'autre; c'est la droite. Ces pinces ou mordans sont d'un rouge vif, faits comme ceux des Crabes de mer, & leur servent à couper les feuilles, & les racines des plantes, dont ils font leur nouriture. Lorsqu'ils voyent quelque chose qui les effraye, ils frappent ces deux mordans l'un contre l'autre, comme pour effrayer leur ennemi, & levent perpendiculairement le plus gros, marchant ainsi l'arme levée en état de défense; mais fuyant néantmoins dans leurs trous. Ces mordans, ainsi que leurs jambes, tiennent si peu à leur corps, qu'ils se détachent, & restent dans la main de ceux qui veulent prendre l'animal, & le Tourlourou s'enfuit.

Les deux sexes ont la queue repliée sous le ventre, où elle s'emboëte si juste dans une cavité, qui est à l'écaille du ventre, qu'à peine peut-on la distinguer. Celle du mâle va toujours en diminuant de de largeur jufqu'à la pointe. Celle de la femelle eft également large jufqu'à l'extrémité. A mefure que la femelle pond fes œufs, ils s'attachent aux poils longs & raboteux, dont la queue eft fournie en deffous. Elle les foutient, les enveloppe, & empêche qu'ils ne tombent, & que le fable, ou les herbes, ou d'autres inégalités qui fe rencontrent dans fa marche, ne puiffent les détacher.

Ces Tourlouroux étoient en fi grand nombre dans ce terrein marêcageux, qu'il n'étoit pas poffible d'y placer le pied, fans en écrafer plufieurs. J'ignore fi les habitans des côtes mangent ces animaux, comme l'on fait dans les Iles Antilles, où ils font d'une grande reffource pour les Caraïbes & les Negres. Les Créoles mêmes, fuivant le Pere Labat, en font une efpece de regal.

Sur les dix heures du matin, le Dimanche onze de Décembre, nous avons reçu à bord Monfieur le Gouverneur, parti de la Ville, dès les deux heures du matin, dans fon Canot, avec fon fils, accompagnés d'un Miniftre du Roy de Portugal, premier Préfident du Confeil Souverain

verain de Rio-Janeyro, de l'Oïdor, du Major & de quelques Officiers de la Garnison. La marée & le vent contraire les avoient empêchés d'arriver plûtôt.

La tente étoit tendue sur le gaillard d'arriere, que l'on avoit disposé en forme de salle; le Navire étoit pavoisé, & le pavillon François déployé. Dès que tout le monde y fut placé, j'y chantai la messe solemnellement; & à midi on y servit un dîner aussi splendide qu'il étoit possible dans les circonstances. On but à la santé du Roy de Portugal, avec une salve de onze coups de canon, à laquelle la batterie du Fort de Ste. Croix répondit en même nombre de coups.

Après le dîner quelques bas Officiers, les mêmes qui avoient joué de divers instrumens chez le Gouverneur, en jouerent encore, & firent une espece de concert, qui dura deux heures ou environ. Pendant cet amusement le vent s'éleva contraire au retour du Gouverneur, le tems se couvrit, & il tomba une pluye si abondante, qu'il n'étoit gueres possible de penser à s'embarquer pour regagner la Ville, & même un des Forts. Mr. de Bougainville, pour amuser ces Messieurs, pro-

proposa une partie de jeu, qui fut acceptée. Il y eut en tout une dixaine de piaſtres de perdues, quoiqu'au Paſſe-dix. La pluye & le vent contraire continuant toujours, Mr. de Bougainville engagea le Gouverneur & ſa compagnie de coucher à bord: il l'accepta. En attendant le ſouper, qui ne fut compoſé que des débris du dîner, & où le Gouverneur, ainſi que preſque tous les autres, ne burent qu'un verre d'eau, je m'entretins toujours avec le Miniſtre de Portugal, à qui il ne manquoit que l'uſage pour parler bien François, & qui ſubſtituoit des mots latins très énergiques, lorſque les termes François ne ſe préſentoient pas à ſa mémoire. Très-au fait du Breſil, qu'il parcouroit alors, pour y faire ſa viſite ordinaire, il eut la complaiſance de répondre à toutes mes queſtions, & me donna ſur le Pays & ſur ſes habitans tous les éclairciſſemens que je détaillerai ci-après.

Mrs. de Bougainville & de Nerville cederent leurs lits au Gouverneur & au Miniſtre de Portugal; L'Oïdor coucha dans la Dunette de Mr. Duclos-Guyot Capitaine, & les autres Officiers voulurent

rent coucher sur la table de la chambre, où on leur étendit des matelats. On passa cette nuit comme l'on pût. Dès les quatre heures du matin, le Gouverneur partit dans son canot, avec sa compagnie, pour aller au Fort de Ste. Croix donner des ordres, de nous procurer tout ce que nous demandions, bœufs, &c. A son départ, on le salua de neuf coups de canon, que le Fort rendit sur le champ.

Avant que de souper, Mr. de Bougainville pria Mr. le Gouverneur de faire passer en Portugal, & de là en France, les lettres que nous avions écrites pour y donner de nos nouvelles. Quelques jours après un Senau Portugais, qui étoit à l'ancre devant la Ville de la Vierge exilée, devoit partir pour Rio-Janeyre, & nous avoit promis de remettre nos Paquets à quelqu'un des Capitaines de la Flotte, qui devoit partir sur la fin du mois courant. Le Gouverneur s'en chargea avec bien de plaisir: Mr. de Bougainville lui remit nos Paquets. Mais, soit que la Flote de Rio-Janeyro fut partie, lorsque nos lettres y arriverent, soit
d'au-

d'autres accidens, elles ne sont pas parvenues à leurs destinations.

Cinq ou six heures après que le Gouverneur a eu pris terre au Fort de Ste. Croix, il nous est venu en présent de sa part, deux Bœufs, deux Vaches, une Genisse, deux Dindes, 26 tant Cannes que Canards du Bresil, à grandes crêtes rouges, & d'autres rafraîchissemens. Mr. de Bougainville, dès la veille, lui avoit fait la galanterie d'une boëte pleine de tabatieres peintes & vernies du vernis de Martin, & de quelques éventails très beaux.

Les deux jours suivans furent employés à completter notre provision de bois de chauffage, qui fut composée de Sassafras, de cedre & de bois jaune de Bresil. Je fis mon possible pour avoir du Baume de *Copaiba*, connu sous le nom de Copahu; ayant appris d'un Negre affranchi que l'arbre qui le porte n'est pas rare dans le pays: je ne pus réussir, parce que le Portugais qui m'avoit promis de m'en ramasser, m'assura que ce baume ne couloit que pendant la pleine Lune.

Comme notre destination étoit pour un Pays où nos Marins n'avoient pas encore été, & dont les mers & le climat passent pour orageux; avant que de partir de Ste. Catherine,, notre Capitaine, toujours prudent & prévoyant, jugea à propos de se munir de petits mâts de hunes & de perroquets, pour servir de bâtons d'hyver. Il s'adressa pour cet effet au Negre affranchi, dont j'ai fait mention plus d'une fois. Il nous rendoit tous les services qui dépendoient de lui, de la meilleure grace du monde; & fit même proposer à Mr. de Bougainville de l'emmener avec lui; qu'il iroit par tout où nous voudrions le conduire. Il étoit fort, travailloit beaucoup; & Mr. de Bougainville auroit volontiers acquiescé à sa demande, s'il n'avoit craint que les Portugais ne se fussent plaints, que nous avions été relâcher pour débaucher les Negres du Pays; & que ce bruit ou préjugé n'eût fait tort aux Navires François, qui auroient été dans la suite relâcher à Ste. Catherine.

Ce Negre fut lui-même chercher dans la forêt les arbres qu'il crut les plus propres au dessein de notre Capitaine. Lorsqu'il les eut trouvé, il l'en avertit, & nous y conduisit à travers les halliers, & les broussailles au milieu desquels il
fal-

falloit grimper sur la Montagne, pour parvenir à ces arbres, dans l'intérieur de la Forêt. Nous nous y transportames bien armés, en assez grand nombre, tant pour couper ces arbres que pour les transporter jusqu'au bord de la mer. Nous ne rencontrames dans la Forêt aucune bête féroce; mais seulement deux ou trois gros serpens, que nous tuames. Chemin faisant, je coupai sept à huit cannes de Bambou, espece de jonc noueux, dont les nœuds sont très rapprochés; & plus ils le sont, plus les cannes en sont belles. Ces Bambous étoient d'une jolie grosseur, haut de cinq pieds & demi à six piés; mais malheureusement ils n'étoient pas à leur maturité. En séchant ils se sont ridés & devenus comme cannelés. Je les laissai à St. Malo.

Pour transporter ces bâtons d'hiver, il fallut les attacher avec des cordes, & les traîner, quelquefois même les faire passer par dessus des branches qui nous barroient le chemin. Nous étions souvent contraints de le tracer, & de le faire à coups de hache. J'y remarquai des Palmiers d'une hauteur prodigieuse, d'un pied environ de diametre, & droits comme me des joncs; une espece d'arbre dont tout le tronc & les branches sont couverts de petites excroissances épineuses, de six à huit lignes de diametre dans leur base, saillantes de quatre ou cinq, & l'épine plantée au milieu en a jusqu'à quatre de longueur. L'écorce de cet arbre est grise & ressemble à celle du Hêtre. Ne seroit-ce pas le même que, dans nos Iles Antilles, on nomme *Bois épineux?*

Dans la matinée du Mardi, un Matelot, après avoir coupé de l'herbe pour nos bestiaux, s'étant assis auprès, les jambes nues, fut mordu près de la cheville du pié par un serpent, long, nous a-t-il dit, d'environ un pied & demi, de couleur jaune rougeâtre disposé par bandes. Il ne tint compte de cette morsure; & si-tôt qu'il fut arrivé à bord, il dina copieusement, sans inquiétude, parce qu'ajouta-t-il, j'avois faim. Une demi-heure après il lui prit un mal de cœur; & voyant sa jambe très-enflée & douloureuse, il vint m'en avertir. Je commençai par lui donner de la confiance, pour le guérir de la peur qui s'étoit emparée de son esprit. Pendant que j'en donnai avis aux deux Chirurgiens de la Frégate, il vomit, ce qu'il réitéra en-

encore une ou deux fois dans l'intervalle d'une heure. Nous lui fimes avaler deux gros de Thériaque mêlée avec dix goutes d'esprit volatil de sel armoniac, dans un verre de vin. On appliqua sur la playe déja devenue noirâtre, après l'avoir scarifiée, un emplâtre de Thériaque pilée avec de l'ail. Le mal de cœur continua néanmoins; il vomit encore deux ou trois fois. On lui donna le même remede. Sur ces entrefaites vint à bord un Officier Portugais du Fort Ste. Croix, à qui nous racontames ce qui étoit arrivé. Le raport du Matelot, & la description du Reptile, firent juger à l'Officier, que ce serpent étoit une des especes de ceux que les Nationaux nomment *Jararaca*. „Son venin est si dangereux, dit-il, qu'il „cause une mort inévitable à ceux à qui „il n'excite pas le vomissement dans les „vingt-quatre heures. Mais, puisque vo„tre Matelot a vomi, vous devez être „rassuré sur son compte. Continuez ce„pendant de lui donner le même reme„de, & joignez-y un vomitif. Il y a „plusieurs autres especes de *Jararaca*, „dont il faut également se défier; une „surtout, qui est de couleur de terre,
„ou

„ ou de couleur cendrée, avec quelques „ rayes plus brunes fur la tête." Le lendemain, la noirceur de la playe n'ayant pas augmenté, ni l'enflure de la jambe, on donna l'émétique au Malade; on appliqua un nouvel emplâtre femblable au premier. Dans la fuite il ne lui eft pas arrivé d'autres accidens; on a traité la playe comme une playe ordinaire. On l'a auffi purgé deux fois, & il s'eft toujours bien porté. Aller dans les bois & les campagnes, c'eft prefque toujours s'expofer à la morfure des reptiles dangereux, qui y font en grand nombre. Nous avons vû bien des fois des efpeces de fillons ondoyés fur le fable du bord de la mer, formés par les traces des ferpens qui y avoient paffé. Si, lorfque l'on a eu le malheur d'en être mordu, on n'y remédie pas promptement, il faut s'attendre à mourir dans les douleurs les plus cruelles. Quelques efpeces, furtout celles des Jararacas, exhalent une odeur forte de mufc. Cette odeur eft d'un grand fecours à ceux qui le fçavent, pour fe garantir de leur furprife.

Le feul Lézard que j'aye vû à l'Ile Sainte Catherine, pouvoit avoir deux piés de de long, & trois pouces & demi, ou quatre de large. Sa peau étoit noire, tachée de blanc de la tête au bout de la queuë. Le ventre étoit à peu prés de même; mais le blanc y dominoit davantage; au lieu que le noir & le blanc étoient diftribués prefqu'également par taches de figures régulieres fur tout le refte du corps; fa forme étoit d'ailleurs celle de nos Lézards verds de France. Mr. de Nerville qui étoit avec moi, fe difpofoit à lui tirer un coup de fufil, lorfque je reconnus que l'animal étoit mort. Nous nous en approchames; mais comme il puoit déja affez fort, nous ne jugeames pas à propos de l'examiner avec plus d'attention. Seroit-ce le *Maboya*, ou le *Tejuguacu*, ainfi nommé par les gens du Pays, & *Jguana* par Pifon & Margraff?

Le *Serpent à fonnettes* y eft très commun: fa longueur va jufqu'à trois piés, rarement paffe-t-elle un demi pié de de plus. Sa couleur eft un gris de fer cendré, & régulierement ondé. A l'extrémité de fa queue eft attaché ce que les Efpagnols nomment fa *Cafcabelle*, & par la même raifon le ferpent *Cafcabella*. Cette Cafcabelle, qu'il nous a plu de nom-

nommer *Sonnette*, à cause du bruit qu'elle fait, ressemble à la cosse des pois séchée sur la plante. Elle est divisée de même en plusieurs articles, ou monticules, qui contiennent des osselets ronds, dont le frottement produit un son assez semblable à celui de deux ou trois sonnettes un peu sourdes, ou grelots. Le jour que Mr. de Belcourt, & moi, cherchions dans le bois l'animal, dont nous avions vû les traces sur le sable, il nous sembloit entendre ce son mêlé avec celui de sifflement; mais ce son tenoit aussi beaucoup du bruit que font les cigales. La morsure de ce serpent est si dangereuse, que les habitans des lieux où il se trouve, sont bien heureux que la Nature ait donné à ce reptile un signe qui les avertit de son approche; sans quoi, sa couleur différant peu de celle de la terre, il leur seroit bien difficile de n'en être pas surpris, & de l'éviter. On le nomme aussi *Boicininga*.

Pour nourrir les bestiaux que nous emmenions de l'Ile Ste. Catherine, nous fimes provision de tiges de Bananiers, dont nous remplimes tout le tour du gaillard d'arriere, tant en dedans qu'en de-

dehors. Ce fourrage se trouvoit plus commode pour le transport; parce qu'il tenoit moins de place, & faisoit par conséquent moins d'encombrement. D'ailleurs les prairies sont fort rares dans cette Ile, ainsi que sur la côte de la Terre-ferme, & le peu d'herbe que s'y trouve, est marécageuse. Il eut été difficile de s'en procurer une quantité suffisante, laquelle même n'étant pas à son point de maturité propre à être conservée, se seroit échauffée, & auroit fourni une très-mauvaise substance pour ces Bestiaux. Les tiges de Bananiers y suppléerent parfaitement, tant parce qu'elles se conservent très-bien, que parce qu'elles sont fort nourrissantes. Il ne s'agissoit que de les couper au coûteau, & les bœufs, les moutons, les mangeoient avec avidité.

Le Bananier est une plante, dont la tige n'est composée que de feuilles roulées les unes sur les autres, d'un blanc rougeâtre en quelques endroits, jaunâtre & verdâtre en d'autres. Lorsque la racine pousse un rejetton, il ne sort du bord de terre que deux feuilles roulées l'une avec l'autre. Elles s'évasent en se déroulant, pour faire place à deux autres, sortant du
mê-

même centre. Roulées comme les premieres, elles s'épanouissent de même, & font suivies de plusieurs, qui se succédant, s'élevent en hauteur, s'étendent en largeur, toujours ainsi roulées, & composent la tige de cette plante arborée, qui monte à huit, dix & jusqu'à douze piés; après quoi elle ne grossit plus. Alors les feuilles sortent du haut & du milieu de la tige, à laquelle elles ne tiennent que par une queuë d'un pouce ou environ de diametre; longue d'un pié, ronde d'un côté, de l'autre creusée en canal dans son milieu. Cette queue continuée forme la nervure du milieu de la feuille, qui a quelquefois jusqu'à quinze, & dixhuit pouces de large, sur six à sept piés de long. Cette feuille est d'un beau verd par dessus, & dessous d'un verd un peu gris, qui la fait paroître argentée. Son épaisseur est celle d'un très-fort parchemin; mais sa délicatesse & sa grandeur, qui donne beaucoup de prise au vent, font qu'elle se découpe en beaucoup de lanieres. Elles partent de la nervure du milieu, s'étendent vers les bords, le long des petites nervures, qui ont la même direction, & paroissent les unes comme des rubans étroits &

ar-

argentés, les autres comme des lanieres de même couleur, attachés à cette nervure & roulés fur eux-mêmes.

Lorfque le Bananier a pris fa hauteur naturelle, il a neuf à dix pouces de diametre, & fa tige eft fi tendre, quoique les feuilles qui la compofent foient très-ferrées les unes contre les autres, que l'on peut la couper aifément avec un couteau, & même prefque d'un feul coup de ferpe, en la prenant un peu de biais; parce que ces feuilles font graffes & pleines de fuc: auffi ne vient-il bien que dans les lieux gras & humides.

Parvenu en état de porter fruit, il pouffe du centre de la fommité de fa tige, une autre tige d'environ un pouce & demi de diametre, & de trois à quatre piés de long, qui fe couvre de différens anneaux de boutons d'un jaune tirant fur le verd. Un gros bouton en forme de cœur, de fix à fept pouces de long fur trois de diametre, termine cette tige. Il eft compofé de plufieurs pellicules couchées les unes fur les autres, dont l'extérieur eft rouge, & recouvert d'une enveloppe forte, liffe de couleur gris de lin. La tige fe divife en quatre pour

O 2   don-

donner issue à à ce bouton. Cette tige est d'abord droite ; mais à mesure que les fruits succedent aux petites fleurs qui garnissent la tige par anneaux, le poids que que le fruit acquiert en grossissant, la fait courber insensiblement, & pencher de plus en plus vers la terre.

Dans nos Iles Antilles, on nomme cette tige, garnie de fruits, un *Régime*. J'ignore le nom que lui donnent les Portugais. Un régime contient quelquefois tant de *Bananes*, qu'il suffiroit pour faire la charge d'un homme. Elles sont attachées aux lieux qu'occupoient les fleurs. On coupe le Régime sitôt qu'on apperçoit quelques Bananes changer leur couleur verte en jaune. On le suspend à l'air dans la maison, & l'on mange le fruit à mesure qu'il meurit ; ce que l'on connoit, quand il commence à obéir sous le pouce, & qu'il jaunit. Nous en attachames au moins une vingtaine autour du gaillard d'arriere ; & quelques uns de nos Officiers étoient si friands de ce fruit, qu'ils en mangeoient presque sans attendre qu'elles eussent assez de maturité.

La Banane a près de deux pouces de diametre ; les plus longues que j'ai vûës n'en n'en avoient que six de longueur. Les deux bouts font en pointe arrondie, & fa forme est angulaire, mais avec des angles très-émoussés. La pelure est lisse, souple, épaisse un peu plus que celle d'une figue, & beaucoup plus solide. La pulpe est d'un blanc jaunâtre, de la constance d'un fromage nouveau bien gras, & ayant sa crême; ou du beurre nouvellement battu. Aussi ressemble-t-elle à ce dernier, quand la Banane est cuite.

Elle en a un peu le goût; mais comme si on y avoit mêlé de la pulpe de coings un peu trop meurs. On prétend que c'est une très-bonne nourriture. Pour moi je n'y trouvai rien d'admirable; & j'en ai mangé de crues & de cuites, de meures & non meures, pour essayer leur saveur.

Nous avions bien désiré nous munir d'une provision de *patates*, & d'ignames; mais ces racines n'étoient pas encore en état d'être tirées de terre. La Patate est une espece de pomme de terre, ou de Topinambou, mais beaucoup plus délicate.

L'Igname ou *Iniams* est une plante rampante, garnie de filamens, qui prennent racine, & servent à la multiplier naturellement

ment; de maniere que, si l'on a pas soin de lui en ôter beaucoup, elle couvrira bientôt tout le terrein, dans lequel auparavant on n'en avoit mis qu'une ou deux. La tige est quarrée, de la grosseur du petit doigt, ou environ. Ses feuilles ont la forme d'un cœur, dont le bout est allongé & pointu. Elles sont d'un verd-brun, grandes, comme celles du *Lappa major* ou grande Bardanne. Celles qui sont plus éloignées de la racine, sont moins grandes; mais elles sont lisses, grosses, & bien nourries, attachées deux à deux à la tige, par des pedicules courts, quarrés, un peu courbés. De la tige sortent quelques épics de petites fleurs en forme de cloche, dont le pistile devient une silique remplie de petites graines noires. On ne seme pas ordinairement ces graines, parce qu'elle vient de bouture beaucoup mieux & plus vîte. On employe pour cela la tête du fruit, avec une partie de la tige qui le porte.

La racine est plus ou moins grosse suivant la bonté du terrein qui la nourrit. Sa peau est inégale, rude, épaisse, d'un violet foncé, & très-chevelue. Le dedans est de la consistance des Betcraves, d'un blanc grisâtre, tirant quelquefois sur la cou-

couleur de chair. On la mange apprêtée comme la Beterave, cuite dans l'eau, ou sous la braise, quelquefois avec la viande. Elle est d'un bon goût, très-nourrissante & de facile digestion. Les Negres & les Portugais l'aiment beaucoup.

Un des deux Acadiens mariés que nous avions logés dans une case de la côte, étoit tourmenté d'un cours de ventre, qui avoit résisté jusques là à tous les remedes que lui avoient administrés les deux Chirurgiens de notre Frégate. Le Negre affranchi lui proposa de le guérir avec une ptisanne, il eut peut-être réussi, s'il avoit commencé à en user plûtôt; car pour en avoir pris deux jours seulement, il en étoit déjà beaucoup soulagé. Cette prétendue ptisanne n'étoit qu'une simple décoction de bouts des bourgeons tendres, & de petits fruits du Goyavier, qui ne commençoient qu'à être noués. Si ce fruit avoit été un peu plus avancé, peut-être auroient-ils produit un effet plus efficace. L'Acadien n'ayant pas fait provision de ces bourgeons, avant que de partir, il ne put en continuer l'usage; son mal le reprit des plus belles, & lui a continué jusqu'à une quinzaine de jours avant notre départ des Iles

Malouïnes, où il commença à se trouver mieux quelques jours après que nous l'y eumes débarqué. La bonté de l'air, &, sans doute l'exercice qu'il y prit, le fortifierent de plus en plus, & il se comptoit guéri à notre départ.

Le même Negre avoit guéri en peu de jours la sœur de la femme de cet Acadien, nommé *Benoit*, dont les jambes étoient devenues tellement enflées, qu'elle avoit beaucoup de peine à se soutenir. On prétendoit que cette enflure étoit l'effet du scorbut. Quoiqu'il en soit, elle souffroit, disoit-elle, de grandes douleurs aux chevilles des piés, qui cesserent après que le Negre lui eut fait une fomentation de quelques herbes du Pays, bouillies dans de l'eau pure. Elle fut guérie en six ou sept jours. On m'a assuré que ce Negre n'avoit employé que le Goyavier.

Le Goyavier est un arbre très-connu dans nos Iles de l'Amérique. Ceux que l'on nommoit ainsi à l'Ile Ste. Catherine, n'avoient pas plus de huit piés de haut, & le tronc sept à huit pouces de diametre: je n'en ai pas vû de plus gros. Son écorce étoit un peu plus blanche que celle du Pom-

Pommier, ses branches s'étendoient de la même maniere, & ses fruits, qui étoient très-peu avancés, ressembloient à des pommes qui ne sont que nouées depuis un mois. Aux feuilles & à la forme de l'arbre je le pris d'abord pour un Coignassier. On me dit que le fruit, dans sa maturité, est excellent; & l'on me le dépeignit semblable aux Goyaves de nos Iles Antilles, quoique la description que le Pere Labat fait de l'arbre & de ses feuilles ne ressemble pas au Goyavier du Bresil. D'ailleurs les Portugais attribuent au leur les mêmes propriétés que le Pere Labat donne à celui de la Martinique.

Le même Acadien étant de retour à bord se trouva beaucoup incommodé d'une petite tumeur qui lui étoit survenue au gros orteil du pié gauche, depuis quelques jours. Cette tumeur augmentoit, ainsi que la douleur qu'elle causoit. Il la montra au *Docteur*, (c'est ainsi que l'on nomme le premier Chirurgien du Navire, & le second *Major*.) Celui-ci reconnut que c'étoit un *Nigua*, ou *Nigue*, qu'au Pérou l'on nomme *Pique*. C'est un Insecte si petit, qu'il est presqu'imperceptible. Voyez la description qu'en fait Mr. d'Ulloa;

dans

dans son Voyage du Pérou, & qui convient parfaitement à ce que nous avons vû à l'Ile Ste. Catherine. On guérit notre Acadien par l'extraction du nid, & par l'application de la cendre de tabac. Les jambes de cet Insecte, dit l'Auteur que je viens de citer, n'ont pas le ressort de celles des puces; ce qui n'est pas une petite faveur de la providence, puisque s'il avoit la faculté de sauter, il n'y a pas de corps vivant dans les lieux où se trouve cet Insecte, qui n'en fut rempli. Cette engeance feroit périr les trois quarts des hommes par les accidens qu'elle pourroit leur causer. Elle est toujours dans la poussiere, surtout dans les lieux malpropres. Elle s'attache aux piés, à la plante-même & aux doigts.

La Nigua perce si subtilement la peau qu'elle s'y introduit sans qu'on la sente. On ne s'en apperçoit que lorsqu'elle commence à s'étendre. D'abord il n'est pas difficile de l'en tirer; mais, quand elle n'y auroit introduit que la tête, elle s'y établit si fortement, qu'il faut sacrifier les petites parties voisines, pour lui faire lâcher prise. Si l'on ne s'en s'apperçoit pas assez tôt, l'Insecte perce la premiere peau

sans

sans obstacle, & s'y loge. Là il suce le sang, & se fait un nid d'une tunique blanche & déliée, qui a la figure d'une perle plate. Il se tapit dans cet espace de maniere que la tête & les piés sont tournés vers l'extérieur, pour la commodité de sa nourriture, & que l'autre partie de son corps répond à l'intérieur de la tunique, pour y déposer ses œufs. A mesure qu'il les pond, la tunique s'élargit; & dans l'intervalle de quatre à cinq jours, elle a jusqu'à deux lignes de diametre. Il est très-important de l'en tirer, sans quoi, crévant de lui-même, il répand une infinité de germes, semblables à des lentes, c'est-à-dire autant de Nigues, qui occupant bientôt toute la partie, causent beaucoup de douleur, sans compter la difficulté de les déloger. Elle pénétrent quelquefois jusques aux os: & lorsque l'on est parvenu à s'en délivrer, la douleur dure jusqu'à ce que la chair & la peau soient entierement rétablies.

Cette opération est longue & douloureuse. Elle consiste à séparer avec la pointe d'une aiguille, les chairs qui touchent la membrane où résident les œufs; ce qui n'est pas aisé, sans créver la tuninique, & à quoi il faut donner toute son attention. Après avoir détaché jusqu'aux moindres ligamens, on tire la perle, qui est plus on moins grosse à proportion du séjour que l'Insecte a fait dans la partie. Si par malheur la tunique creve, l'attention doit redoubler, pour en arracher toutes les racines, & surtout pour ne pas laisser la principale Nigue. Elle recommenceroit à pondre avant que la playe fut fermée, & s'enfonçant dans les chairs, elle donneroit encore plus d'embarras à l'en tirer. On met dans le trou de la perle, un peu de cendre chaude de tabac mâché. Pendant les grandes chaleurs, il faut se garder avec un soin extrême de se mouiller les piés. Sans cette attention, l'expérience a fait connoître que l'on est menacé du Pasme, mal si dangereux qu'il est ordinairement mortel.

Quoique l'Insecte ne se fasse pas sentir dans le tems qu'il s'insinue; dès le lendemain il cause une démangeaison ardente, & fort douloureuse, surtout dans quelques parties telles que le dessous des ongles. La douleur est moins vive à la plante du pié, où la peau est plus épaisse.

On

On observe que la Nigue fait une guerre opiniâtre à quelques Animaux, surtout au *Cerde*, qu'elle dévore par degrés, & dont les piés de devant & de derriere se trouvent tout percés de trous après sa mort.

La petitesse de cet Insecte n'empêche pas qu'on n'en distingue deux especes, l'une venimeuse, l'autre qui ne l'est pas. Celle-ci ressemble aux puces par la couleur, & rend blanche la membrane où elle dépose ses œufs. L'autre espece est jaunâtre; & son nid couleur de cendre. Un de ses effets, quand elle s'est logée à l'extrémité des orteils, est de causer une inflammation fort ardente aux glandes des aînes, accompagnée de douleurs aigues, qui ne finissent qu'après l'extirpation des œufs. C'est à Mr. de Jussieu que l'on doit la distinction des deux especes de Nigues. Il eut, comme les autres Académiciens François qui l'accompagnerent au Pérou, le chagrin d'éprouver plusieurs fois ces douleurs, qu'ils n'ont pu expliquer.

14 *Decembre.*

Ayant nos provisions à bord, le Mercredi sur les dix heures du matin, le vent

vent étant au Sud, nous avons désafourché, & envoyé notre chaloupe à terre, chercher le restant de nos effets, & les familles Acadiennes. Avant que de les embarquer dans la Chaloupe, on visita leurs hardes avec grand soin, pour voir s'il ne s'y étoit pas introduit des *Cancrelas*. On en avoit vû dans leur case. C'est un Insecte de la grosseur & tenant quelque chose du Hanneton, mais un peu plus plat, & plus allongé, ayant un corset d'un verd noir, moins dur & moins solide. Il est extrêmement à redouter dans les Navires, parce qu'il multiplie beaucoup en peu de tems, & qu'il se niche par tout; où il ronge papiers, livres, hardes, biscuit & le bois-même. Il gâte tout par ses ordures & sa mauvaise odeur. Comme on en avoit vû quelques uns dans la case où logeoient ces familles, on leur avoit recommandé de bien nettoyer leurs hardes. Nous eumes le bonheur d'en être aussi exemts que des autres Insectes familiers sur mer. Aux Iles Antilles on les connoit sous le nom de *Ravets*.

Nous dépêchames en même tems Mr. Alexandre Guyot au Fort Ste. Croix pour

pour faire nos excuses au Commandant de ce que nous ne saluerions pas en partant, à cause des bœufs, taureaux & vaches, qui embarrassoient notre port.

A onze heures nous avons fait voile, le vent au Sud & Sud-Sud-Est petit frais, sous les deux huniers, le Perroquet de foule & les focs, jusqu'au travers de l'Ile aux Perroquets. Après avoir doublé la pointe de Bon-port, nous y avons mouillé par les six brasses d'eau, fond de vase, environ aux deux tiers du chemin d'une terre à l'autre, plus près de la côte du Nord, pour attendre notre chaloupe, notre petit canot, & pour embarquer dix bœufs; ce que nous avons fini à cinq heures du soir. Nous sommes ensuite restés sur une ancre toute la nuit, avec un tems sombre & brumeux.

Nous fimes ainsi nos adieux à l'Ile Sainte Catherine, ce lieu de relâche, dont l'on voit que nous n'avons pas eu les mêmes sujets de nous plaindre, que l'Amiral Anson. Il pourroit devenir une habitation excellente, si l'on se donnoit la peine de le défricher. A la reserve de la petite Ville dont j'ai parlé, il n'y a que quelques Cafes ou plantations sur la
Côte

Côte de l'Isle de la Terre-ferme qui en est voisine. Tout le reste est bois de haute futaye, & le pié des arbres y est comme étouffé par les halliers & les broussailles. Ceux de l'Ile sont farcis de cet espece d'Aloës épineux, qui forme un grand obstacle à ceux qui veulent y pénétrer. Sur les lisieres, qui approchent le plus de la côte, il y a beaucoup de différentes especes d'arbres de la hauteur & grosseur des pommiers, mais dont les feuilles de presque tous ces arbres sont lisses, d'un beau verd, & ont la forme des feuilles du Laurier-franc. Elles ne different presque entre elles que par la grandeur, & le plus ou moins d'épaisseur. J'en remarquai un que l'on auroit pris, au premier coup d'oeil, pour un amandier. Sa feuille étoit cependant un peu plus large: son fruit paroissoit une amande verte; mais lorsqu'on l'observoit de près, on voyoit que la forme de ce fruit tenoit un peu de la forme d'un cœur.

Un autre portoit une fleur, ou fruit, de la forme des vésicules ou membranes qui enveloppe le fruit de la plante nommée Alkakenge; ce fruit Brasilien est gros comme une petite noix, d'un jaune blanchâchâtre en dehors. Il s'ouvre en quatre parties, & se trouve composé de plusieurs écorces semblables, dont la surface intérieure est de la couleur du plus beau carmin. Ces écorces ou parties du fruit, ou, si l'on veut, de la fleur sont disposées de maniere que celle de dessus couvre par son milieu les bords, par lesquels se joignent les quatre divisions intérieures. Elles sont en tout au nombre de huit, quatre extérieures, & quatre intérieures, épaisses chacune d'environ une demi-ligne: dans l'interieur est attaché au milieu, une espece de petite boule blanche, laquelle est sans doute le pistille, si la chose dont je parle est une fleur. J'en montrai à un Portugais, qui ne sçut pas m'en dire le nom, ni les propriétés.

Une plante extrèmement commune dans ces bois, & dont la pluspart des rochers de la Côte sont couverts, est la *Caraguata*. Elle se trouve aussi en abondance sur les branches des grands arbres, & y vient comme le Gui sur nos pommiers & sur nos chênes. La feuille en est longue, pointue, épineuse, presque semblable à celle des Glayeuls, plante à laquelle elle ressemble, & par la forme de ses feuilles, &

P par

par leur situation, sortant toutes de la racine; mais elle pousse une tige ronde, garnie de quelques feuilles de la couleur du plus bel incarnat, ainsi que la sommité de quelques unes des feuilles intérieures de la touffe, les plus proches de la tige. Au haut de cette tige, poussent en épics des fleurs d'un rouge vif, auxquelles succede une espece de fruit long d'un demi-pouce, gros comme un gros tuyau de plume & violet. Il contient une substance blanche, visqueuse, pleine de graines un peu applaties, roussâtres, & très-menues. Je croirois la Caraguata une espece de Glayeul. Dans un petit sentier pratiqué sur la lisiere des bois, nous trouvames quelques piés de la plante que les Brasiliens nomment *Juquiri*, & *Caaeo*, & nous *Sensitive*. Nous en avons vu de deux especes; celle dont je viens de parler, pousse ses tiges à la hauteur de deux piés ou environ, branchues, & à tiges striées, presque quadrangulaires, vertes, assez fournies de petites épines jaunâtres. Ses feuilles sont opposées sur ses rameaux souples: le dessous est d'un verd blanchâtre, le dessus d'un verd tendre. Du long de la tige sortent plusieurs rameaux,

dont

dont le bout est orné d'une petite tête ronde, velue, d'un blanc purpurin. C'est la fleur, à laquelle succede une gousse, ou silique mince, recourbée & de couleur marron, couverte de petits poils blancs, quand elle est meure.

Le seconde espece ne s'éleve pas beaucoup de terre, je n'en ai vû que dans les tereins sablonneux le long de la côte: elle semble quasi ramper, & ne differe pas de la premiere. L'une & l'autre plient leurs feuilles, & laissent pancher leurs rameaux, presqu'au moment qu'on les a touché avec la main, comme si elles étoient fannées. Un moment après elles reparoissent dans leur vigneur. C'est de là sans doute qu'elle a reçû les noms *d'herbe chaste, herba casta, Mimosa*. Les feuilles mangées sont un poison mortel, auquel on n'a trouvé d'autre remede que la racine même mangée. Ces mêmes feuilles appliquées en cataplasme guérissent les tumeurs scrophuleuses.

La terrein de l'Ile Ste. Catherine & des Côtes de la Terre-ferme est d'une fertilité si prodigieuse, que les meilleurs fruits y croissent en abondance, presque sans culture. Les forêts sont pleines d'arbustes odoriférans. La Rade fournit d'excellens poissons, & très variés. On voit dans les Pl. II & III. les figures de ceux à qui nos marins donnoient les noms de Balaou, Pl. II. fig. 8. Lune, Pl. III. fig. 5. Brune Pl. II. fig. 4. Lame d'épée fig. 7. Crapaux de mer. Le bec allongé que l'on voit au Balaou, me l'avoit fait nommer *Beccassine de mer*. L'extrèmité de ce bec, qui est très-solide, & aussi dur que le bec d'un oiseau, est de la longueur de deux ou trois lignes, de la couleur du plus beau cinnabre. Son corps est presque diaphane: une bande ou raye d'un bleu verdâtre regne depuis l'ouïe jusqu'à la queue: ses écailles sont si délicates qu'elles sont presqu'imperceptibles. Sa chair est solide & d'un goût excellent. La Lune de la Pl. III. fig. 5. semble couverte d'une feuille d'argent.

La Lame d'épée ne pouvoit gueres être mieux nommée, rélativement à sa figure. Les Crapaux de mer pourroient être nommés *Hérissons de mer*, car tout leur corps est couvert de pointes longues de deux lignes ou environ. Celui qui a la figure plus ordinaire aux poissons, avoit

la

la gueule armée de dents assez larges & plates comme les dents canines des hommes, & ne ressembloit pas mal à une bouche humaine, même par les levres.

Nous n'y pêchames pas de beaux coquillages; le seul qui mérita notre attention, fut un Casque qui avoit au moins huit pouces de diametre. On trouva un Soldat, & quelques petits Chevaux marins. On péchoit toujours avec crainte; parce que les Réquins fréquentent beaucoup cette Rade. *)

On avoit fait présent à un de nos Officiers de deux jeunes *Tucans*, que quelques uns nomment *Tulcan*, & les Espagnols

---

*) Les Réquins que nous avons pris, & dont on voit la fig. Pl. II. fig. 5. n'étoient pas d'une grandeur démesurée; ils étoient de l'espece de ceux que l'on nomme *Lamies*. Nous avons examiné attentivement le nombre des rangées de leurs dents, & nous crumes en compter sept, au lieu de six qu'on leur donne communément. Elles étoient plattes, triangulaires, aigues & découpées dans leurs bords comme l'est une scie. Elles ne paroissoient pas engagées solidement dans la machoire, comme celles des autres animaux. Elles étoient mobiles, s'ouvroient & se fermoient comme les doigts de la main, de façon que chaque rangée se reploit sur sa voisine gnols de l'Isthme de l'Amérique, *Prêcheur*, parce que, disent-ils, que cet oiseau étant perché au sommet d'un arbre, pendant que les autres oiseaux dorment au dessous, il fait de sa langue un bruit qui ressemble à des paroles mal articulées, & le répand de toute part, dans la crainte que les oiseaux de proye ne profitent du sommeil des autres pour les dévorer.

La grosseur du Toucan est à peu près celle d'un Pigeon ramier; mais il est monté plus haut sur ses jambes, qui sont d'un gris bleuâtre ainsi que ses piés, armées d'ongles assez longues; sa queue est lon-

en recouvrement, de maniere que celle de dessus en se courbant en dedans la gueule, occupoit le vuide ou l'entredeux des dents de la rangée de dessous. Elles y sont comme les ardoises sur un toit, ou si l'on veut comme les feuilles d'un artichaux.

On dit que le Réquin est toujours précédé d'un autre Poisson que l'on nomme *Pilote*; nous pouvons assurer le contraire, au moins avons-nous vû plusieurs fois des Réquins sans cet avant-coureur.

Le Pilote est un des beaux & bons poissons de la Mer. Il est d'un bleu disposé par bandes, les unes longue d'environ quatre pouces, quelquefois noire & arrondie à son extrémité; mais communément bigarrée de bleu, de pourpre & de jaune, sur un brun obscur. Le dos & les aîles sont de cette derniere couleur, excepté quelques plumes noires aux aîles. Sa tête est très-grosse, mais fort petite à proportion de son bec, qui a sept à huit pouces de sa racine à la pointe. La partie supérieure a, près de la tête, environ deux pouces de base, & forme dans sa longueur une figure, à peu près triangulaire & convexe par dessus, dont les deux surfaces laterales sont un peu relevées & arrondies. Celle

unes d'un beau bleu très-foncé sur le dos, qui descendent, en s'éclaircissant insensiblement, jusques sous le ventre, au nombre de six. Quatre autres bandes, ainsi que la tête & la queuë, sont d'un bleu très-clair, ou d'un blanc lavé de bleu. Le globe de l'œil est d'une belle couleur d'or, excepté la prunelle, qui est noire; les deux extrémités de la queue sont blanches. Je n'ai pas reconnu ce Poisson à la description que l'on en trouve dans le Dictionnaire d'histoire naturelle de Mr. Valmont de Bomare. Elle paroît mieux convenir à quelqu'espece de *Remore*. Se seroit-il trompé dans cet article, comme il a fait dans plusieurs autres; ou m'au-

Celle de dessus, qui forme l'intérieur de bec, est creuse: ses bords ou levres sont découpés en maniere de scie. La partie inférieure présente la même forme que la supérieure, mais un peu concave en dessous. Ces deux parties égales dans leur longueur, s'emboëtent l'une dans l'autre, & diminuent insensiblement jusqu'à l'extrémité, qui est un peu courbée en dessous & pointue. La langue est une membrane blanchâtre, prèsqu'aussi longue que le bec, mais très-étroite, & très applatie. Elle n'a pas deux lignes au plus de large, & présente une barbe de plume découpée; ses yeux sont ronds, beaux, vifs

roit-on trompé moi-même, en me nommant, *Pilote*, un poisson qui n'est pas celui qui doit porter ce nom? Voyez en la fig. dans la Pl. I. fig. b.

Si nous avons vû des Réquins sans être précedés de Pilotes, nous n'en avons pris aucun, qui n'eût plusieurs *Succets* cramponnés sur lui près de sa tête. Les Brasiliens nomment le Succet *Iperuquiba*, & *Piraquiba*, les Portugois *Piexepegador*. Le plus grand que nous ayons pris avoit environ huit pouces de long, sur deux & demi dans sa plus grande largeur. Sa tête, longue de deux est plate dans sa partie supérieure, & ressemble au palais d'un bœuf, cannelé en travers, vifs & étincelans, enchassés dans deux joües nues, couvertes d'une membrane azurée. Les uns ont l'Iris de l'oeil bleu-clair, environné d'un cercle blanc; d'autres l'ont tout noir. Il y en a de différentes espèces, au moins différent-ils entre eux par la couleur du bec, & par celle des plumes. Le bec de quelques-uns est verd avec un cercle noir & deux taches blanches vers sa racine. Le bec des autres est noir, rouge en dedans, avec un cercle jaune verdâtre auprès de la tête. Ils sont très-communs dans le pays. On nous assura que l'on y trouvoit aussi beaucoup de Faisans; mais nous n'en avons pas vûs. Les Perroquets verds y volent en

vers, qui y seroit collé de maniere que les bords n'y seroient pas adhérents. Ces cannelures sont armées de pointes, si dures & si solides qu'en les passant sur le bois, elles y font l'effet d'une lime fine. C'est par leur moyen que le Succet s'attache si fermement auprès des ouyes & au ventre du Réquin, qu'il se laisse prendre avec lui. On ne put même l'en détacher qu'avec un coûteau, ou un autre instrument. La machoire inférieure est plus longue que la supérieure. Il a de petits yeux d'un jaune doré, la prunelle noire. Au lieu de dents, c'est une infinité de petits tubercules assez solides. Auprès de chaen troupe, comme les Moineaux en France. Nous en avons tué une assez grande quantité, & nous les trouvions aussi bons que nos Pigeons de voliere. Les Lions, les Pantheres, les Léopards, les Onces & les Tigres infestent les Bois & y rendent les voyages dangereux. Heureusement ils ne s'approchent que très-rarement des habitations. L'eau des rivieres est d'une excellente qualité. Mais tous ces avantages sont effacés par l'incommodité d'un air très-mal-sain, qui est vraisemblablement la cause de la pâleur des Blancs qui habitent ce pays. De ces bois, où le Soleil ne pénétre jamais, s'élevent sans cesse des vapeurs grossieres, qui

que ouye est une nageoire triangulaire, longue d'un pouce, ou environ: deux autres auprès sous le ventre, qui se joignent à leurs racines, & une sous le ventre & sur le dos, qui regnent depuis le milieu du corps jusques à la queue. Sa peau est lisse, gluante, comme celle de l'anguille, & de couleur d'ardoise brune.

Bien des gens se sont trompés, en prenant le dos du Succet pour le ventre, à cause de la partie par laquelle il s'attache au Réquin. Je l'ai observé avec toute l'attention, dont j'ai été capable, & je me suis convaincu de l'erreur des Auteurs; comme on peut le voir dans les fig. 11 & 12. de la planche I.

qui forment continuellement des brumes sur le haut des montagnes dont l'Ile est environnée. Les bas, qui sont fort marécageux, en sont également couverts depuis six à sept heures du soir, jusqu'à ce que le Soleil les aît dissipées le lendemain sur les huit heures du matin. Ces vapeurs ont souvent une odeur de vaze, & la circulation de l'air n'y étant pas libre, elles semblent ne se dissiper que pour faire place à celles qui leur succedent. Cet air malsain est sans doute au moins un peu corrigé par la quantité de plantes aromatiques, dont l'odeur suave se fait sentir à trois ou quatre lieuës en mer, lorsque le vent de Terre y porte. Nos chiens nous annoncerent l'approche des Terres au moins à cette distance, en flairant de ce côté-là pendant près d'une demi-heure. Nousmêmes en étions embaumés. Il est à remarquer que les chiens sont d'une grande ressource dans un Navire, pour reconnoître les approches de terre. Tous les nôtres n'ont jamais marqué d'aller sur le passe-avant, le long de la lice, ou sur le Gaillard d'avant, présenter le nez & flairer du côté des Terres, ou même d'un Navire, quand nous en avons approché,

à la

à la distance quelquefois de cinq à six lieuës, lorsque le vent portoit de la Terre à nous. Ils y restoient environ un demi quart d'heure, & après s'en être allé, ils y revenoient plus d'une fois.

Outre les oiseaux dont j'ai parlé ci-devant, nous rencontrions fréquemment des *Criards*: c'est le nom que les Portugais donnent à une espece de Corneille, dont tout le plumage est d'un beau bleu tendre. Ce sont, disoient-ils, les Corbeaux du pays. Ils en ont la forme; & ne sont gueres moins mauvais à manger. Les *Tiépirangas* sont gros comme des Grives, ont les aîles, la queue & une partie du bec de couleur brune foncée; le reste du plumage est d'un beau rouge de cinnabre un peu carminé, tirant sur l'écarlatte. Quelques-uns de nos Marins les nommoient *Lorys*, d'autres *Cardinaux*; mais ce dernier nom est celui d'un oiseau à peu près de même figure, dont tout le plumage est rouge sans mélange de brun.

Il n'étoit pas encore tout à fait nuit lorsque nous eumes jetté l'ancre le jour de notre départ de sainte Catherine, que nous apperçumes le long des hautbans des

des drisses & des autres cordages une quantité de petites lumieres mouvantes. On auroit dit des petits lampions mobiles. Nous en fumes d'autant plus surpris que, quoique nous jugeâmes bien que c'étoit des mouches lumineuses, nous n'en avions encore apperçu aucune jusqu'à ce jour. Elles avoient quatre aîles, deux transparentes telles que celles de nos mouches communes, & deux opaques, lisses, brunes & solides comme les supérieures des hannetons, servant également d'étui à celles de dessous. Leur tête est noire, en forme de trefle, ornée da deux antennes aussi noires, longues de quatre lignes, & qui paroissent formées de petits cornets insérés par leur pointe les uns dans les autres. Auprès de ces antennes sont placés deux yeux ronds, noirs, solides comme de la corne, luisans & saillans, gros comme des plus petits grains de pavôts. Le corps & les six jambes sont d'un brun noirâtre. On distingue aisément à l'œil six anneaux, qui diminuent de grandeur depuis le cou jusques à l'extrémité du corps terminé en pointe arrondie. Ces anneaux sont aussi solides que ceux dont le corps des hannetons est composé. Le plus grand

an-

anneau, qui forme toute la partie antérieure du corps, où sont attachées les jambes, a un peu plus de deux lignes de largeur sur deux de longueur, & se trouve couvert d'un duvet, ou poussiere legere, telles que celle des aîles des Papillons. De cette partie & de la tête partent des rayons d'une lumiere semblable à celle des Vers luisans que l'on trouve en France pendant l'été & le commencement de l'automne.

Je mis une de ces mouches dans un cornet de papier, le soir en me couchant, dans le dessein de la peindre le lendemain. Mais, ayant voulu commencer à le faire, je ne la trouvai plus; elle avoit rongé, percé le cornet, & s'étoit sauvée. Le jour suivant j'apperçus, étant couché, une lumiere dans un des rayons où j'avois placé mes livres. Je ne pensois plus aux mouches lumineuses, & j'imaginai dabord que cette lumiere étoit un rayon échappé de la lampe de l'habitacle, auprès duquel étoit la fenêtre de ma Dunette; mais voyant cette lumiere changer de place, je me rappellai la mouche échappée la nuit précédente. Je la pris & l'ayant fermée sous un gobelet de verre, je l'observai à loisir le lendemain; & la dessinai.

En

En quittant Monte-video sur la Riviere de la Plata, ou *Rio de la Plata*, la même chose nous arriva pendant le calme qui nous surprit le jour de notre départ. La lumiere que celles-ci répandoient, étant plus brillante & plus éclatante encore que celles des mouches de l'Ile Ste. Catherine; j'en mis quelques unes avec de l'herbe fraîche dans un gobelet de verre que je couvris d'un autre, & l'ayant fixé sur ma table, j'en approchai un livre, dans lequel, sans le secours d'aucune autre lumiere, je lus avec beaucoup de facilité, quoique le caractere en fut très-menu.

Dès le matin du lendemain j'en tirai une du gobelet, & l'ayant piquée d'une épingle, que je fichai en même tems dans le bois de la table, je la peignis.

Elle avoit quatre lignes de large & onze & demie de long, y compris le chaperon de trois lignes, qui lui couvroit la tête.

Quatre aîles s'étendoient sur son corps. Les deux supérieures étoient d'un beau noir velouté, avec une raye d'un jaune doré, près du bord extérieur. Elle regnoit depuis le cou jusques aux deux tiers

de

de la longueur de l'aîle. Le chaperon étoit tout entier de même couleur, excepté un gros point noir au milieu près du cou. Ce chaperon fuivoit les mouvemens de la tête, qui étoit arrondie, & lui fervoit de casque : il débordoit d'une ligne tout autour. Deux antennes noires, délicates comme un cheveu fin, & longues de trois lignes, étoient placées fur le devant de la tête, au deffus de deux yeux noirs, peu faillans, & femblables à de la femence d'Amaranthe. Trois petites jambes également noires, fortoient des deux côtés du corps ; tout couvert, dans cette partie, de petits poils fins très-courts, & d'un jaune orangé. La partie poftérieure étoit compofée de cinq anneaux, dont les deux les plus près du corps étoient noirs, revêtus d'un poil court & velouté ; les deux fuivans d'un poil doré, & le cinquiéme auffi large que deux autres enfemble, & qui terminoit le corps en pointe arrondie, étoit auffi couvert d'un poil noir velouté, mais un peu plus long que celui des autres anneaux. Ces anneaux n'avoient pas la folidité de ceux qui formoient le corps de la mouche précédente ; ils fléchiffoient fous le doigt, qui les prefloit même me legèrement. La premiere n'envoyoit des rayons de lumiere presque que de la tête: celle-ci en répandoit de toutes les parties de son corps, si l'on en excepte la tête. Celles que j'avois renfermées avec de l'herbe fraîche, ont vêcu quatre jours, & ont conservé l'éclat de leur lumiere presqu'aussi brillant jusqu'à leur mort.

Avant que de quitter la Rade de Ste. Catherine, je dirai deux mots des Brasiliens, sur le rapport du Premier Président du Conseil souverain de Rio-Janeyro, dont j'ai déja parlé.

Je n'ai vû manger de pain de grain que chez le Gouverneur de Ste. Catherine. Dans toutes les habitations on y suppléoit par la Cassave; qui est une espece de pâte cuite, faite de farine de la racine de Manioc. Cette racine est, dit-on, un grand poison, quand on la mange crue. J'ai vu cependant des enfans occupés à en ôter l'écorce, pour en faire la Cassave, la manger crue sans en être incommodés. Quelques-uns a faisoient rôtir sur la braize, en enlevoient ensuite l'écorce, & la mangeoient.

Je n'ai vû dans l'Ile Ste. Catherine & aux environs des habitations de la Terreferme, qu'une espece de Manioc. Laët, cité dans l'Histoire des Voyages recueillis par l'Abbé Prévôt, dit qu'il y en a de diverses especes, une entre autres particuliere au Bresil, qui s'y nomme *Aypi*, & qui peut se manger crue sans aucun danger. *Quelques Nations, de la race des Tapouyas,* ajoute-t-il, *mangent aussi cru le Manioc commun, qui est un poison pour toutes les autres, & n'en ressentent aucun mal, parce qu'elles y sont accoûtumées dès l'enfance.* Ceux cependant que nous avons vûs en manger de cru, n'étoient pas de la race des Tapouyas. C'étoit des enfans Blancs, dont les peres & meres étoient Portugais. Les feuilles de ce Manioc approchent beaucoup, pour la forme, des feuilles de la Pivoine.

On en fait sécher les racines au feu sur des clayes & les ratissant avec des pierres aiguisées, on en forme une farine, dont l'odeur tire sur celle de l'amidon. Cette farine se met dans de grands pots, avec le soin de la remuer jusqu'à ce qu'elle s'épaississe, comme l'on fait en France avec la farine de blé noir. Réfroifroidie en confiſtance d'une gelée ſolide, ſon goût différe peu de celui du pain blanc. Celle dont on fait proviſion dans les courſes & les guerres, eſt beaucoup cuite, & par là ſe trouve plus dure & plus ſolide pout la commodité du tranſport. Apprêtée avec du jus de viande, on en fait un mets qui approche du ris cuit au bouillon & au jus; & ce mets eſt très-nourriſſant. Ces mêmes racines, pilées ou rapées fraîches, & avant que d'être paſſées au feu, donnent un jus de la blancheur du lait, qui ne demande que d'être expoſé au ſoleil pour s'y coaguler comme le fromage, & fait un bon aliment, pour peu qu'il ſoit cuit au feu. Cette maniere de ratiſſer les racines de Manioc avec des pierres tranchantes eſt celle des Braſiliens, qui n'ont pas la connoiſſance des Arts méchaniques de l'Europe. Les Portugais nés ou ſimplement établis dans l'Ile Ste. Catherine & ſur les Côtes de la Terre-ferme qui l'environnent, employent à cet effet une grande rouë de bois, dont la ſurface extérieure des jantes eſt creuſée en canal. Ce canal eſt couvert d'une rape de fer. On approche de cette rape les racines, en appuyant un peu deſſus, pendant qu'une autre perſonne tourne la rouë: ce qui produit l'effet d'une rape à tabac. Cette manœuvre avance beaucoup l'ouvrage, & expédie en peu de tems beaucoup de racines. On ne conſervoit pas le jus blanc qui découloit de ces racines, à meſure qu'on les rapoit. Ce jus ſe perdoit dans un petit foſſé, & s'écouloit ſur la terre. On fait enſuite ſécher ces racines, pour les réduire en farine & en faire la Caſſave. Elles ſervent auſſi aux Braſiliens pour la compoſition de leur breuvage. Cette opération eſt fort dégoûtante, ainſi que le breuvage même, pour ceux qui ſçavent la maniere dont il ſe fait. Ce ſont les femmes qui ſont chargées de ce ſoin, ſurtout les vieilles. Laët en donne le détail.

Les loix de chaque Pays font les mœurs de ceux qui les habitent: c'eſt pourquoi les mœurs des Nations ſont ſi différentes les unes des autres. Comme le climat y contribue auſſi beaucoup, telle loi bonne pour la Norvege ne le ſeroit pas pour la Guinée. Les connoiſſances acquiſes chez les Peuples que nous nommons *policés*, ont été auſſi la ſource

de

HISTORIQUE. 245

de beaucoup de loix qui ne sont pas connues chez ceux qu'il nous a plû de nommer *Sauvages*.

Chez les Brasiliens, avant le mariage, les filles se livrent non seulement d'elles-même, & sans honte, aux hommes libres, mais leurs parens les offrent au premier venu, & caressent beaucoup leurs amans: de sorte qu'il n'y en a peut-être pas une qui entre vierge dans l'état du mariage. Lorsqu'elles sont attachées par des promesses, seule formalité qui les lie, on cesse de les solliciter : elles cessent même de prêter l'oreille aux sollicitations d'infidélité.

L'unique éducation qu'ils donnent aux enfans regarde la Chasse, la Pêche & la Guerre. Ils vivent d'ailleurs paisiblement entre eux, & l'on y voit très-rarement des quérelles particulieres. Si quelques-uns se battent, on leur laisse une entiere liberté de se satisfaire; mais comme la peine du Talion y est rigoureusement & sans miséricorde observée, les parens font à celui qui a blessé, les mêmes blessures, & le tuent, s'il a tué son adversaire. Tout cela se fait du consentement même des parens des deux parties, & sans réclama-
tion.

tion. Cette Loi eſt vraiſemblablement la ſource de la haine implacable qu'ils conſervent contre leurs ennemis déclarés. Si cette regle étoit introduite parmi nous, verroit-on tant de quérelles vuidées par l'effuſion du ſang humain; on ne ſe battroit gueres que de la langue ou de la plume.

Mal à propos regarde-t-on les Braſiliens comme les hommes les plus cruels envers tous les autres; ils ne montrent de la cruauté qu'envers leurs ennemis connus. Et ſi l'on en excepte quelques uns, en petit nombre, de certaines Nations, dont la férocité approche un peu de celle des bêtes, peut-être pour avoir été trop longtems maltraités par leurs voiſins, les Braſiliens ſont très humains, ſurtout envers les Etrangers, qu'ils accueillent très-bien, & de la maniere dont Léry le rapporte: en voici le détail.

Si l'on doit aller plus d'une fois à la même habitation, ou Village, il faut aller loger chez le *Mouſſacat* ou pere de famille; parce que celui auquel on s'eſt adreſſé d'abord, s'offenſeroit beaucoup de ce qu'on le quittât pour aller la ſeconde fois chez un un autre. On doit loger constamment chez le même.

Dès que le Voyageur s'est présenté à la porte, le Moussacat, ou autre chez lequel on se trouve, vous presse de vous asseoir dans un *Hamach*, ou lit de coton suspendu en l'air, dans lequel on laisse le voyageur quelque tems, sans lui dire un mot. C'est pour avoir le tems d'assembler les femmes, qui viennent s'accroupir à terre autour du lit, les deux mains sur leurs yeux. L'attendrissement les saisit; elles laissent couler quelques larmes de joye, &, toujours en pleurant, elles adressent mille complimens flatteurs à leur hôte. „Que tu es bon! que tu es vaillant! que „nous t'avons d'obligation! que tu as pris „de peine à venir! que tu es beau! que „tu nous fais de plaisir d'être venu nous „voir!" & autres semblables. Si l'étranger veut donner bonne opinion de lui, il doit répondre par des marques d'attendrissement. Léry assure qu'il a vû des François vraiment attendris & pleurer, dit-il, *comme des veaux*. Mais il conseille à ceux qui n'ont pas le cœur si susceptible de cette impression, (c'est-à-dire, à la honte de nos Européens, qui se piquent cependant, mais avec si peu de raison, d'avoir plus d'humanité que les Brasiliens) de jetter, ou feindre de jetter quelques soupirs. N'est-ce pas nous reprocher en peu de mots, que nous n'avons que le masque de la politesse & de l'hospitalité; & que les Brasiliens en ont la réalité?

Après cette premiere salutation, le Moussacat, qui s'étoit retiré dans un coin de la cabane, affectant de faire une flêche, ou quelqu'autre ouvrage, comme s'il ne prenoit pas garde à ce qui se passe, s'approche du lit, demande à l'hôte comment il se porte, reçoit sa réponse, & l'interroge sur le sujet qui l'amene. On doit satisfaire à toutes ces questions, lorsque l'on sçait la langue. Alors, si l'on est arrivé à pié, il fait apporter de l'eau, dont ses femmes lavent les piés & les jambes du *Mair:* c'est le nom qu'ils donnent aux Européens. Ensuite il s'informe si l'on a besoin de boire ou de manger. Si l'on répond que l'on desire l'un & l'autre, il fait servir sur le champ tout ce qu'il a de venaison, de volaille, de poisson & d'autres mets avec les breuvages du pays.

Veut on passer la nuit dans le même lieu? Non seulement le Moussacat fait ten-

tendre un bel *Inis* (hamach) blanc; mais, quoiqu'il fasse toujours chaud au Bresil, il prend le prétexte de l'humidité de la nuit, pour faire allumer autour de l'Inis trois ou quatre petits feux, qui sont entretenus pendant le sommeil du *Mair*, avec une sorte de petit éventail, nommé *Tatapecoun*, qui ressemble beaucoup à nos écrans.

Le soir, dit Léry, qui l'avoit éprouvé lui-même, pour ne rien souffrir de nuisible au repos de l'hôte, on fait éloigner tous les enfans.

Enfin, se présentant au réveil, il vient vous demander si vous avez bien dormi, & des nouvelles de vôtre santé. Lors-même que vous répondez d'un air satisfait, il vous dira, „reposez-vous encore, „mon Enfant, vous en avez besoin; car „je vis bien hier au soir que vous étiez „fatigué." C'est l'usage parmi les Européens de leur faire dans ces occasions quelques présens; & l'on ne doit jamais marcher, sans avoir dequoi leur en faire. On se munit donc de quelques petites marchandises, telles que des couteaux, des ciseaux, des petites pincettes à tirer le poil, (ils sont dans l'usage, hommes & femmes, de s'arracher le poil de toutes les parties du corps, les sourcils seuls exceptés, des peignes, de petits miroirs, des bracelets, de petits grains & des boutons de verre, enfin des hameçons pour la pêche.

On pourroit peut-être douter de cette conduite des Brasiliens à l'égard des Etrangers; mais on en sera aisément convaincu, quand on sçaura que ces hommes, que nous traitons de barbares, à cause de leur cruauté envers leurs ennemis, ne sont Antropophages qu'à l'égard de leurs ennemis déclarés; qu'ils portent une grande affection à leurs amis, & à leurs alliés; & que, pour garantir ceux-ci du moindre déplaisir, ils se feroient hacher en pieces.

Ce n'est pas envers les étrangers seulement qu'ils sont tendres & affectueux. Dans leurs maladies, les Brasiliens se traittent mutuellement avec des attentions, & des égards si humains, que s'il est question d'une playe, le voisin se présente aussitôt pour sucer celle du malade, & tous les offices de l'amitié sont rendus avec le même zele.

La Religion n'a cependant point de part aux idées des Brasiliens. Ils ne connoîsnoissent aucune Divinité; ils n'adorent rien, & leur langue n'a pas même de terme qui exprime le nom ou l'idée d'un Dieu. Dans leurs fables on ne trouve rien qui aît du raport à leur origine, ou à la création du Monde. Ils ont seulement quelque histoire, qui semble rappeller l'idée d'un déluge d'eau qui fit périr tout le genre humain, à la réserve d'un frere & d'une sœur, qui repeuplerent la terre. Ils attachent quelques idées de puissance au Tonnerre, qu'ils nomment *Tupan*, puisqu'ils le craignent, & croyent tenir de lui la science de l'agriculture. Il ne leur tombe pas dans l'esprit que cette vie puisse être suivie d'une autre, & ils n'ont point de termes qui expriment le Paradis ni l'Enfer. Il semble cependant qu'ils pensent qu'il reste quelque chose d'eux après leur mort; car on leur entend dire que plusieurs d'entre eux ont été changés en *Génies* ou *Démons* qui se réjouissent, & s'amusent à danser dans des campagnes charmantes & plantées de toutes sortes d'arbres.

Les Indiens du Bresil aiment passionnément les chiens de race Européenne; & ils les élevent pour la chasse. Ceux du pays,

pays, quoique semblables aux nôtres, conservent toujours un caractere sauvage & carnacier. Un Portugais nous en avoit fait présent de deux, l'un élevé & déjà grand, l'autre encore si jeune qu'il marchoit à peine. On fut obligé de se défaire successivement de l'un & de l'autre; parce que l'on s'apperçut que, malgré les corrections, ils étoient acharnés aux brebis & aux poules. Mais Mr. le Gouverneur avoit donné à Mr. de Bougainville deux chiens de chasse, frere & sœur, n'ayant que quatre mois, & de la plus belle race Portugaise connue. Arrivés aux Iles Malouïnes, & les ayant menés à la chasse, ils arrêtoient naturellement, & sans avoir reçu aucune instruction. Mr. de Bougainville les a conduits en France, & en a fait présent à un Seigneur de la Cour.

Jeudi 15 Décembre.

Sur les quatre heures & demie du matin, le vent étant au Sud-Sud-Est petit frais, le tems brumeux, nous avons viré sur notre ancre, enbarqué notre petit canot & la pirogue, puis appareillé sur les six heures. Nous avons fait route entre l'Ile de Gal & la pointe de celle
de

HISTORIQUE.

de Ste Catherine. Il a fraîchi sur les neuf heures: le tems s'est engraissé, la pluye est tombée, & le tems s'est éclairci. A dix heures, nous avons relevé le milieu de l'Ile de Gal au N. N. O. & la pointe au Sud de l'Ile Ste. Catherine, que nous voyions au S. ¼ S. E. sur laquelle a été pris le point de départ, par la latitude ci-après, suivant la Carte Françoise & le Méridien de Paris.

Latitude du départ   27=23.
Longitude Mérid. de Paris 50=0.

Depuis ce tems il a fraîchi de plus en plus avec de la pluye: & à midi la route a valu depuis le relevement, l'Est 3 deg. Sud.

Latit. est. Sud   27=22.
Longit.   49=49.
Variation N. E.   11=0.

Grand frais ensuite de S. S. E. le tems gras & sombre avec pluye; ce qui nous a obligé de faire des ris dans nos huniers sur les trois heures, de serrer le perroquet de fougue. A sept heures du soir nous avons dégrayé nos perroquets; à dix heures serré nos huniers, & cargué la grande voile pendant le cours d'un grain très-vif.

16.

A deux heures, nous avons réappareillé, & mis les huniers dehors. Alors le vent a passé à l'Est; le calme a succédé, le beau tems est venu, & nous avons viré de bord, le Cap au Sud-Ouest & S. O. ¼ S. jusques à quatre heures du matin, que le vent est revenu au S. S. E. ce qui nous a fait revirer de bord. Le beau tems a continué avec bon frais, la mer très-grosse, & à midi la route a valu par estime l'E. ¼ N. E.

Latitude est. Sud	27 = 14.
Longitude est.	48 = 44.
Chemin estimé	23 li. ⅔.

Le vent a regné du S. E. à l'E. S. E. petit frais, beau tems, la mer fort houleuse. Nous avons tenu tribord amure jusques à quatre heures du soir, que les vents ont passé au Sud-Est.

Depuis ce tems bon frais, & la mer plus grosse qu'auparavant. Nous avons gouverné au plus près babord-amure jusqu'à midi du Samedi

17.

Que la route a valu par estime le S. S. O. 2 deg. Ouest.

La variation ortive a été N. E. 13 = 30.
Latit. est. Sud 27 = 43.
—— observée 27 = 47.
Longit. 49 = 0.
Chemin estim. 10 l. ⅔

Dans la soirée le vent a regné de l'Est-Sud-Est au Nord; & il a varié ensuite du N. à l'E. S. E. la plus grande partie du tems au N. E. & à l'E. N. E. bon frais, beau tems, mais la mer toujours grosse.

18.

Ce matin nous avons vû beaucoup de ces oiseaux que nos marins nommoient Dadins, & des *Quebranta-huessos* ou Moutons. Un de ces derniers s'étant trop approché du bord, on la tué d'un coup de fusil, & on l'a pêché.

On est persuadé, sur la mer du Sud, que le Quebranta-huessos ne se montre qu'un ou deux jours avant la tempête, ou un très-mauvais tems. Mais nous en avons vû une grande quantité dans les beaux tems, pendant que la mer est ce que les marins appellent *belle*, sans que la tempête soit venue. On le dit encore des *Alcyons*, que l'on nomme aussi *Puans*, soit qu'ils puent en effet, soit par la raison que l'on n'aime pas les voir, parce qu'on qu'on les regarde comme des oiseaux de mauvais augure. J'avoue que nous n'avons jamais vû des Alcyons sans qu'un gros tems ne soit survenu.

On voit les Quebranta-huessos s'abaisser & se soutenir à fleur d'eau, effleurer les lames, & en suivre tous les mouvemens, sans paroître remuer les aîles, qu'ils tiennent toujours développées & étendues, quand ils ne se reposent pas sur les lames. Ils voltigent autour & très-près des Navires.

Cet oiseau n'a pas le corps plus gros qu'un fort chapon; mais les plumes longues & serrées, dont il est couvert, le font paroître gros comme un coq-d'Inde. Son col est court & un peu courbé; sa tête grosse, & un bec si singulier que je l'ai peint. On le voit dans la Pl. VIII. fig. 3.

Ce bec est comme divisé en quatre ou cinq pieces. Il a la queue courte, le dos élevé, les jambes basses, les piés noirs & palmés, a trois doigts sur le devant, & un quatriéme très-court sur le derriere, les uns & les autres armés d'ongles noires, émoussées & peu longues.

Il y

Il y des Quebranta-hueſſos de pluſieurs eſpeces. Les uns ont le plumage blanchâtre, tacheté de brun obſcur, ou de roux, d'autres ont la poitrine, le deſſous des aîles, la partie inférieure du col, & toute la tête d'une grande blancheur; mais le dos, le deſſus des aîles & la partie ſupérieure du cou d'un rouge brun, moucheté de quelques marques d'un gris bleuâtre. Tel étoit celui que nous avons tué. Peut-être ne different-ils que par le ſexe, & non par l'eſpece. Ils ont tous les aîles fort longues. Celles de celui que nous avons tué, avoient ſept piés deux pouces depuis l'extrémité des plumes d'une aîle juſqu'au bout des plumes de l'autre. On les trouve à plus de 300 lieues éloignés de toute terre; & l'on ne ſçait pas quelles ſont les retraites d'où ils viennent, & où ils font leurs nids.

Nous avons enſuite continué la route du Sud juſqu'à midi, qu'elle a valu le S. $\frac{1}{4}$ S. O.

Variation ortive N. E.	11 = 10.
Latit. eſt. Sud	25 = 35.
— — obſ.	29 = 40.
Longit.	49 = 24.
Chem. eſt.	17 $\frac{1}{2}$.

Toujours vent de l'E. N. E. variable au N. N. E. grand frais, & beau-tems, mais la mer groſſe. Nous avons cependant fait route à bonnes voiles, & ce matin

19.

Nous avons continué notre route au S. ¼ S. O. juſqu'à midi qu'elle a valu par eſtime le S. S. O.

Variation ortive N. E.	12=0. N. E.
Lat. eſt. S.	32=0.
— obſervée	32=21.
Longit. corrigée	50=4.
Chemin corr.	58 li. ⅓.
— — eſtimé	50 li. ⅔.

Même Vent au N. N. E. bon frais juſques à huit heures du soir, qu'il a un peu calmé. Il a paſſé au N. N. O. grand frais, beau tems & la mer groſſe; le vent eſt tombé peu à peu.

20.

A minuit le calme a augmenté juſques à cinq heures. Alors le vent s'eſt élevé de l'E. S. E. bon frais, & la mer étant toujours groſſe, nous avons continué notre route du S. S. O. 5 deg. O. juſqu'à midi qu'elle a valu par eſtime le S. O. ¼ S. 5 deg. 30 min. Oueſt.

Variation ort. N. E.	12 = 0. N. E.
Latitude eſtim. Sud	33 = 36.
— — obſ.	33 = 54.
Longit.	52 = 11.
Chemin eſt.	361 ¾

Depuis hier midi le vent a regné de l'E. S. E. au Nord, avec beau tems, & la mer houleuſe juſqu'à minuit.

21.

Nous avons gouverné au S. S. O. 5 deg. O. juſqu'à ſix heures du ſoir, & depuis ce tems au S. O. ¼ S juſqu'à minuit. A huit heures du matin au S. O. ¼ O. & de là à midi à l'O. ¼ S. O.

Variation Ortive N. E. 15 degrés.

Suivant nos obſervations, les courans portent au Sud depuis la Ligne, lorsque le Soleil eſt dans la partie méridionale; c'eſt ce qui cauſe les différences de l'eſtime.

Ce matin, la couleur de l'eau de la mer nous ayant paru changée, nous avons pris le parti de jetter la ſonde, & nous avons trouvé fond à quinze braſſes. Ce haut fond pourroit bien être la queue du banc, qui eſt à la pointe Sainte Marie.

Air de vent eſtimé des 24 heures S. O. ¼ O. 1 deg. S.

Latitude eſt. Sud	34 = 51.
— — obſ.	35 = 0.
Longitude	53 = 53.
Chemin eſt.	37 l. ¼
— — corrigé	44 . ⅔
Variation occaſe N. E.	11 deg.

Le vent a regné du N. N. E. au N. grand frais, le tems ſombre & brumeux, la mer groſſe & ſa couleur changée. Ris dans les huniers à ſix heures du ſoir; ſondé enſuite & trouvé 15 braſſes, fond de ſable fin couleur de ſon. Ne pouvant voir la terre à cauſe de la brume, nous avons tenu le vent, en gouvernant au N. O. ſondé enſuite d'heure en heure. A huit trouvé 28 braſſes, & défait les ris; à dix heures à peu près même profondeur; alors nous avons viré de bord le cap à l'E. & ¼ N. E. juſqu'à trois heures du matin. Les courans continuent depuis Ste Catherine, à porter dans le S. S. O.

22.

Le cap mis à O. ¼ N. O. le vent étant au Nord juſques à midi que la route a valu par eſtime l'Oueſt 1 deg. 30 m. S.

Variation ortive N. E.	15 = 0.
Latitude eſt. Sud	34 = 48.
— — obſ.	35 = 2.
Longitude	55 = 20.
Chemin	24 li. ⅓

Sur les deux heures nous avons vû la terre assez clairement. Elle nous restoit sur le bossoir de bâbord. Gouverné aussitôt dessus, pour la bien reconnoître; les marées nous ont portés dans le S. S. E. de 14 à 15 minutes. C'est à quoi l'on doit faire attention en cherchant l'entrée de Rio de la Plata. Il convient de courir Nord.

Après nous en être approchés, nous avons jugé que c'étoit la pointe la plus à l'Est du Cap Sainte Marie. Voyant alors des terres plus au Sud, on a mis le cap au Sud-Ouest ¼ O. & à six heures nous avons reconnu l'Ile *Lobos* qui se présente comme dans la Pl. VI. fig. 1. & est ainsi nommée de ce qu'elle est uniquement habitée par les Loups marins, qui y fourmillent. Approchés de plus près, nous avons gouverné au Sud ¼ Sud-Ouest, pour la ranger en dehors à une lieue & demie, & éviter une batture de roches à l'Est de cette Ile. Cette batture s'allonge près d'une lieue dehors. Comme il faisoit obscur, nous n'avons pas apperçu l'entrée du canal, qui forme l'Ile & le port des Maldonades; & nous avons avancé près de deux lieues de trop dans

Rio de la Plata, ou la Riviere de la Plata, & y avons mouillé à huit heures du soir; le milieu de l'Ile Lobos à l'Est & E. ¼ S. E. la pointe du Cap Ste. Marie à l'E. ¼ S. E. la pointe du S. O. de l'Ile Maldonade à l'E. ¼ N. E. La pointe la plus au Sud Ouest, qui longe les hauteurs, a Ouest 3 degrés Nord. La pointe de la Terre la plus au Nord, au Nord-Ouest.

23.

Ce matin, notre canot a été à terre, pour donner avis de notre mouillage au Commandant du Fort de l'Ile Maldonade. Mr. de Bougainville y étoit avec Mr. de Nerville, de Belcourt. L'huillier & Alexandre Guyot notre second Capitaine. Ils ont demandé permission de faire eau & vivres, ce que le Commandant a accordé de la maniere la plus gracieuse. Il avertit même que notre mouillage n'étoit pas si bon que celui de l'entrée du canal qui conduit au Port: que le mouillage au Port n'est pas seur, & que nous ferions bien de quitter le nôtre: ce que nous nous proposons de faire, dès que le tems le permettra, & que le Commandant nous aura envoyé un Pilote Côtier.

Toute

HISTORIQUE. 263

Toute la Côte qui se montre à nos yeux présente des Dunes de sable basses, & il n'y paroît dans l'éloignement que quelques hauteurs, appellées les Montagnes des Maldonnades, éloignées de la côte de quelques lieuës. On n'y voit point d'arbres, mais beaucoup de troupeaux de très-gros bœufs & de chevaux. L'argent & les peaux de bœufs font aussi tout le commerce du pays de la Plata.

Venant de l'Est, pour entrer dans Rio de la Plata, l'Ile de Lobos se montre à O. S. O. du compas.

Dès le matin du 23, le calme s'est déclaré avec un très-beau tems, & une chaleur très vive. Une grande partie de de l'Equipage s'étant ris à pêcher à l'hameçon, à peine la ligne étoit-elle à la mer, qu'on la retiroit avec un poisson pris: Souvent autant de poissons qu'il y avoit d'hameçons à la ligne. Il n'y en avoit que de quatre ou cinq sortes. Les uns étoient ceux que les Espagnols nomment *Viagrios*, & nos Marins *Machoirans*. Les autres étoient des *Carandes* ou *Carangues* des *Roussettes*, des *Demoiselles* & des *Réquins*. Nous pêchames une Roussette, une Demoiselle & deux petits Réquins.

Le Machoiran a le ventre plat, & quelques barbes, comme le Barbillon; la tête grosse, la peau couverte de petites écailles brunes, & presqu'imperceptibles, à peu près comme celles de la Tanche; à la racine des nageoires, les plus près de la tête, est une arrête taillée en forme de scie, dont les dents sont inclinées du côté du corps. Cette arête est aussi longue que la nageoire, & a les mêmes mouvemens. Lorsque ce poisson veut se défendre des autres poissons ou du pêcheur, il dresse ces arrêtes, & les enfonce dans le corps des autres poissons, dans la main de celui qui le pêche, ou dans ce qui l'environne, même dans le bois, s'il le peut, & y demeure attaché. Cette piqueure est venimeuse. Aussi les pêcheurs se tiennent-ils sur leur garde, quand ils pêchent. J'ignore s'il y en a de plus gros que ceux que nous avons pris. Le plus fort avoit un pied & demi de longueur sur quatre pouces de large. Ce poisson est d'un excellent goût.

La Carangue est un poisson plat excellent. On a pêché une si grande quantité d'une espece de *Bar*, qu'après que tout l'équipage en a été fourni pour ce jour,

jour, & le lendemain, on a pris le parti de saler, & faire sécher le reste, de la façon dont on prépare la Morue sèche, ou Merluche, à Terre-Neuve. Le plus gros de ces Bars étoit de la grosseur & de la grandeur du Machoiran dont j'ai parlé. La Roussette & la Demoiselle sont des especes de Réquins ou Chiens de mer; ils leur ressemblent tellement qu'à la figure il est aisé de s'y méprendre: elles avoient environ deux piés & demi de longueur.

24.

Vers les trois heures du matin, il s'est élevé un grand vent du Sud, qui a obligé de mouiller une seconde ancre sous barbe, & de mettre la grosse au mouillage. A cinq heures, ayant un peu calmé, on a reviré l'ancre & remis au bossoir, afin de nous trouver en état d'appareiller pour *Montevideo*. A sept heures, le vent ayant augmenté, nous avons remouillé notre seconde ancre, par dix brasses, fond de sable fin vaseux. On a filé ensuite des deux cables, & l'on est resté une partie de la journée en cet état.

Dès le matin, sur la confiance du calme qu'il faisoit, Mr. de Bougainville est retourtourné au Fort des Maldonnades, avec ceux qui l'y avoient accompagné la veille; tant pour y voir le pays, que pour y prendre des rafraichiſſemens. Ils ſont revenus, heureuſement pour eux, entre ſix & ſept heures du ſoir. Nous venions de remettre l'ancre au boſſoir ſur l'apparence de calme. A peine y étoit-il, qu'il s'eſt élevé un orage des plus violens à l'horizon de la partie du Sud-Oueſt. On ne peut rien voir de plus beau que le ſpectacle que nous préſentoient les éclairs continuels, & ſans nombre, qui s'élançoient d'entre les Nuages, à meſure qu'ils montoient ſur l'horizon. Il étoit tout en feu, & le feu d'artifice le mieux compoſé, le mieux nourri & le plus varié, n'a rien de comparable à ce que le Ciel nous a préſenté pendant une heure. Nous ne ſoupçonnions pas alors que nous en verrions dans peu un autre bien moins ſatisfaiſant. Mais notre Capitaine, qui en connoiſſoit mieux le danger & les ſuites, s'occupoit pendant ce tems-là à nous en mettre à couvert. Il fit haler toutes les vergues au vent, & les amena, ainſi que les mâts de hune & les perroquets, toutes voiles carguées & pliées.

Nous

Nous comptions que l'orage paſſeroit à côté de nous: il paroiſſoit en effet en prendre le chemin; mais en un inſtant le vent le plus impétueux nous aſſaillit; les éclairs & le tonnerre nous gagnerent, & on eut toute la peine du monde à dégrayer le mâts de petit perroquet. Toutes ces précautions priſes, nous avons reſté ſur nos deux cables à lutter toute la nuit contre l'impétuoſité de ce vent & les mugiſſemens d'une mer extrémement groſſe & irritée, qui nous mangeoit.

Dans le pays on nomme ce vent *Pampéros*, parce qu'il vient des plaines des Pampas, au delà de Buenos-Ayres. Ces plaines s'étendent juſques aux Cordillieres, qui les ſéparent du Chili. Elles ont trois-cents lieues au moins, ſans aucun bois, ni hauteur, qui puiſſe briſer la fureur de ce vent. Il enfle la Rivivre de la Plata, dont il éleve les vagues comme des montagnes, & fait périr ſouvent les navires qui s'y trouvent, en les faiſant échouer ſur la côte voiſine oppoſée au vent. Le mouillage où nous étions, eſt des plus mauvais, par la proximité de l'Ile de Maldonnat, & des côtes qui l'environnent, toutes bordées de roches &
d'é-

d'écueils. Un Navire Anglois, chargé de piastres, ou pieces de huit, s'y perdit il y a trente ans. Les habitans de l'Ile voisine de l'endroit où il se brisa, cherchent encore aujourd'hui à sauver une partie de cette Cargaison. Ils en avoient pêché, avec la drague, deux mille quatre cents, la veille de notre arrivée.

Le vent Pampéros est beaucoup plus fréquent en hiver qu'en été, & soufle toujours avec violence, ce qui rend en tout tems Rio de la Plata un lieu de relâche très dangereux. Il n'est bon que pour le commerce des piastres, & des bœufs, dont les plus gros s'y vendent cinq pieces de huit, ou vingt-cinq livres de notre monnoye. Pour l'ordinaire, leur prix est de trois piastres, ou quinze livres. Il est très difficile d'y faire du bois; tant parce qu'il y est extrêmement rare, que parce que le peu que s'y trouve est le long des rivieres, seuls endroits où se retirent les tigres, les léopards & les autres bêtes féroces, qui y sont en grand nombre, beaucoup plus cruels & plus gros que ceux d'Afrique & des Indes Orientales. On trouve depuis Maldonnat

nat & Montevideo jusques à Buenos-Ayres, des figues & des pêches.

25. *Jour de Noel.*

L'impétuosité du Pampéros s'est soutenue toute la nuit avec la même fureur; & la mer est terrible. Cependant, malgré le roulis & le tangage continuels qui sembloient conjurés pour nous tourmenter, je dormois assez profondément, lorsque j'ai été réveillé par une secousse affreuse qu'a reçu le Navire, & qui la fait craquer dans toutes ses parties, comme s'il se brisoit sur des rochers. Il étoit près de cinq heures du matin. Je saute de mon lit, j'ouvre ma fenêtre & je demande au Timonnier si nous avons touché à quelques roches. Non, me dit-il, nous n'y sommes pas encore, mais nous chassons & nous y allons grand train. Le cable de notre seconde ancre mouillée a manqué; l'autre est dérapée. C'est la cause de la secousse violente que nous venons de sentir. Notre ressource est dans notre grande ancre que l'on vient de laisser tomber.

Je m'habille, je vais sur le gaillard, & je vois en effet que nous avions tellement chassé, que la Côte, sur laquelle
le

le vent & les vagues nous pouſſoient, ne me parut pas éloignée d'une demi-lieue. Lorſqu'un peu plus de la moitié du cable de la grande ancre a été dehors, on a amené la vergue de Miſéne, celle du petit mât de hune, talingué notre quatrieme ancre, avec l'ancre à jet en charrue de Chien, & la grande ancre ayant heureuſement tenu, nous ſommes demeurés dans ces diſpoſitions, juſques à ſix heures du ſoir que le vent & la mer ont commencé à calmer.

Hier au ſoir, en faiſant la manœuvre, une poulie caſſa. Un des éclats fut frapper au front d'un Matelot, qui perdit connoiſſance un moment après. Les Chirurgiens penſent que le coup n'a qu'effleuré, fondés ſur ce qu'il en eſt ſorti peu de ſang, & qu'il n'y paroît preſque qu'une meurtriſſure. Actuellement il eſt aſſez tranquille, & ne ſe plaint que d'un grand mal de tête, que l'on regarde comme l'effet de la commotion. On l'a ſaigné deux fois, & l'on a pour lui toutes les attentions poſſibles. On lui a même fait un lit dans la chambre.

Pendant la tempête, la mer a été agitée juſques dans ſon fond: deux ou trois heures après que la tourmente eût com-

commencé, la mer se creusoit de manière qu'on auroit dit que nous allions toucher le fond, & les lames étoient si courtes qu'elles ne nous laissoient pas le tems de respirer. J'ai vû plus d'une fois, le bout de la vergue du grand mât, à la vérité amenée très bas, plonger trois piés ou environ dans la lame, dont souvent une partie tomboit sur le pont. Notre position devenoit encore plus dangereuse par la proximité de la Côte. Nos Officiers Marins, tous gens habiles, qui avoient commandé des Navires, & des Corsaires, sentoient si bien le péril qui nous menaçoit, que la plûpart pensoient déjà aux moyens de se sauver du naufrage. Le danger leur parut même si pressant, que l'on avoit déja disposé les canons en chapelet, pour suppléer aux ancres en cas que les cables vinssent à casser. La mer a dressé beaucoup dès que le vent a calmé. Alors nous avons viré sur notre grand cable, abbraqué la moitié de l'autre, & mis notre grande ancre au bossoir; ce qui a été fini à minuit.

Lundi 26.

La nuit a été belle, & le vent ayant passé au Nord, petit frais, sur les quatre

tre heures nous avons pris à revirer notre mât de hune, notre Miséne, ensuite l'ancre, le perroquet de fougue, & appareillé sur les sept heures. On a guindé le grand mât de hune, & la grande vergue; le vent étant au Nord-Ouest, d'où il a passé à Ouest-Nord-Ouest. Après quoi nous avons tout de suite fait route de l'Ouest & O. S. O. jusques à six heures du soir, que nous avons relevé la pointe la plus au Sud des Mornes des Maldonnates au N. ¼ N. O. & N. N. O. distance d'environ trois lieues & demie, & celle la plus au Sud-Ouest au N. O. & N. O. ¼ N. distance d'environ cinq lieues. Nous estimions alors avoir fait depuis midi, à Ouest-Sud-Ouest, cinq dégrés Ouest dix lieues. On a fait ensuite route de l'Ouest jusques à huit heures, que l'on a viré à courir à terre, le cap au Nord-Est & Nord-Est ¼ Est jusques à onze heures du Soir: pour lors reviré le cap à O. ¼ N. O. & O. N. O. jusques à quatre heures du matin.

Mardi 27.

Nous voyant trop loin de terre, on a reviré le cap à O. ¼ S. O. le vent étant au N. N. O.

Au lever du Soleil on a obſervé quinze degrés de variation Nord-Eſt. La Terre la plus près nous reſtoit au N. N. E. diſtante d'environ quatre lieuës: la Terre la plus au Sud-Oueſt au N. O. cinq degrés Nord. On a ſondé toute la nuit d'heure en heure, & même plus ſouvent, & l'on a trouvé tantôt douze, tantôt treize braſſes, fond de vaſe. Ceux qui tiendront la même route, feront bien de ſonder le plus ſouvent qu'ils pourront, s'ils vont à Monte-video ou à Buenos-Ayres pour la premiere fois. La Riviere de la Plata eſt très-dangereuſe par la quantité & l'étendue de ſes bancs de ſable, qui ne laiſſent qu'un canal de peu de largeur pour le paſſage des Navires; & ce canal eſt tortueux. Le banc, dit des Anglois, s'avance à près de cinq lieuës de la côte; & les îles que l'on trouve ſur la route, forment des baſſes, très-avancées.

De quatre à ſix heures du matin, on a gouverné au Nord-Nord-Eſt, cinq dégrés Eſt, de ſix à huit gouverné à l'Oueſt cinq degrés Sud; ſondé, neuf braſſes, même fond que ci-devant. A midi, la pointe du Sud-Eſt des Maldonnates au N. E. ¼ E. l'île de *Flore* au N. O. *Monte-video* à Oueſt ¼ Nord Oueſt

Ouest 3 degrés Ouest; l'île *Soli* au N. O. 5 degrés N.

Toute cette côte est basse, à la réserve de ce que l'on appelle les Montagnes des Maldonnates, qui sont de moyenne hauteur & un peu éloignées.

Le vent a regné au N. petit frais jusques à deux heures, qu'il a passé au N. E. & au N. N. E. à six heures presque calme. Le vent s'étant ensuite un peu élevé & ayant passé au N. O. on a viré de bord jusques à huit heures. Voyant alors que nous n'avancions pas, nous avons moüillé par huit brasses & demi, fond de vase; Monte-video étant alors pour nous au N. O. ¼ O. du compas, environ à trois bonnes lieuës.

Toute la nuit, le vent a été du N. N. O. au N. O. petit frais, beau tems. Appareillé à quatre heures du matin le

28.

Couru une bordée sur l'île de Flore, jusques à environ une lieuë & demie de cette île, & à deux lieuës de la côte. Il ne faut ranger de près ni l'une ni l'autre, à cause des battures de roches, qui s'allongent près d'une lieuë au large.

On

HISTORIQUE. 275

On a enfuite reviré de bord pour courir fur l'Ouest, le vent au N. N. O. à neuf heures, le calme étant prefque plat, nous avons mouillé par neuf braffes, fond de vafe. Le Monte-video nous reftoit à O. N. O. compas, diftant d'environ deux grandes lieuës. Une demi-heure après, nous avons expédié Monfieur Alexandre Guyot dans notre Canot, pour donner avis de notre arrivée au Gouverneur de Monte-video.

A une heure après midi, il a fraîchi de l'O. N. O. enfuite de l'O. Ces vents ont paffé en calmiole toute l'après-midi, jufques au N. E. paffant par le S. Nous avons levé notre ancre, appareillé, & fait route fur le Mont.

Etant prêts de mettre dans la Baye fur les quatre heures & demie, le Capitaine d'un Navire Efpagnol, nommé la Ste. Barbe, eft venu à notre bord, de la part du Gouverneur, pour nous faire offre de fervice, & nous piloter. Sur les cinq heures, nous avons mouillé dans la Rade, plus en dedans que le Navire Efpagnol, & à trois braffes, fond de vafe; après quoi nous avons falué la Citadelle de douze coups de canon, qui nous ont été rendus coup pour coup.

Marques du moüillage.

Le Mont à Oueſt ¼ Nord-Oueſt 5. Nord. Le clocher de l'Egliſe la plus haute à l'E. S. E. La pointe du moulin, autrement la pointe du dehors, au S. E. ¼ S. L'Ile aux François qui eſt au fond de la Baye, & ſur laquelle il y a une maiſon, au N. O. du compas.

Dans les premiers jours de notre relâche, on n'a été occupé que des arrangemens à prendre avec le Gouverneur de *Monte-video*, pour ce que nous avions à y faire pendant notre ſéjour. Il parut d'abord trouver beaucoup de difficultés, tant à nous permettre la pêche le long de la côte, qu'à y laiſſer aborder notre chaloupe & notre canot. Il exigeoit qu'au préalable on lui donnât avis toutes les fois que l'on voudroit les envoyer à terre, afin qu'il mît des Gardes dans l'endroit où ils aborderoient, pour y reſter juſqu'au retour du canot, ou de la chaloupe, & empêcher que nous n'y fiſſions quelque commerce que ce fût.

N'imaginant pas trouver ces difficultés, dès le ſurlendemain de notre moüillage on avoit expédié notre petit canot pour pêcher au bas du Mont. Le Gouververneur qui en fut averti, donna ordre à deux Dragons de la Garnison de s'y transporter & de saisir hommes, canot & marchandises, si l'on en avoit débarqué. Mrs. de Bougainville, de Nerville, Guyot & moi, arrivâmes au Gouvernement un instant après cet ordre donné, dont le Gouverneur fit part à Mr. de Bougainville. Le Gouverneur, qui craignoit sans doute de ne pas bien s'exprimer en françois, parloit en langue espagnole, & avoit pour interprête un Provençal établi dans la Ville depuis une quinzaine d'années. Ce Provençal nous rendit les intentions du Gouverneur, de maniere à nous faire entendre qu'il n'étoit pas disposé à nous rendre tous les services qu'il nous avoit offerts, & que nous avions lieu d'espérer de lui. Ce n'étoit cependant pas sa façon de penser; & il nous prouva des sentimens bien contraire dans la suite de la conférence.

Cet ordre qui sembloit confirmer l'interprétation du Provençal, ne fit point du tout plaisir à Mr. de Bougainville, qui en témoigna son ressentiment à Mr. le Gouverneur à peu près en ces termes: Il est bien surprenant, Monsieur, & en

même tems très disgracieux pour nous, de trouver chez les Espagnols, nos amis, des difficultés que nous n'avons pas éprouvées chez les Portugais avec lesquels nous étions en guerre, il n'y a que deux jours. Je m'en vai mettre à la voile, & j'en donnerai avis au Roi mon Maître. Le Gouverneur répondit que son intention n'étoit pas de nous désobliger, mais au contraire de nous rendre tous les services qui dépendroient de lui; qu'il n'étoit pas le maître: que les Loix & les ordres de sa Cour étoient de ne laisser faire aucun commerce aux Navires qui n'étoient pas Espagnols, ou authorisés de sa Cour pour cela, & même aux Espagnols qui viendroient faire le commerce pour le compte des autres Nations; qu'une Frégate de la Compagnie des Indes, ayant mouillé trois ans auparavant dans le même port, n'avoit fait aucune difficulté de se soumettre à ce qu'il venoit de proposer. Il y a une grande différence, répliqua Mr. de Bougainville, entre une Frégate marchande & une Frégate de guerre du Roi. Nous n'avons aucunes marchandises à commercer; & nous ne sommes venus que pour prendre des ra-
fraî-

fraîchiſſemens, attendre la Fregate le Sphinx, dont nous nous fommes féparés, & à laquelle nous avons donné rendez-vous dans Rio de la Plata. — Dès que vous me répondez que l'on ne débarquera pas de marchandiſes; vous êtes maître de venir à terre & d'y envoyer toutes les fois que vous voudrez. Mais l'uſage établi ſur les loix, étant d'envoyer un Soldat ou Garde partout où les canots mettent à terre, ne trouvez pas mauvais, je vous prie, que je m'y conforme: c'eſt pour votre tranquillité & pour la mienne; car je ne veux pas que ma Cour aît rien à me reprocher. D'ailleurs vous pouvez compter ſur moi pour tout ce qui vous fera plaiſir; car, indépendamment des ordres que j'ai de traiter les François avec les mêmes égards que les Eſpagnols, j'y ſuis porté d'inclination. Ainſi de part & d'autre on adoucit le ton: les Dragons eurent ordre de ſe préſenter au canot & l'exécuterent.

Mr. le Gouverneur pria enſuite Mr. de Bougainville de lui permettre de prendre copie des ordres que le Roi de France lui avoit donnés pour le Commandement de nos deux Frégates; parce qu'il étoit
obli-

obligé de l'envoyer à la Cour d'Espagne, avec le procès-verbal de notre mouillage. Mr. de Bougainville l'accorda très-volontiers : le reste de la conférence se tint sur le ton de bienveillance, & l'on se quitta bons amis.

Le Gouverneur avoit plus d'une raison d'agir ainsi : il nous en dit quelques unes ; les autres ne furent pas difficiles à deviner. Don Joseph-Joachim de Viana (c'est le nom de ce Gouverneur) âgé actuellement, en 1763, d'environ quarante huit ans, Chevalier de Calatrave, Brigadier des Armées de Sa Majesté Catholique, fut chargé par le Roi d'Espagne, du commandement des troupes envoyées au Paraguay contre les Indiens, qui à l'instigation, dit-on, des Peres Jésuites, dominans dans le Pays, s'étoient révoltés, & refusoient de se soumettre aux arrangemens pris par les Cours d'Espagne & de Portugal, pour fixer les limites de leurs possessions respectives. Don de Viana réussit très-bien, & toutes ses opérations eurent un heureux succès, malgré les obstacles de toutes especes que lui opposerent les Jésuites. Ce n'étoit pas le moyen d'acquérir leur

leur bienveillance: il sçavoit qu'il ne les avoit pas pour amis.

Ils ont à Monte-video un Hospice, où ils ne sont que deux Prêtres & un Frere Lai, qui, ainsi que leurs affidés, ont toujours les yeux ouverts, pour épier ce qui se passe, & éclairer la conduite du Gouverneur de cette ville. Celui de Buenos-ayres, qui est Gouverneur général du Paraguay, favorise en tout les Peres Jésuites, & ne se fait pas de scrupule d'être leur esclave, pour servir d'instrument à leur vengeance. Informés de la mésintelligence qu'ils ont peut-être suscitée entre ces deux Gouverneurs, ces Peres ne manqueroient pas d'informer celui de Buenos-ayres des démarches répréhensibles de Don de Viana, s'il étoit capable d'en faire: il en est très-persuadé. Homme estimable par toutes sortes d'endroits; homme d'esprit, plein de connoissances dans l'art militaire; rempli de probité; n'ayant rien de la hauteur que l'on reproche quelquefois aux Espagnols, il s'est acquis l'estime & la considération de tous ceux qui le connoissent. Il n'y a qu'une voix sur son compte, à laquelle les Jésuites mêmes applaudissent, au moins en public.

Ces Peres sont plus de soixante dans leur Maison de Buenos-ayres, que l'on assure très-belle. L'hospice de Montevideo n'est qu'une petite Maison, sans apparence, distinguée de celles des autres Habitans, par une petite cloche, placée dans une arcade de trois pieds ou environ de hauteur, élevée sur un des bouts du comble de la Maison. Je n'en ai pas vû l'intérieur, quoique ces Peres m'ayent fait solliciter deux ou trois fois d'aller les voir. Le Provençal, dont j'ai parlé, m'en fit la premiere proposition chez Mr. le Gouverneur, & j'y donnai les mains; je promis d'y aller le lendemain, ou quelques jours après. Un Officier Espagnol qui étoit présent, en avertit Mr. de Bougainville, & lui représenta qu'il ne convenoit pas que des François allassent voir les Jésuites, après ce qui étoit arrivé depuis peu à Buenos-ayrès. Il raconta le fait à Mr. de Bougainville, & m'ayant ensuite pris à part: Vous êtes bon François, me dit-il, & vous venez de promettre d'aller voir les Peres Jésuites! Vous n'y irez pas, ou vous re-

renoncerez au nom François. Depuis environ six se[ma]ines, un Jesuite prêchant à Buenos-ayres, moi présent, s'est répandu en invectives contre le Roy de France, (*) contre celui de Portugal, la République de Genes & les autres Puissances qui ont *malmené* la Société: après un trait semblable, irez-vous voir les Jésuites? Vous ne feriez pas plaisir à Mr. le Gouverneur. Cette derniere phrase me fit soupçonner quelque partialité dans le discours de l'Officier: je suspendis mon jugement. En sortant de chez le Gouverneur, Mr. de Bougainville me raconta la chose d'après le même Officier; je lui promis de ne pas aller aux Jésuites, & j'ai tenu parole.

Deux jours après j'eus occasion d'éclaircir la vérité. Je m'en informai de deux Officiers Espagnols, qui parloient bien la langue françoise, & qui devoient s'embarquer sur la Frégate la Ste Barbe, pour retourner en Espagne. L'un étoit Colonel, l'autre Capitaine. Celui-ci se nommoit *Simoneti*. Ils me confirmerent le fait

---

(*) Les invectives qu'il dit du Roi de France en particulier sont si indécentes qu'il vaut mieux les taire que de les rapporter.

fait successivement, & ajouterent, que comme le Gouverneur général protege absolument les Jésuites, il n'a tenu aucun compte de ce Sermon téméraire & impertinent; mais que des personnes de distinction, de probité reconnue & titrées, en ont fait dresser un procès verbal, qu'elles ont envoyé à la Cour d'Espagne: qu'eux-mêmes Officiers étoient chargés d'en porter un double à la même Cour. (*)

Deux

(*) Ces deux Officiers sont partis de Monte-video le même jour que nous. La Frégate sur laquelle ils sont, est commandée par Don Pedre de Flores, & chargée de 15 à 1800000 piastres, de quarante & tant de mille cuirs de Taureaux & de beaucoup d'autres Marchandises. Elle étoit partie de Cadix en 1755 pour la Guinée, armée pour le compte des Anglois, & devoit transporter des Négres à Buenos-ayres; mais n'ayant pas trouvé au Cap verd le Navire Anglois, qui devoit les lui fournir, Don Pedre de Flores continua sa route & se rendit à Rio de la Plata. Il y étoit resté depuis ce tems-là, ou à Monte-video, pour ne pas courir les risques d'être pris par les Anglois pendant la guerre dernière, étant chargé pour l'Espagne. Sur les observations qu'il avoit recueillies pour faire la Carte de cette riviere, & sur nos propres observations a été redigée la Carte qui forme la Planche V.

Deux ou trois jours après cette conversation, je fus voir un Ecclésiastique, Aumônier d'une Frégate Espagnole moüillée dans le Port de Buenos-ayres depuis cinq mois; je le sçavois très porté pour les Jésuites. On disoit même assez hautement qu'il étoit envoyé d'eux à Montevideo, pour acheter tout ce qu'il pourroit des pacotilles qui se trouveroient sur notre Frégate. Il fit en effet emplette de tout ce qu'on voulut lui vendre.

Après le premier salut, il me demanda pourquoi je n'avois pas été voir les Peres Jésuites, qui m'en avoient fait prier & à qui je l'avois promis. Il est vrai, je l'avois promis, lui dis-je; mais on m'a assuré qu'un de ces Peres a, depuis peu, très-mal parlé du Roy de France mon Maître, dans un Sermon qu'il a prêché à Buenos-ayres; & si ce fait est vrai, il ne convient pas à un bon François comme moi, d'aller voir les confreres d'un Prédicateur téméraire. Vous étiez sans doute à ce Sermon, ajoutai-je; j'y étois; il est vrai que ce Pere ménagea peu ses termes. — Que dit-il donc en particulier du Roi de France? — Qu'il est un tyran, un persécuteur de l'Eglise & plusieurs

sieurs autres choses Mais il faut leur pardonner: c'est l'effet du ressentiment qu'ont ces Peres de leur expulsion de France.

A peine eût-il fini que deux des trois Jésuites de Monte-video entrerent dans la chambre où nous étions l'Abbé, Mr. Mauclair notre chirurgier, & moi. Après nous avoir salués, un des deux Jésuites m'adressa la parole, disant qu'il étoit charmé de me voir; que sur ce que Joseph (c'est le nom du Provençal dont j'ai parlé) lui avoit dit, lui & ses confreres m'avoient attendu deux jours. Il me demanda ensuite pourquoi je n'avois pas tenu ma promesse: j'en ai dit la raison à Mr. l'Abbé, lui répondis-je, & il pourra vous la dire. — oh! je n'en suis pas surpris; je sçai que les Bénédictins ne pensent pas bien, & qu'ils ne sont pas de nos amis. — Vous vous trompez, lui dis-je; s'ils ne pensoient pas bien, ils seroient de vos amis. Ma réponse ne fut pas de son goût; il n'ajouta pas un mot; nous fit la révérence, & se retira avec son Compagnon.

Same-

Samedi 31.

Entre les quatre & cinq heures du soir, nous avons eu connoissance d'un Navire. On a d'abord jugé, à la route qu'il faisoit, qu'il alloit à Buenos Ayres. Mais, comme nous attendions de jour à autre la corvette le Sphinx, à laquelle le rendez-vous étoit donné à Rio de la Plata, plusieurs ont soutenu que c'étoit elle. A mesure qu'il s'est avancé, on l'a observé de plus en plus, & l'on s'est confirmé dans cette idée au point de croire en être assuré. Malgré l'incertitude, Mr. de Bougainville a expédié la chaloupe avec les Srs. Donat & le Roi Lieutenans pour la piloter. On est convenu avec eux des signaux; on leur a donné des fusées & de la poudre pour les exécuter, & ils sont partis sur les sept heures. La nuit est devenue noire, les vents contraires, la Mer un peu grosse, de maniere que n'ayant pas apperçu leurs signaux, ils nous ont jettés dans de grandes inquiétudes. Le Sphinx nous avoit reconnu aux signaux convenus, & pour ne pas nous perdre de vûe, il ne faisoit que louvoyer, & faire des bordées, ce qui, joint à l'obscurité, empêchoit notre chaloupe de l'aborder. Elle y pary parvint à minuit. Alors le Sphinx mouilla; & ayant appareillé le lendemain

1 Janvier 1764.

Nous l'avons vu moüiller auprès de nous, sur les neuf heures du matin. On peut juger de la joye que sa présence nous a causé, après deux mois & plus de séparation. On avoit prévenu Mr. de la Giraudais de l'erreur des Cartes sur le gissement des côtes du Bresil; mais quoique nous fussions sur nos gardes, peu s'en étoit fallu que nous n'eussions échoué sur le banc qui n'est pas marqué sur les Cartes Françoises. Ce banc se trouvoit sur sa route, comme il s'étoit rencontré sur la nôtre: les Abrolhos n'ont pas aussi sur les Cartes toute l'étendue qu'elles ont en effet; tout cela nous fournissoit de grands motifs d'être inquiets du retard de son arrivée, surtout après le séjour que nous avions fait à l'Ile Sainte Catherine.

Sitôt que le Sphinx eût moüillé, Mr. de la Giraudais vint à notre bord dans notre Chaloupe, & nous dit, qu'il avoit été contraint de relacher à *Togny*, sur la Côte du Bresil, parce que, malgré la défiance qu'ils avoient eu des Cartes, ils avoient touché aux Abrolhos dans le tems qu'ils qu'ils penſoient en être encore éloignés au moins de trente lieues. Ils ſe trouverent deſſus au milieu de la nuit, heureuſement dans un tems calme, & la roche ſur laquelle ils touchèrent, étoit de pierre pourrie.

Le Sphinx s'étant arrêté ſur cette roche, pour éviter les ſuites malheureuſes du naufrage, ils monterent à la hâte le batteau de pêche qu'ils avoient, mirent à la mer la chaloupe & le canot; & après avoir bien viſité le Navire, ils revinrent un peu de leur inquiétude, lorſqu'ils virent qu'il n'étoit pas endommagé.

Autre embarras. Il falloit tirer le Sphinx de deſſus cette roche: dès que le jour parut, ils ſe virent environnés de ſemblables écueils; & à un demi-quart de lieue un Navire ſans mât, & ſur le côté. Jugeant alors qu'étant ſur les Abrolhos, ils n'étoient pas beaucoup éloignés de terre, Mr. de la Giraudais expédia le batteau vers la côte, pour avoir du ſecours. Ils rencontrerent pluſieurs pirogues de pêcheurs Negres & Indiens. On leur parla la langue Portugaiſe, & ſix d'entre eux conſentirent d'aller à bord du Sphinx, où on les traitta bien. Ils promirent tous les ſecours qui étoient en leur pouvoir.

T   On

On en garda deux, & l'on renvoya les quatre autres dans le bateau, pour chercher leurs camarades de la Côte. Le lendemain ils revinrent accompagnés d'un nombre de pirogues. Avec leur secours on vint à bout de dégager le Sphinx de dessus la roche, après qu'elle s'y fut reposée trois jours de ses fatigues. Mr. de la Giraudais en fut quitte pour le bateau de pêche, qui se perdit. Ces Negres le piloterent jusqu'à *Togny*, où, pendant six jours, les habitans le traiterent & son équipage avec toute l'humanité possible, & comme s'ils avoient été du pays-même: ces habitans sont cependant presque tous Negres ou Bresiliens.

Après cette entrevûe, nous avons été à Monte-video faire au Gouverneur notre compliment sur la nouvelle année, ne sachant pas que cette cérémonie est renvoyée, dans ce pays-là, au sixieme du mois, jour de l'Epiphanie. Il étoit occupé à tenir l'assemblée pour la nomination des Officiers de la Justice. Ayant appris qu'après cette nomination, il devoit aller, avec tout le cortege, à l'Eglise paroissiale, qu'ils nomment *la Cathédrale*, nous nous y sommes rendus, & nous l'avons attendu

une

une bonne heure, debout, à l'ombre d'une maison, en causant avec une dixaine d'Officiers de la Garnison. A midi & demi il a paru au milieu des nouveaux Officiers de la Justice, ayant tous de grandes baguettes blanches à la main, dont ils se servoient comme de bâtons, pour s'appuyer en marchant. Il a traversé la place qui est vaste, au milieu de ces Officiers, rangés sur une même ligne, ayant leur grand manteau noir & leur Rotin; comme l'Oidor de l'Ile Ste. Catherine. Nous sommes entrés dans l'Eglise après eux. Le Curé, que l'on nomme le *Signor Vicari*, a dit la messe; à la fin de laquelle nous avons salué le Gouverneur, qui nous a invité à dîner chez lui. Comme nous lui avions donné parole pour le dîner prié du lendemain, Mr. de Bougainville n'a pas accepté ses offres gracieuses, & s'est rendu à bord avec Mr. de Nerville.

Pour moi je restai, comptant bien dîner chez le Signor Vicaire; Mr. Ducios notre Capitaine m'ayant dit la veille, que je ferois un vrai plaisir à ce Curé, & qu'ils en avoient parlé. Après avoir salué le Gouverneur, je fus joindre le Vicaire à la Sacristie, & je ne lui parlai pas du dîner. Nous sortimes de l'Eglise avec les deux Officiers Espagnols qui doivent s'embarquer sur la Ste. Barbe; nous l'accompagnames un bout de chemin, sans aucune invitation à dîner chez lui; & je n'eus garde de m'inviter moi-même. Lorsque nous nous séparames: où dinez-vous? me dit le Capitaine. Je n'en sçai rien, lui dis-je. Je comptois manger la soupe chez le Signor Vicaire; mais, puisqu'il ne m'en a dit mot, je chercherai fortune ailleurs. Il faut, repliqua-t-il, aller avec Mr. le Colonel, dîner chez Mr. le Gouverneur. Comme je faisois beaucoup de difficultés, n'étant pas assez connu pour me présenter ainsi: Vous avez beau dire, vous y viendrez, me dit le Colonel, en me prenant par la main; je sçai que Mr. le Gouverneur m'en sçaura gré; & je suis assuré qu'il vous en voudroit de m'avoir refusé. J'acquiesçai donc & j'y reçus en effet toutes sortes de démonstrations de politesses & de bienveillance de la part du Gouverneur & de son Epouse. Il parle le François assez bien pour se faire entendre; son Epouse l'entend, sans sçavoir ou plûtôt sans oser le parler. Mais son Mari & le Colonel lui servoient d'Interprete. Elle est Biscayenne, de grande taille,

taille, bien faite, brune, mais ayant les traits trop mâles, d'ailleurs beaucoup d'esprit & de vivacité, âgée de trente quatre à trente cinq ans.

2 Janvier.

Dès les onze heures du lendemain lundi, Mr. de Bougainville, Mrs. de Nerville, de Belcourt, L'huillier, les deux Duclos freres, premier & second Capitaine, Donat premier Lieutenant, de St. Simon, Canadien, Lieutenant d'Infanterie, de la Gyraudais, Capitaine du Sphinx & moi, nous sommes rendus chez le Gouverneur, où l'on nous a servi un dîner aussi splendide que le pays le permet; mais les mets y étoient apprêtés suivant l'usage, c'est-à-dire, la plûpart avec de la graisse de bœuf rafinée, qui leur tient lieu de beurre & d'huile; & assaisonné de tant de piment, & de carthame que les viandes en sont toutes couvertes. On avoit cependant eu soin de ne pas mettre de ces épices sur tous les mets: aussi plusieurs ne mangerent que de ces derniers. Les vins d'Espagne & du Chili furent les seuls présentés; les plats & les assiettes étoient d'argent, il y en avoit aussi de porcelaine. Une nappe très-courte couvroit la table, & les serviettes étoient un peu plus petites que des mouchoirs médiocres, frangées naturellement, ou pour parler plus correctement, effilées par les deux bouts. On y servoit plat à plat. Lorsque l'on demandoit à boire, il falloit dire si l'on vouloit de l'eau ou du vin, ou les deux ensemble; parce que les Espagnols ne boivent ordinairement que de l'eau pendant le repas, à la fin duquel on apporte à chacun un grand verre de vin, sans même qu'on le demande. Quand on demandoit de l'eau & du vin, on les apportoit l'un après l'autre & il falloit les boire séparément. Le vin du Chili a la couleur d'une médecine à la rhubarbe & au séné; son goût en approche assez. Il prend ce goût peut-être un peu du terroir, peut-être aussi des peaux de bouc gaudronnées dans lesquelles on le transporte. On n'en boit gueres d'autres dans tout le Paraguay. On se fait bientôt à ce goût-là; & quelques jours après en avoir fait ordinaire, on le trouve bon. Il est très-chaud sur l'estomach. Mais soit goût, soit fantaisie, les Espagnols préferoient celui de France que nous y avions porté. Le dessert n'étoit composé que de confitures. Le pain,

quoi-

quoique fait d'excellente farine, n'étoit pas bon, parce qu'il est mal levé & mal paitri: ils ne sçavent pas le mieux boulanger.

Sur le soir, Mr. de Belcourt, qui avoit pris un logement dans la ville, se trouva dans la compagnie d'un homme à lui inconnu, peut-être déguisé, & qui parloit un françois-gascon. Suscité vraisemblablement par les Jésuites, qui s'étoient déjà informés des gens de nos Frégates de la réputation militaire de Mr. de Belcourt, cet homme lui proposa d'aller servir au Paraguay, pour y former les Troupes. Afin de l'y déterminer, il lui promit de la part des Jésuites, les plus grands avantages. Mr. de Belcourt feignit d'y donner les mains, sans cependant s'engager en rien; & dès le lendemain, il en fit part à Mr. de Bougainville. Celui-ci répondit que la politique, pourroit y trouver son avantage: que s'il vouloit, par cette même politique se sacrifier pour le bien de l'Etat, il seroit peut-être à propos d'écouter ces propositions. Mr. de Belcourt lui dit alors, qu'en cas qu'il prît ce parti, il faudroit que lui Mr. de Bougainville lui donnât un Certificat, comme il n'y alloit que de son consentement, & pour le bien présumé de l'Etat.

Le lendemain, le même inconnu renouvella à Mr. de Belcourt les mêmes propositions avec plus d'instance, lui disant de se déterminer promptement: qu'il ne devoit pas s'inquiéter de prendre ses hardes, ni autres choses; qu'on lui fourniroit tout ce qui lui étoit nécessaire; & que, pour que le Gouvernement Espagnol n'en eût aucune connoissance, on l'y conduiroit par des chemins inconnus aux Espagnols, jusqu'au lieu où on l'établiroit. Mr. de Belcourt lui demanda quels étoient le lieu & les avantages proposés; mais l'inconnu n'ayant rien voulu déterminer & même pour mieux cacher son jeu sans doute, lui ayant parlé sur un ton peu favorable aux Jésuites, Mr. de Belcourt lui déclara qu'il ne se rendoit pas à ses sollicitations. Mais, comme il avoit à craindre le retour, il se tenoit sur ses gardes. Le soir-même, entre chien & loup, il se trouva tellement serré de près par trois hommes, qu'il se crut obligé de tirer son épee, & de la porter hors du fourreau, pour se faire passage, s'ils l'avoient entouré: ce qu'ils ne firent pas. Il m'a raconté tout cela lui-même, & je l'ai donné ici de son consentement.

Vers les huit heures du soir, Mr. Mauclair, premier Chirurgien de notre Frégate, vint me dire qu'après avoir consulté avec Mr. Baslé second Chirurgien & Mr. Frontgousse Chirurgien du Sphinx, sur l'état actuel du Matelot blessé en tournant le cabestan pendant la tempête dont j'ai parlé, ils convenoient que son mal empiroit beaucoup, & que le malade demandoit lui-même à se confesser. Je descendis sur le champ, & le trouvant en effet très-mal, je l'écoutai en confession. Une heure après il perdit connoissance; sur les dix heures je lui administrai l'extrême onction, & à onze heures il trépassa.

Mardi 3.

Le Mardi matin, après avoir averti le Vicaire, nous transportames le corps du Défunt dans le Canot. On le mit en dépôt au Corps de garde du Port, en attendant que le Vicaire vint le chercher. Il s'y rendit une heure après avec son Sacristain. A son arrivée, je lui fis un compliment en latin, auquel il ne répondit que par un *De profundis*. Il avoit un surplis à la Romaine, & une Etole; son Sacristain, séculier, avoit un jupon noir qui lui servoit de soutanne, & un surplis très-malpropre. Mr. Duclos Guyot, son frere Alexandre, ses deux fils, six Matelots & moi suivimes le convoi. A chaque détour le Signor Vicaire chanta un Répond & une Oraison, & chanta une Messe des Morts. Il fit à ce Matelot tous les honneurs qu'il auroit pu faire au Capitaine même, & le fit inhumer dans l'Eglise. L'Office fini, il nous donna à dîner, & ne voulut prendre aucune rétribution.

Après dîner, j'ai été me promener au fond de l'anse qui forme le Port, où nos gens faisoient de l'eau. J'ai parcouru la côte & le terrain dans l'espérance d'y trouver quelques plantes, ou quelques coquillages curieux; mais en vain. Je n'en ai rencontré qu'une seule dans sa maturité; la tige qui a huit à dix pouces de hauteur, & les feuilles sont revêtues d'un duvet blanc & court, si serré & si épais qu'il dérobe la verdure à l'oeil. J'en ignore le nom & les propriétés.

A deux

HISTORIQUE. 299

A deux portées de fufil ou environ de l'Anfe ou Baye, font deux fontaines. Les gens du pays lavent leur linge à l'iffue de celle qui eft la plus près de la riviere. Il eft défendu de laver dans l'autre; parce que c'eft celle où l'on va puifer l'eau que l'on boit dans la Ville, qui en eft éloigné d'une demi-lieuë. Cette fontaine eft bordée d'un petit mur de pierres feches, & très-mal entretenu, quoiqu'aux frais du Roy; tant les habitans font pareffeux, & peu foucieux de ce qui les touche même de plus près.

Là, paffant devant cette fontaine, je vis trois ou quatre *Mulâtres*, qui y avoient amené des pierres fur une charette, attelée de quatre gros taureaux, & trois autres qui chargeoient de l'eau dans un tonneau, pour porter à la Ville. Une Indienne ou Mulâtreffe & une Négreffe s'étant approchées auffi pour puifer de l'eau, un des Mulâtres, qui avoit tout l'air d'un Indien Hifpanifé, prit la Négreffe par la main, & tous deux fe mirent à danfer, pendant un gros quart-d'heure, la danfe nommée *Calenda*. Les Voyageurs en parlent beaucoup dans leurs Rélations; & ils n'exagerent pas quand

quand ils difent que, fuivant nos mœurs, elle eft la plus lubrique de toutes les danfes.

On croit qu'elle a été portée en Amérique par les Negres du Royaume d'Arda fur la côte de Guinée. Les Efpagnols la danfent comme eux, dans tous leurs établiffemens de l'Amérique, fans s'en faire le moindre fcrupule. Elle eft cependant d'une indécence qui étonne ceux qui ne la voyent pas danfer habituellement. Le goût en eft fi général & fi vif, que les enfans mêmes, dès qu'ils peuvent fe foutenir fur leurs piés, imitent en cela les perfonnes les plus avancées en âge.

Elle fe danfe au fon des inftrumens & de la voix, à deux ou plufieurs perfonnes enfemble. Ils font difpofés fur deux lignes, l'une devant l'autre, les hommes vis à vis des femmes. Ceux qui fe laffent & les fpectateurs font un cercle autour des danfeurs & des joueurs d'inftrumens. Quelqu'un des Acteurs chante une chanfon, dont le refrein eft répété par les fpectateurs, avec des battemens de mains. Tous les Danfeurs tiennent les bras à demi levés, fautent, tour-

tournent, font des contorsions du derriere, s'approchent à deux piés ou environ les uns des autres, & reculent en cadence, jusqu'à ce que le son de l'instrument, ou le ton de la voix, les avertisse de se rapprocher. Alors ils se frappent du ventre les uns contre les autres deux ou trois fois de suite, & s'éloignent après en pirouettant, pour recommencer le même mouvement, avec des gestes tout à fait lacifs, autant de fois que le son de l'instrument ou de la voix en donne le signe. De tems en tems ils s'entrelassent les bras, & font deux ou trois tours, en continuant de se frapper du ventre, & se donnant des baisers, sans perdre aucunement la cadence.

On peut juger combien notre éducation françoise seroit étonnée, & combien la pudeur est blessée par cette danse. Cependant les Rélations de Voyages nous assurent qu'elle a tant de charmes pour les Espagnols même de l'Amérique, & que l'usage en est si bien établi parmi eux, qu'elle entre jusques dans leurs actes de dévotion: qu'ils la dansent dans l'Eglise & dans leurs Processions: que les Religieuses mêmes ne manquent gueres

de

de la danser la nuit de Noël, sur un Théatre élevé dans leur Chœur, vis-à-vis de la grille, qu'elles tiennent ouverte, pour faire part du spectacle au peuple; mais elles n'admettent point d'hommes pour danser avec elles.

4 Janvier.

Le Mécredi, pendant que Mrs. de Bougainville & de Nerville étoient allés chez Mr. le Gouverneur, l'inviter à dîner à bord de notre Frégate, pour le Dimanche suivant, j'ai été voir un Officier, nommé *Belia*, qui avoit été élevé en France, dans notre College Royal de Pontlevoy, près de Blois. Il m'avoit promis quelques plantes curieuses, ou médicinales du pays, & quelques morceaux d'histoire naturelle. Quant à ce dernier article, il n'avoit rien qui méritât l'attention; mais j'y trouvai les plantes dont je vais donner la description; son beaufrere, & lui, m'en dirent les noms, les propriétés & l'usage.

L'une nommée *Méona*, ressemble beaucoup à du serpolet; mais la feuille en est ronde & d'un verd moins brun; la tige rouge, rampante, prenant racine à cha-

chaque noeud, donnant un lait blanc, comme le tithymale. La graine vient dans une gousse spirale, hérissée; cette gousse ne contient qu'une graine jaunâtre, qui a presque la forme d'un rein. Elle jette de la racine beaucoup de tiges branchues, qui se répandent en rond sur la terre, comme celles de la Renouée. Prise en infusion comme le Thé, elle guérit, disoient-ils, la rétention d'urine, comme par miracle.

Ebreno, ou *Mio-mio*, est une plante, dont la tige est presque rampante, & ne s'éleve gueres que d'un demi pié. La feuille est plus menue que celle du fenouil; une très petite fleur herbeuse, venant en bouquets, à peu près en ombelle; la racine est roussâtre en dehors, ayant ainsi que la plante, le goût de panais aromatisé. Elle se prend en infusion contre les fluxions & les rhûmes. Je la croirois une espece de *Meum*.

Moté a la tige haute d'environ un pied & demi, droite, ronde, branchue, & velue d'un gris un peu rougeâtre. Les feuilles sont longues d'un pouce à un pouce & un quart, larges seulement de trois à quatre lignes, d'un verd blanchâtre, velues comme la tige. Les fleurs naissent une à une le long des branches, composées d'une seule feuille jaune, découpée en quatre, presque sans odeur. Il leur succede une gousse ou silique, de la grosseur d'une plume de coq, longue d'un pouce, qui s'ouvre en quatre parties, lorsqu'elle séche, & laisse tomber des semences très-menues, pointues par les deux bouts, de couleur d'un gris brun. On la dit admirable pour les blessures, les playes vieilles & récentes, appliquée seulement dessus. Monsieur Simoneti m'a dit qu'après six mois de traitement par les Medecins & Chirurgiens de l'Armée, pour une blessure qu'il avoit reçue au côté, près des reins, & qui avoit tourné en ulcere, il s'étoit guéri en peu de tems par la seule application des feuilles de cette plante.

Le *Cachen-laguen* ou la *Canchalagua*, que l'on nomme au Chily *Cachinlagua*, ressemble en tout à la petite Centaurée de l'Europe. C'est la Centaurée du Chily. Elle est un peu moins haute que la nôtre. On fait infuser à froid dans un verre d'eau six ou sept plantes entieres & seches, pendant toute la nuit, ou du matin au soir. On se gargarise ensuite
la

le gosier avec cette infusion, que l'on avale, & l'on est bientôt guéri du mal du gorge. On remet de nouvelle eau froide sur le marc qu'on laisse infuser autant de tems; on réitere le gargarisme & la déglutition. Ce que l'on recommence une troisiéme fois. Mr. de Bougainville & Mr. Duclos notre Capitaine en ont fait l'expérience avec succès plus d'une fois. Lorsqu'on fait l'infusion à chaud en façon de Thé, elle échauffe beaucoup; mais elle purifie bien le sang. Cette plante est très renommée dans le Chily, d'où on la tire. Je la croirois un meilleur fébrifuge que celle d'Europe. Celle-ci n'auroit-elle pas la même propriété pour les maux de gorge?

Mechoacan est le nom que les Espagnols de Monte-video donnent à une plante, qui ne ressemble point du tout à celle que l'on vend dans nos boutiques sous le même nom. Celle de Monte-video, qui y est très commune ainsi qu'aux environs de Buenos-ayres, est une petite plante rampante, dont la racine court sous terre, comme la Réglisse. Elle est blanchâtre, menue comme un tuyau de plume à écrire. De cette racine sortent des branches assez courtes, couchées par terre, peu garnies, & seulement à l'extrémité, de petites feuilles, presque semblables à celles du petit Tithymale, connu dans plusieurs Provinces de France sous le nom de *Réveil-matin*. Mr. Belia me dit que les Anglois qui font le commerce à la Colonie du St. Sacrament, emportent toujours beaucoup de ces racines. Elle a une propriété purgative comme le Méchoacan de nos boutiques. Lorsque l'on craint une superpurgation, ou que l'on veut en arrêter l'effet, il suffit d'avaler une grande cueillérée d'eau de vie.

Une autre plante qu'ils estiment infiniment, est la *Guaycuru*. Elle porte une feuille d'un beau verd, un peu épaisse, sortant en grand nombre de la racine, qui est d'un rouge brun, luisant à l'extérieur, & rougeâtre en dedans, comme celle du Fraisier. Du milieu s'éleve une tige à la hauteur d'un demi-pié, grosse comme le tuyau d'une plume de poule, pleine, sans feuilles, d'un verd grisâtre, se partageant dans le haut en une douzaine de petites branches, qui portent à leur cime de très-petites fleurs herbeuses,

sans

sans odeur, & formant ensemble une espece de parasol.

Cette plante, sa racine surtout, est un des plus puissans astringens de la Botanique, & l'expérience a prouvé qu'elle est parfaite pour dessécher & guérir promptement les ulceres, & même, nous disoit Signor Vicaire, les écrouelles, & pour arrêter la dissenterie. Il nous en fit présent d'une vingtaine de plantes, qu'il avoit envoyé chercher exprès à quelques lieues de là, dans une Campagne qui lui appartenoit.

Le *Payco* est une plante, qui de sa racine jette beaucoup de branches rempantes, qui se divisent ensuite en plusieurs autres. Les feuilles ont environ trois lignes de longueur sur deux de large, découpées en forme de scie, grasses & attachées sans queue aux branches. La fleur est si petite, qu'elle se confond avec la graine qui lui succede; les branches en sont presque tout couvertes. Au premier coup d'oeil, on la prendroit pour la Turquette ou herniole, si les branches étoient plus courtes. Toute la plante est d'un verd tendre, quelquefois rougeâtre, ainsi que la tige, quand elle approche de sa maturité. Elle exhale une odeur de citron qui commence à pourrir. Elle est excellente pour les maux d'estomach & les indigestions. Sa décoction est sudorifique, & on la vante beaucoup contre la pleurésie. On mâche long comme le petit doigt d'une des tiges vertes, & l'on avale sa salive avec la plante mâchée. Prise de cette maniere, elle est un peu purgative. Lorsqu'on n'en a pas de verte, on la prend en infusion comme le Thé.

Mr. Belia exalta beaucoup la propriété antivénérienne de la *Colaguala*, que d'autres nomment *Calaguela*. Elle croît dans les terreins stériles & sablonneux. Sa hauteur est de sept à huit pouces. Sa tige est un assemblage de divers petits rameaux, qui se font jour à travers du sable, ou du gravier. Ils n'ont que deux ou trois lignes d'épaisseur, & sont remplis de nœuds à peu de distance l'un de l'autre, & couverts d'une pellicule qui se détache d'elle-même, lorsqu'elle est seche. Les feuilles en sont fort petites, en petit nombre, & sortent immédiatement de la tige.

On

On regarde la *Cologuala* comme un spécifique admirable pour dissiper les apostumes en fort peu de tems. Trois ou quatre prises, c'est-à-dire, trois ou quatre morceaux en simple décoction, ou infusés dans du vin, suffisent dans l'intervalle d'un jour. Etant chaude au premier dégré, elle devindroit nuisible, si l'on en prenoit excessivement. Cette racine, seule partie de la plante que l'on employe, est d'un rouge brun en dehors, & a beaucoup de ressemblance avec celle de la *Guaycuru*. Lorsqu'on la coupe horisontalement, elle présente un point brun au milieu, & un cercle blanchâtre au milieu de son épaisseur. Un Franciscain nommé Pere Roch, que l'on disoit très-versé dans la Médecine, m'a dit qu'il faisoit user de la *Cologuala* contre l'Epilepsie, ainsi que contre les maux vénériens; que lorsque son usage ne guérissoit pas parfaitement la premiere de ces deux maladies, il avoit recours au remede suivant, & toujours avec un heureux succès. Il fait boire au malade, dans le cours de la journée, & surtout deux verres à jeun, à une bonne demi-heure d'intervalle l'un de l'autre, une pinte ou deux livres d'eau, avec laquelle

quelle une fille en puberté, ou une femme saine, s'est bien lavée les parties naturelles au sortir du lit. Il fait continuer ce remede huit ou neuf jours de suite au déclin de la Lune. On réitere ce remede plusieurs mois de suite, surtout au printems. Il employe la racine de la Colaguala en infusion dans du vin, ou de l'eau bouillante, pour les maux vénériens.

Le même Franciscain étant avec nous à la maison de Campagne de Mr. le Gouverneur, m'a montré une autre plante qu'il nomme *Carqueja*, & qu'il dit être admirable, prise en infusion comme le Thé, pour dissoudre le sang caillé dans le corps, pour le purifier & lever toutes les obstructions. Mais il faut en user avec beaucoup de modération, parce qu'elle agite extrémement le sang, surtout la racine.

La Carqueja vient comme un petit arbuste, haud d'un bon pied, taillé naturellement en tête arrondie, Elle n'a pas de feuilles distinctes de sa tige, qui ressemble beaucoup à celle du Genêt, dans la classe duquel je pense qu'on peut la mettre. Cette tige se partage en beaucoup d'autres pour former la tête.

tête. Elles sont très-souples & très-minces.

La *Vguerilla*, la *Zarca* & la *Charrua* sont des plantes dont ils font grand cas dans le Pays, de même que de la *Bira-bida*, ou *Viravida*, qu'ils estiment rafraichissante & tempérante au supreme dégré. Un Chirurgien François fit prendre l'infusion de la Bira-bida, qui réussit parfaitement contre la fievre tierce. Frezier dit que c'est une espece d'Immortelle; ne seroit-ce pas la même dont j'ai parlé cidevant sous le nom de Doradille?

Mais celle dont ils font le plus grand usage est la plante qu'ils nomment *Séfran*. C'est proprement une espece de Chardon, que nous connoissons en France sous le nom de *Carthame*. Ou en trouve la description dans tous les Traités de Botanique. Sa fleur est appellée *Saffran* bâtard. Elle a la couleur & la forme de celle du Saffran vrai; mais non l'odeur ni le goût. A Monte-video ainsi qu'au Bresil on cultive le Séfran dans les jardins & en abondance; parce qu'ils couvrent de sa fleur presque tous leurs mêts, & même la soupe. Les Perroquets & les Perruches sont très friands de la graine, qui est blan-

blanche, lisse, & faite comme celle du *Corona Solis*, ou *Soleil*, mais beaucoup plus courte.

Mr. de Bougainville m'ayant dit, avant d'aller faire son invitation au Gouverneur, que nous repartirions de bonne heure, pour retourner à bord, je me rendis au Canot sur les quatre heures & demie. J'y trouvai Mr. de la Gyraudais & le Chirurgien du Sphinx. Après avoir causé quelque tems sur les plantes dont je venois de faire provision, voyant que Mr. de Bougainville n'arrivoit pas: allons, me dit Mr. de la Gyraudais, à une petite demi-lieue d'ici, derriere la Citadelle. On m'a montré la Plante Moté; elle y est en quantité près d'une fontaine.

Mr. Frontgousse à qui l'on en avoit dit les propriétés, curieux d'en cueillir, y vint avec nous. Nous amassames même de la graine, que je donnai ainsi que toutes celles que j'avois cueillies pendant mon voyage, à Mr. de Jussieu, pour les semer dans le Jardin du Roy à Paris. Pendant que nous nous fournissions de Moté, nous entendimes un cris plaintif qui partoit d'un gros tas de pierres & de roches qui couvrent & environnent la fontaine:
nous

nous n'en étions pas éloignés de plus de 7 à 8 toises. Nous primes d'abord ce cri pour celui d'un chat embarrassé dans ces pierres, & échappé d'une habitation qui en étoit distante d'un demi-quart de lieue. En nous approchant de la fontaine, ce cri nous parut être celui d'un enfant. Nous en approchions, lorsque Mr. Frontgousse nous dit: n'avançons pas, ce n'est pas le cri d'un enfant, c'est celui d'un *Cayman*. Je me rappelle en avoir entendu de semblables plus d'une fois dans nos Iles. Nous en ferions mauvais marchands. Il y en a en effet dans le Pays; & Mr. de St. Simon nous avoit déjà dit en avoir vû un sur le bord d'une petite Riviere, qui coule derriere le Mont, qui n'est séparé de la Ville que par la Baye où le Port est situé. Sans oser donc pousser notre curiosité plus loin, nous nous contentames d'amasser encore quelques piés de Moté, & nous reprimes le chemin de la Ville pour retourner à bord. Chemin faisant, nous rencontrames beaucoup de Courlis, au nombre d'une trentaine par compagnies. Ils se laissoient approcher à la portée du pistolet; mais nous n'étions armés que de bâtons.

Nous

Nous arrivames vers le sept heures au canot, dans lequel étoient déja monté Mrs. de Bougainville, de Nerville, de St. Simon & Martin, Lieutenant du Sphinx, avec quelques autres. Nous partimes du Port avec un très-beau tems; & nous avions déjà fait au moins les trois quarts du chemin, lorsqu'un vent de Sud-Est s'éleva avec assez de force pour nous engager à forcer de rames, afin d'arriver à bord, avant qu'il devint plus impétueux. Il se fortifia en effet de plus en plus. Chaque nuage qui s'élevoit de l'horison donnoit un nouveau grain toujours plus vif que ceux dont il avoit été précédé. Tous ces assauts réunis qui souleverent beaucoup les eaux, formoient des lames qui grossissoient de plus en plus, & retardoient notre marche. Malgré la mer & le vent contraires, nous avions déja gagné jusques à la portée du fusil du Sphinx, qui étoit le plus avancé, & où nous comptions débarquer Mr. de la Gyraudais, avec les autres Officiers de cette Corvette. Ce beau Ciel azuré avoit disparu. Les nuages rendoient la nuit encore plus obscure, & dans cette obscurité nous apperçumes à peine une forme de batteau, qui portoit
sur

sur nous. Nous imaginames alors que, soupçonnant notre embarras, Mr. Duclos avoit envoyé la chaloupe au devant de nous. Nous le hélames; point de réponse. Mais la mer le portoit sur nous avec tant de vitesse, que nous reconnumes bientôt notre petit canot à la merci des vagues, & personne dedans. L'envie de le sauver nous fit changer notre route; nous fumes à sa rencontre, nous le joignimes, jettames deux hommes dedans avec des rames & un grapin, & nous nous disposames à reprendre notre route. Il pouvoit être alors huit heures & demie. Nos efforts furent inutiles contre la marée, la violence des vagues & du vent. Dans l'intervalle que nous avions jetté les deux hommes & les avirons dans le canot, nous avions dérivé plus de trois quarts de lieue, du côté de l'Ile au François, située tout près de la côte, presque à l'opposite de la Citadelle. L'obscurité nous empêchoit de distinguer la Terre, & à peine distinguions-nous les fanaux que l'on avoit mis à nos deux Frégates.

Voyant donc que nous nous en éloignions de plus en plus au lieu d'en approcher, on se détermina à porter sur la Terre, & l'on gouverna du côté où l'on présuma

suma que la Ville pouvoit être, car on ne jugeoit de sa situation que par deux lumieres très éloignées l'une de l'autre. Les lames qui venoient se briser contre le canot, y avoient déja mis beaucoup d'eau, que nous jettions avec nos chapeaux, inondés & mouillés jusqu'à la peau, les Canotiers très fatigués; Mr. de la Gyraudais, après avoir ramé près d'une heure, avoit pris le Gouvernail; nous ne sçavions où nous étions; & nous n'avions pas d'eau de vie pour donner des forces & du courage. Dans cet embarras on pensa qu'il n'y avoit rien de mieux à faire que de laisser tomber le grapin, pour donner aux Canotiers le tems de se reposer. J'endossai alors une Redingotte que je trouvai sous ma main, & l'on donna les pavois aux Canotiers, pour s'en couvrir, & se mettre à l'abri, non des vagues, puisque nous ne pouvions guere être plus mouillés que nous l'étions; mais du vent qui nous échauffoit si peu, que nous nous serrions de près pour n'avoir pas si froid. Nous étions presque déterminés à passer la nuit dans cet état; lorsque Mr. de la Gyraudais crut s'appercevoir que nous chassions sur notre grapin.

pin. Il dit au Maître Canotier de mettre la main sur l'hansiere, pour juger par le trémoussement, si nous chassions en effet. Le Maître Canotier pensa d'abord que le mouvement qu'il sentoit étoit l'effet des secousses que le canot recevoit des lames; mais bientôt après il reconnut son erreur, & en avertit. On lui dit de sonder avec la Gaffe; il le fit; & ne trouva que trois piés d'eau, fond de roches dont toute la côte est bordée, même assez avant dans la riviere. On borda les avirons, on leva le grapin & l'on nagea près d'un grand quart-d'heure, toujours en sondant, & toujours même fond. Enfin il se présenta un fond de vase, & sept à huit pieds d'eau. On alloit y mouiller, lorsque les Canotiers prévoyant qu'ils ne trouveroient pas là dequoi souper, dirent que, puisqu'ils étoient en train, il falloit continuer & aller coucher à terre. Charmé de voir leur résolution, on porta sur une lumiere, que l'on imagina être celle du Corps de Garde, placé au seul Port où l'on peut descendre.

Un moment après, chacun jettant les yeux de tous côtés pour nous reconnoître, nous entrevimes une Goelette, que nous sçavions n'être pas mouillée fort au lar-

large. La vue de ce Navire ranima le courage, & l'on fit tant d'efforts, qu'environ une grande demi-heure après, nous abordames au Port. L'Officier de garde se présenta pour nous reconnoître. Un autre Officier avec notre Maître Canotier furent envoyés pour donner avis au Gouverneur de notre retour à la Ville; parce que nous n'avions pu gagner notre bord. Il nous fit faire son compliment de condoléance, & prier en même tems d'aller souper & coucher chez lui.

Dans la crainte de l'incommoder, tant à cause de l'heure, car il étoit minuit; qu'à cause du nombre; & d'ailleurs mouillés & faits comme nous étions, nous pensames qu'il valloit mieux aller trouver un François nommé *Lacombe*, de St. Flour en Auvergne, établi à Buenos-Ayres, mais qui avoit aussi une maison à Monte-video, déja connu de plusieurs de nos Officiers, dont il avoit acheté beaucoup de marchandises. Un Soldat de la Garde, qui parloit François, offrit de nous y conduire. Au lieu de nous mener à la maison ou logeoit Mr. Lacombe; il conduisit à celle d'un ami de ce François, où ce Soldat l'avoit vû bien

des

des fois. Nous heurtames près d'un quart d'heure, sans aucune réponse. On répondit enfin; on ouvrit, & nous y trouvames Mr. de Belcourt couché: c'étoit là où il avoit pris son logement. Pensant que c'étoit un tour badin qu'on lui jouoit, il ne fit qu'en rire. Pour nous qui n'en avions pas trop envie, nous demandames la maison de Mr. Lacombe, que l'on nous indiqua. Nous en prenions déja le chemin, lorsque nous rencontrames Mr. le Gouverneur, qui venoit nous engager lui-même à ne pas prendre gîte ailleurs que chez lui. Alors ne pouvant le refuser, après les politesses de part & d'autre, nous nous acheminames au Gouvernement.

A notre arrivée tout le monde étoit levé, & la nappe mise. Nous voyant tous très mouillés, on nous offrit du linge & des habits. Ceux qui avoient pris des Redingotes de bonne heure, sans doute moins mouillés que moi, refuserent des habits mêmes. Sur les instances réitérées que me fit Madame la Gouvernante, de prendre au moins une robe de chambre, je l'acceptai. C'en étoit une des siennes, que je trouvai tant de difficultés

cultés à vêtir, que le Gouverneur m'en donna une à lui. On nous servit un souper *impromtu* très leger. On causa beaucoup sur l'avanture; on finit par une tasse de chocolat; & comme il étoit près de deux heures, on songea à nous préparer des lits.

On mit coucher Mrs. de Bougainville & de Nerville dans une petite chambre de la cour, où il n'y avoit d'autres meubles que deux chaises & deux lits, l'un dans une espece d'alcove, formée par la plus simple cloison de bois; l'autre étoit un lit de camp placé dans l'angle opposé. Nous les avions accompagnés dans cet appartement; & je comptois passer la nuit dans quelque gîte semblable, lorsqu'une Négresse me tira par le bras & me fit signe de la suivre. Elle me ramena dans la salle de compagnie, où je trouvai Madame la Gouvernante & une Négresse occupées à rapprocher, & à accoller des tabourets de Damas cramoisi, qui décoroient auparavant le fond de cette salle. Ignorant ce qu'elle vouloit en faire, je parlois pendant cet intervalle, avec Mr. le Gouverneur. Elle nous interrompit, & m'adressant la parole:

role: C'est pour vous, dit-elle, que j'arrange ce lit; vous coucherez auprès de nous, & vous ne serez pas le plus mal. Après lui avoir témoigné combien j'étois sensible à son attention & à sa politesse, je fis tout ce que je pûs pour l'empêcher de continuer à y mettre la main; je ne pus rien gagner sur son esprit: elle continua, disant qu'elle y trouvoit son plaisir & sa satisfaction. Il en résulta un très-bon lit. Elle se retira avec le Gouverneur dans la chambre voisine, où ils couchoient.

On avoit mis un lit de camp dans la chambre d'entrée, pour Mr. de la Gyraudais: Et comme l'on n'en avoit pas davantage, on fit du feu au milieu de la premiere Salle, pour sécher nos habits; & Mr. de St. Simon y dormit avec les autres, sur des fauteuils & sur des chaises.

Vers les quatre heures & demie, un de ces Messieurs vint me réveiller, disant que Mr. de Bougainville étoit levé, & qu'il falloit partir. Je m'habillai promptement; & nous partions sans dire mot, lorsqu'un Domestique nous pria de la part de Mr. le Gouverneur, d'attendre un instant, qu'il se levoit, & vouloit nous saluer. Priez, lui dit-on, Mr. le Gouverneur de notre part de demeurer au lit; il a besoin de repos; & pour ne pas le déranger davantage, nous partons à l'instant. Le vent & la mer étoient beaucoup tombés; nous nous rendîmes à bord en peu de tems.

5.

Les grains que l'on y avoit essuyés depuis la veille jusques à trois heures du matin, avoient été si violens, que l'on avoit été contraint d'amener les hunes, & de filer un peu de cable. Ayant commencé de bonne heure dans l'endroit où nos Frégates étoient mouillées, parce qu'elles n'étoient pas à l'abri de la Ville comme nous, les équipages n'eurent pas beaucoup d'inquiétude sur notre compte, dans la persuasion que nous n'aurions pas même pensé à courir les risques de nous embarquer. On avoit néantmoins eu la précaution, à tout événement, de mettre les fanaux. Les deux hommes que nous avions jettés dans le canot qui se perdoit, avoient eu le bonheur de relâcher dans une petite anse sablonneuse à l'abri de l'Ile au François; & la chaloupe

du

du Sphinx, qui avoit couru après, s'étoit rendue au fond de la Baye, dans l'endroit où nous faisions de l'eau. Ils étoient de retour losque nous arrivames à bord.

6.

Nous retournames à la Ville le matin six de Janvier, tant pour faire au Gouverneur nos remercimens, que pour lui adresser les complimens de la nouvelle année. Il nous retint à dîner. On parla beaucoup des curiosités du Pays. Ce discours fit ressouvenir le Gouverneur qu'il avoit un Coquillage, qu'il croyoit très-rare. Il nous le montra: c'étoit une Nautile papiracée, des plus grandes, & des plus belles que l'on puisse voir. Il en fit présent à Mr. de Bougainville. On la lui avoit envoyée de Rio-Janeyro; & il nous dit en avoir trouvé une semblable sur la côte de l'Ile Maldonnat; mais qu'on la lui avoit brisée. Madame la Gouvernante me donna un paquet de Canchalagua, le seul qui lui restoit. Quelques jours auparavant, elle avoit fait à Mr. de Bougainville le cadeau d'une Perruche, qui parloit très-joliment *)

ment *) & d'une tasse de Calebasse du Pérou, toute montée en argent, avec la *Boubille* de même metal, pour prendre le *Maté*.

Beaucoup d'Auteurs de Rélations de Voyages ont parlé de l'herbe du Paraguay, comme d'une des principales sources de la richesse des Espagnols, des Indiens, & surtout des Jésuites, qui habitent dans la Province de ce nom. Pour mettre le Lec-

---

*) Plusieurs de nos Marins achetterent des Perruches à Monte-video. Elles coûtoient jusqu'à deux Piastres. Leur plumage est entierement verd, excepté celui du cou, de l'estomach, & un peu du ventre, qui est d'un beau gris argenté. Le bec est court, très courbé, & de couleur de chair. Leur grosseur est celle d'une grive, mais elles ont une queue très-longue. Douces, caressantes, mais très-vives, toujours en mouvement, elles apprennent aisément à parler, prononcent bien, & se plaisent en compagnie. Plus on fait de bruit, plus elles élevent la voix.

On les éleve, & on les tient à Monte-video dans des cages de cuir de taureau; ce sont des especes de boëtes plates par dessous, oblongues, convexes par dessus, percée de trois trous de chaque côté, & d'un trou à une extrémité, assez ouverts pour laisser à 'oiseau la liberté d'y passer

Lecteur au fait de cette plante & de son usage. J'emprunte de Mr. d'Ulloa le détail qu'il en a donné, d'après les Missionnaires du pays; car ne laissant pénétrer dans le pays que leurs confreres, on ne peut tenir ce détail que d'eux.

„ On prétend, dit Mr. d'Ulloa, que le
„ débit de cette herbe fut d'abord si consi-
„ dérable, & devint une si grande source
„ de richesses, que le luxe s'introduisit
„ bien-

passer la tête seulement. A l'autre extrémité est une ouverture, qui se ferme à deux battans, ayant la forme d'une porte cochere. C'est par là que l'on introduit la Perruche. Ces deux battans sont découpés dans le cuir-même qui forme la cage, & y tient encore par le côté où ses gonds seroient placés. En rapprochant seulement ces deux battans, la cage se trouve suffisamment fermée, parce qu'ils ne s'ouvrent qu'en dedans, en les y poussant.

On nous assura que la durée de la vie de cet oiseau n'est que d'un an, quand on le tient en cage. Est ce la vérité, ou une simple opinion, fondée sur l'expérience? Je n'en sçai rien. De huit que nous avions à bord, six sont péries de maladies, ou en tombant à la mer; une septiéme, se sauva, dit-on, à notre arrivée à St. Malo, & la huitiéme mourut dans ma chambre trois jours après être rendue à Paris.

,, bientôt parmi les Conquérans du pays,
,, qui s'étoient trouvés dabord réduits au
,, pur néceffaire. Pour foutenir une excef-
,, five dépenfe, dont le goût va toujours
,, en croiffant, ils furent obligés d'avoir
,, recours aux Indiens affujettis par les ar-
,, mes, ou volontairement foumis, dont
,, on fit des domeftiques, & bientôt des
,, efclaves. Mais on ne les ménagea pas:
,, plufieurs fuccomberent fous le poids d'un
,, travail auquel ils n'étoient pas accoûtu-
,, més; & plus encore fous celui des
,, mauvais traitements dont on puniffoit
,, l'épuifement de leurs forces, plutôt que
,, leur pareffe. D'autres prirent la fuite,
,, & devinrent les plus irréconciliables en-
,, nemis des Efpagnols. Ceux-ci retom-
,, berent dans leur premiere indigence, &
,, n'en devinrent pas plus laborieux. Le
,, luxe avoit multiplié leurs befoins; ils
,, n'y purent fuffire avec la feule herbe du
,, Paraguay; la plûpart n'étoient même plus
,, en état d'en acheter, parce que la gran-
,, de confommation en avoit augmenté le
,, prix. Tom. I. page 13."

Cette herbe fi célebre dans l'Amérique méridionale, eft la feuille d'un arbre de la grandeur d'un Pommier moyen.

Son

Son goût approche de celui de la Mauve, & sa figure est à peu près celle de la feuille de l'Oranger. Elle a aussi quelque ressemblance avec la feuille de la *Coca* du Pérou, où l'on en transporte beaucoup, principalement dans les Montagnes, & dans tous les lieux où l'on travaille aux Mines. Les Espagnols l'y croyent d'autant plus nécessaire, que l'usage des vins du pays y est pernicieux. Elle s'y transporte seche & presque réduite en poussiere. Jamais on ne la laisse infuser longtems, parce qu'elle rendroit l'eau noire comme de l'encre.

On en distingue communément deux especes, quoique ce soit toujours la même feuille. La premiere se nomme *Caa* ou *Caamini*, & la seconde *Caacuys* ou *Yerva de Palos*; mais le Pere *del Techo* prétend que le nom générique est *Caa*, & distingue trois especes, sous les noms de *Caacuis*, *Caamini* & *Caaguazu*.

Suivant le même Voyageur, qui avoit passé une grande partie de sa vie au Paraguay, le Caacuys est le premier bouton, qui commence à peine à déployer ses feuilles. Le Caamini est la feuille, qui a toute sa grandeur, & dont on tire les côtes avant que de la faire griller. Si les côtes y restent, on l'appelle Caaguazu, ou *Palos*. Les feuilles que l'on a grillées, se conservent dans des fosses creusées en terre & couvertes d'une peau de vache. Le Caacuys ne peut pas se conserver si longtems que les deux autres especes, dont on transporte les feuilles au Tucuman, au Pérou & même en Espagne. Il souffre difficilement le transport. On assure même que cette herbe prise sur les lieux, a je ne scais quelle amertume qu'elle n'a pas ailleurs, & qui augmente sa vertu comme son prix.

La maniere de prendre le Caacuys est de remplir un vase d'eau bouillante, & d'y jetter la feuille en poudre, & réduite en pâte. A mesure qu'elle se dissout, le peu de terre qui peut y être resté, surnage assez pour être écumée. On passe ensuite l'eau dans un linge; & l'ayant laissé un peu reposer, on la hume avec un chalumeau. Ordinairement on n'y met point de Sucre; mais on y mêle un peu de jus de citron, ou certaines pastilles d'une odeur fort douce. Quand on la prend pour vomir, on y jette un peu plus d'eau, que l'on laisse tiédir.

La

La grande fabrique de cette herbe est à *la Villa* ou la nouvelle *Villarica*, qui est voisine des Montagnes de Maracayu, situées à l'Orient du Paraguay; vers les 25 degrés, 25 minutes de latitude Austruale. On vante ce Canton pour la culture de l'arbre, mais ce n'est pas sur les montagnes, c'est dans les fonds marêcageux qui les séparent.

On en tire pour le Pérou seulement jusqu'à cent mille Arrobes pesant chacune vint-cinq livres de seize onces poids de marc, & le prix de l'Arrobe est de sept écus, ou 28 ℔ de France, ce qui fait deux millions huit cent mille livres. Cependant le Caacuys n'a pas de prix fixe, & le Caamini se vend le double du Caaguazu. A Monte-video, ce dernier, pendant que nous y étions en relâche, se vendoit vingt-cinq livres, ou cinq piastres l'Arrobe. Mr. le Gouverneur nous en procura une à ce prix.

Les Indiens établis dans les Provinces d'Uraguay & de Parana, sous le gouvernement des Jésuites, ont semé des graines de l'arbre, qu'ils y ont transportées de Maracayu, & qui n'ont presque pas dégénéré. Elles ressemblent à celle du Lierre. Mais ces Indiens ne font pas d'herbe de la premiere espece; ils gardent le Caamini pour leur usage, & vendent le Caaguazu, ou Palos, pour payer le tribut qu'ils doivent à l'Espagne.

Les Espagnols croyent trouver dans cette herbe un remede, ou un préservatif contre tous les maux. Tout le monde est d'accord sur sa qualité apéritive & diurétique, mais je ne voudrois pas être garant pour les Jésuites, de toutes les propriétés qu'ils lui attribuent. Je croirois que la plus avérée, celle qu'ils prônent cependant le moins, est de leur procurer, tous les ans, une somme incroyable d'argent.

On raconte que, dans les premiers tems, quelques uns en ayant usé avec excès, elle leur causa une aliénation totale des sens, dont ils ne revinrent que plusieurs jours après. Mais il paroit certain qu'elle produit souvent des effets opposés entre eux, tels que de procurer le sommeil à ceux qui sont sujets à l'insomnie, & de réveiller ceux qui tombent en léthargie; d'être nourrissante & purgative.

L'ha-

L'habitude d'en ufer la rend néceffaire, & fouvent même elle fait trouver
de la peine à fe contenir dans un ufage
modéré; puifqu'on affure que l'excès eny-
vre, & caufe la plûpart des incommodités que l'on attribue aux liqueurs
fortes.

Suivant M. d'Ulloa, l'Herbe du Paraguay fe nomme *Maté* au Perou. Pour
la préparer, dit-il, on en met une certaine quantité dans une Calebaffe, montée en argent, que l'on nomme auffi
Maté, ou *Totumo*, ou *Calabacito*.

On jette dans ce vafe une portion de
de fucre, & l'on verfe une portion d'eau
froide fur le tout, afin que l'herbe en
pâte fe détrempe: enfuite on remplit le
vafe d'eau bouillante; & comme l'herbe
eft fort menue, on boit par un tuyau
affez grand (on nomme ce chalumeau
Bombilla) pour laiffer paffage à l'eau,
mais trop petit pour en laiffer à l'herbe.
A mefure que l'eau diminue, on la renouvelle, ajoutant toujours du fucre, jufqu'à ce que l'herbe ceffe de furnager.
Alors on met une nouvelle doze d'herbe.
Souvent on y mêle du jus de citron, ou
d'orange amere, & des fleurs odorifé-
ran-

rantes. Cette liqueur se prend ordinairement à jeun : cependant plusieurs en usent aussi l'après-dîner. Il se peut que l'usage en soit salutaire ; mais la maniere de la prendre est extrêmement dégoûtante. Quelque nombreuse que soit une Compagnie, chacun boit par le même tuyau ou Bombille, & tour à tour, faisant ainsi passer le Moté de l'un à l'autre. Les *Chapetons* (Espagnols Européens) ne font pas grand cas de cette boisson ; mais les Créoles en sont passionnément avides. Jamais ils ne voyagent sans une provision d'herbe du Paraguay ; & ne manquent pas d'en prendre chaque jour, la préferant à toutes sortes d'alimens, & ne mangeant qu'après l'avoir prise.

Quelques-uns, dit Frézier (Relat. du Voyage de la Mer de Sud, page 228) appellent l'herbe du Paraguay, *Herbe de St. Barthelemi* ; parce qu'ils prétendent que cet Apôtre a été dans ces Provinces, où il la rendit salutaire & bienfaisante, de venimeuse qu'elle étoit auparavant. Au lieu d'en boire la teinture séparément, comme nous buvons celle du Thé, ils mettent l'herbe dans une coupe, faite d'une Calebasse, armée d'argent, qu'ils ap-

appellent *Maté*. Ils y ajoutent du sucre, & versent dessus de l'eau chaude, qu'ils boivent aussitôt, sans lui donner le tems d'infuser; parce qu'elle noircit comme de l'encre. Pour ne pas boire l'herbe qui surnage, on se sert d'un chalumeau d'argent, au bout duquel est une ampoule percée de plusieurs petits trous: ainsi la liqueur que l'on suce par l'autre bout, se dégage entierement de l'herbe. On boit à la ronde, avec le même chalumeau, en remettant de l'eau chaude sur la même herbe, à mesure que l'on boit. Au lieu de chalumeau ou *Bombilla*, quelques uns écartent l'herbe avec une séparation d'argent, percée de petits trous. La répugnance que les François ont montrée de boire après toutes sortes de gens, dans un pays où les vérolés sont en grand nombre, a fait inventer l'usage des petits chalumeaux de verre dont on commence à se servir à Lima. Cette liqueur, à mon goût, est meilleure que le Thé: elle a une odeur d'herbe assez agréable. Les gens du pays y sont si accoûtumés qu'il n'est pas jusques aux plus pauvres qui n'en boivent au moins une fois le jour.

Le commerce de l'herbe du Paraguay, ajoute cet Auteur, se fait à *Santa Fé*, où elle vient par la Riviere de la Plata, & par des charettes. Il y en a de deux sortes: l'une que l'on appelle *Yerva de Palos*, & l'autre plus fine & de meilleure qualité, *Hierba de Camini*. Cette derniere se tire des terres des Jésuites. La grande consommation s'en fait depuis la *Paz* jusqu'à *Cusco*, où elle vaut la moitié plus que l'autre, qui se débite depuis le Potozi jusqu'à Paz. Il sort, tous les ans, du Paraguay pour le Pérou plus de 50000 Arrobes; c'est-à-dire 1250000 pesant de l'une & de l'autre herbe, dont il y a au moins le tiers de Camini; sans compter environ 25000 Arrobes de celle de Palos pour le Chily. On paye par paquet, qui contient six ou sept Arrobes, quatre réaux de droit d'Alcavala; & les frais de la voiture de plus de six cents lieues, font doubler le prix du premier achat, qui est environ deux piastres: de sorte qu'elle revient au Potozi à cinq piastres l'Arrobe, ou 25 ℔ de France. Cette voiture se fait ordinairement par des charettes, qui portent 150 Arrobes, depuis Santa Fé jusqu'à *Jujui*, derniere Ville du Tucuman; & de de là jusqu'au Potosi, qui en est encore éloigné de cent lieues, on la transporte sur des Mules. J'ai remarqué que l'usage de cette herbe est nécessaire dans les pays des mines, & dans les Montagnes du Pérou, où les Blancs croyent l'usage du vin pernicieux: ils aiment mieux ne boire que de l'eau de vie; & laissent aux Indiens & aux Noirs le vin, dont ils s'accommodent fort bien. „

J'ai vû, à Monte-video, la vérité de la Rélation de ces deux Auteurs: & même à quelqu'heure du jour que vous vous présentiez dans une maison, vous trouvez quelqu'un qui prend du Maté, & qui ne manque pas de vous en offrir; même dans les plus grandes chaleurs. Car on leur a dit que cette infusion rafraîchit, qu'elle aide à la digestion, &c. Ordinairement le vase où l'on prend le Maté, est monté sur un pié, & adhérant à un plateau. J'en ai vû d'à peu près semblables presque dans toutes les maisons. Quelques habitans cependant avoient le vase seul orné d'argent, à la main, sans le plateau. Il y a aussi des Bombilles dont le bout qui trempe dans la liqueur, a la forme d'une coquille d'huitre, qui se-

roit

roit emmanchée au chalumeau par le haut de la charniere.

Pendant que nous étions chez Mr. le Gouverneur, deux de nos Matelots déserterent; l'un que quelques uns disoient être Maltois, d'autres Biscayen. On l'appelloit, par sobriquet, *l'Espagnol*. Le second étoit bas Breton. On les fit chercher, mais inutilement. On a sçu depuis qu'ils s'étoient présentés pour s'enrôler à bord de la Frégate Espagnole la Ste. Barbe; mais l'Armateur nous assura qu'il les avoit refusés. Quelques jours après, il en déserta quatre du Sphinx, & un nommé *Plaisance*, jadis Dragon, qui avoit servi en Canada, sous Mr. de Bougainville, & qui avoit fait beaucoup d'instance pour s'embarquer avec nous, lorsque nous partimes de St. Malo. Mr. de Bougainville l'avoit regardé jusques là comme un fort honnête homme, brave & courageux, propre à faire un bon habitant de Colonie. Il lui avoit donné deux habits complets & d'autres hardes. Deux jours avant sa désertion, on lui avoit confié un fusil & une épée riche à vendre. Il dit qu'on les lui avoit volés. Soit que son dire fut vrai, soit qu'il les eût

eût vendus en effet, un habitant dit que Plaisance avoit vendu l'épée à un domestique d'un Officier. Plaisance voyant qu'on soupçonnoit sa fidelité, & s'étant fort mal disculpé de l'accusation, prit le parti de la fuite, dans la crainte d'être puni comme fripon. Mr. le Gouverneur, à la sollicitation de Mr. de Bougainville, qui avoit promis dix piastres pour chaque Déserteur, qu'on lui améneroit, envoya des Dragons à leur poursuite; mais ils n'en donnerent aucunes nouvelles. Je pense même qu'on leur en auroit promis cent, qu'ils n'en auroient arrêté aucun; parce qu'il est de l'interêt de l'Espagne qu'il reste le plus d'hommes possible dans le pays, pour le peupler.

Monte-video est une Peuplade nouvelle. Il n'y a pas vingt-cinq ans, qu'il n'y avoit que quelques Cazes. C'est cependant le seul endroit un peu commode pour le mouillage des Navires qui remontent Rio de la Plata. Aujourd'hui c'est une petite Ville, qui s'embellit tous les jours. Les rues y sont tirées au cordeau, & assez larges pour passer trois carosses de front. On en trouve une vûë, que j'ai dessinée telle qu'elle se présentoit à bord

Y   de

de la Frégate l'Aigle, pendant notre mouillage, entre le Mont & la Ville; suivant le relévement que j'ai donné ci-devant. Voyez cette vûe Pl. VI. fig. 2.

Les maisons n'y ont que le rez de chaussée sous la charpente du toit. J'en excepte une seule, située dans la grande Place, appartenant à l'Ingénieur, qui y loge, & qui l'a fait bâtir. Elle a un étage & une espece de mansarde, avec un assez longue sallie, qui supporte un balcon au milieu de la façade. On voit le plan de cette Ville. Pl. VI. fig. 3.

Chaque maison bourgeoise est ordinairement composée d'une Salle, qui sert d'entrée, de quelques chambres pour coucher, & d'une cuisine, seul endroit où il y ait une cheminée, & où l'on fasse du feu. Ces maisons sont donc proprement un rez de chaussée de quatorze ou quinze piés de hauteur, y compris le comble. La piece d'entrée du Gouverneur est une Salle d'un quarré-long, qui ne reçoit de jour que par une seule fenêtre assez petite, avec un vitrage, moitié papier, moitié verre; le bas de la croisée fermé d'ais d'un bois poli. Cette Salle peut avoir quinze piés de large sur dix-huit de long. On

On passe de là dans la Salle de Compagnie, qui est presque quarrée, ayant plus de profondeur que de largeur. Au fond, vis-à-vis l'unique fenêtre qui l'éclaire, entretenue dans le goût de celle dont je viens de parler, & fermée par une grille de fer, on voit une espece d'estrade large de six pieds, couverte de peaux de Tigres. Au milieu est un fauteuil pour Madame la Gouvernante, & de chaque côté six tabourets, revêtus, comme le fauteuil, de velours cramoisi. Toute la décoration consiste en trois mauvais petits tableaux, & quelques grands plans, moitié peints, moitié colorés, encore plus mauvais quant à la peinture. Les sieges pour les hommes occupent les deux autres côtés de la Salle. Ce sont des chaises de bois, à dossier fort élevé, de la forme de ces chaises du tems de Henry IV. ayant deux colonnes tournées, pour accompagner un cadre qui orne le milieu, revêtu de cuir, estampé en demi relief, ainsi que le siege. La porte de communication de cette Salle à la chambre qui suit, où couchent le Gouverneur & son épouse, n'est fermée que par une espece de rideau de Tapisserie, que nous nommons *Chambriere.*

brière. Les deux angles de cette Salle, aux deux côtés de la fenêtre, font remplis, l'un par une table de bois, sur laquelle est toujours exposé le Cabaret à prendre le Maté; l'autre par une espece d'armoire, surmontée de deux ou trois rayons, garnis de quelques plats & de quelques tasses de porcelaine.

La Dame de la maison est la seule qui s'asseoit sur l'estrade, quand il n'y a que des hommes en sa compagnie, à moins qu'elle n'en invite quelques uns à venir se placer sur les Tabourets auprès d'elle.

Ces Salles font d'ailleurs, généralement parlant, sans plancher & sans carrelage. On voit du dedans les roseaux qui soutiennent les tuiles de la couverture.

Les Blancs ne font autre chose que bavarder ensemble, en prenant du Maté, ou en fumant une Sigare *) ou Cigare.
Les

---

*) On ne sert pas de pipes à Monte-video, ni dans les établissemens Espagnols en Amérique. Ils fument, ce que les François des Iles Antilles appellent *fumer en bout*. Ces bouts que les Espagnols nomment *Cigares*, ou *Cigales*, ou *Sigares*, sont de petits cylindres de six à sept pouces de long, & de cinq à six lignes de diametre, composés de feuilles de tabac roulées l'une

HISTORIQUE.

Les Marchands, & quelques Artiſtes en très petit nombre, ſont les ſeuls occupés dans Monte-video. Il n'y a point de boutiques apparentes, ni enſeigne qui les annonce, ni étalages extérieurs qui les indiquent. Mais on eſt aſſuré d'en trouver une lorſqu'on entre dans une maiſon ſituée à l'angle formé par la rencontre de deux rues. Le même marchand vend du vin, de l'eau de vie, de l'étoffe, du linge, de la clinquaillerie &c.

On l'une ſur l'autre, de la queue à la pointe. Ceux que j'ai vû fabriquer à Monte-video ne ſont fait que de deux ou trois feuilles au plus. Elles ſont roulées fort legerement, afin de laiſſer un libre paſſage à la fumée par les interſtices que ſe trouvent entre elles. Ordinairement les deux bouts ſont liés d'un peu de fil, qui empêche la feuille de ſe dérouler, & l'on a ſoin, en finiſſant le cylindre, de mouiller d'un peu de colle de farine très claire, la derniere extrémité, qui complete le rouleau. On allume un bout de ce cylindre, & l'on tient l'autre dans la bouche, pour inſpirer enſuite la fumée, comme l'on fait avec une pipe ordinaire.

Un Eſpagnol ne marche jamais ſans ſa proviſion de Cigare, qu'ils mettent en paquets de neuf dans une eſpece de petite gibeciere, ou ſac de peau parfumée, un peu plus grand que nos

On ne voit dans les rues que des Blancs ou des Noirs, ou des Mulâtres à cheval, & des chevaux arrêtés aux portes des maisons, sans y être attachés. On pourroit bien nommer ce Pays-là *l'Enfer des chevaux*. On les y fait travailler souvent trois jours de suite, sans leur donner à boire ni à manger ; on les y tient attachés autant de tems, & sans rien faire que quelques courses du bout d'une

Portes-lettres. Jamais ils ne manquent surtout en sortant de table, de présenter des Cigares à leurs convives.

La fumée en est beaucoup plus douce que celle que l'on tire par le tuyau d'une pipe. J'imagine que le tabac dont ces Cigares sont faites, est d'une espece plus douce que celui dont ils font des andouilles en forme de fuseau, pour prendre en poudre ; ou ils lui donnent une préparation qui l'adoucit ; laquelle consiste, je pense, à faire tremper la feuille dans l'eau pendant quelques heures, avant que de les rouler. Car elles sont mouillées lorsqu'ils en forment les cylindres. Nos Matelots, qui fumoient du tabac en andouilles, se plaignoient de son acreté, & disoient que la fumée de ce tabac leur peloit la gorge.

Les Espagnols ne donnent pas au tabac la même préparation que les Portugais du Brésil :

aussi

d'une rue à l'autre. Ce tems expiré, on les renvoie à la campagne, paître l'herbe qu'ils y trouvent. Celui qui les y a menés, les défelle, met la felle fur un autre, qu'il mene à la Ville, pour y être traité de même.

Ce font néanmoins d'excellens chevaux, qui ont confervé la bonté & la vivacité des chevaux Efpagnols, dont ils font fortis. Ils ont le pié extrêmement affu-

aufli n'eft-il pas, à beaucoup près, fi bon. Les Portugais, en le filant comme une corde, dont la groffeur n'excede pas un pouce de diametre, l'humectent d'un peu d'eau de mer, mêlée avec du fyrop de canne à fucre; ce qui l'entretient gras & frais. Celui des Efpagnols eft toujours extrêmement fec; les andouilles ou fufeaux font d'une livre & demie, ou deux livres. Les Portugais mettent leur tabac filé en *Rolle*. Pour ce faire ils l'entortillent autour d'un morceau de bois gros comme le poignet, à la maniere que l'on voit celui qui fe vend en France, fous les noms de *tabac à fumer*, ou *tabac de cantine*. Ces Rolles font depuis dix jufqu'à deux cents livres, & font enveloppés d'un cuir verd ou fans apprêts.

Quoique le tabac du Brefil foit, peut-être, le plus excellent qu'il y aît, perfonne, au moins au goût François, n'en prend de plus mauvais assuré, & sont d'une agilité surprenante. Leur pas est si vif & si allongé, qu'il égale le plus grand trot & le petit galop des nôtres. Quelques uns sont même si legers que l'on ne connoît rien à leur comparer. Leur pas consiste à lever en même tems le pié de devant & celui de derriere; & au lieu de porter le pié de derriere dans l'endroit où ils avoient posé celui de devant, ils le portent beaucoup plus loin, vis à vis & même au delà du pié de

en poudre que les Portugais de ce pays-là. Ils ne le rapent pas; ils le coupent en petits morceaux, comme s'ils vouloient le fumer dans une pipe: ils le mettent ensuite sur une plaque de fer ou de cuivre, soutenue par trois piés sur un feu doux, où ils la laissent sécher, jusqu'à ce qu'il puisse être réduit en poudre. On le pile après cela dans un mortier, on le tamise; & pour lui ôter l'odeur désagréable de brûlé qu'il acquiert en séchant ainsi, ils y mêlent quelque odeur de fleurs, chacun suivant celle qui lui plaît davantage. Ils préféroient tellement au leur celui que nous avions apporté de France, qu'en ayant une fois goûté il falloit que nous eussions presque sans cesse nos tabatieres ouvertes. Mr. de Bougainville en fit présent de deux livres à Mr. le Gouverneur de l'Ile Ste. Catherine, dans une cave de porcelaine montée en argent.

de devant du côté opposé; ce qui rend leur mouvement près du double plus prompt que celui des chevaux ordinaires, & beaucoup plus doux pour le cavalier. Ils ne sont pas distingués par leur beauté; mais on peut vanter leur legèreté, leur douceur, leur courage & leur sobriété. Les habitans ne font aucune provision de foin ni de paille pour nourrir ces animaux. Toute leur ressource est de paître aux champs toute l'année. Il est vrai qu'il n'y fait jamais de froid à glacer ni les rivieres ni les plantes.

Le Terrain des environs de Montevideo est une plaine à perte de vûe. Le sol est une terre noire, forte, qui produit abondamment si peu qu'on la travaille. Il n'y manque que des Cultivateurs, pour en faire un des meilleurs pays du monde. L'air y est sain, le Ciel beau; les chaleurs n'y sont pas excessives. Le bois y manque, & l'on n'en trouve que le long des rivieres. C'est là où se tiennent les Tigres, les Léopards & les autres bêtes féroces. Les Tigres surtout y sont en assez grand nombre, plus

gros,

gros, & plus cruels que ceux d'A-
frique. *)

Les Espagnols de Monte-video, vivent, comme je l'ai déjà dit, dans une grande oisiveté. Ils sont vêtus à peu près comme les Portugais de l'Ile Ste. Catherine; mais ils portent assez communément des chapeaux blancs, dont les aîles rabattues ne leur paroissent jamais assez grandes.

Les femmes y sont assez bien pour la taille & la figure; mais on ne sçauroit leur dire avec vérité qu'elles ont un teint de lys & de rose; elles l'ont assez fumé, & communement les dents leur manquent, ou ne sont pas blanches.

Leur

*) Mr. le Gouverneur en avoit un élevé dès le plus bas âge, dans la Cour du Gouvernement. Il étoit attaché auprès de la porte d'entrée, avec une simple courroye de cuir de taureau, passée au cou. Les Dragons & les Domestiques badinoient avec lui, sans qu'il donnât aucune marque de sa férocité naturelle. On le tournoit, on le tiroit, on le culbutoit, comme l'on feroit un chat privé. Voyant qu'il pouvoit faire plaisir à Mr. de Bougainville, Mr. le Gouverneur le fit porter à bord, & le lui donna. On y fit construire une cage de madriers de six pouces d'écarissage; & on l'a gardé une huitaine de jours. Au bout de ce
tems,

HISTORIQUE. 347

Leur habillement consiste, à l'extérieur, en un corset blanc ou de couleur, sans ajustement; bienfait à la taille, & dont les *bastes* ou basques descendent de quatre doigts sur le jupon. Ce jupon est d'une étoffe plus ou moins riche, suivant les facultés ou la fantaisie de celle qui le porte. Il est bordé d'un galon ou d'une crépine d'argent, d'or, ou de soye, quelquefois à double rang; mais sans falbalas. Elles ne portent point de coëffures de toile ni de dentelles. Un seul ruban, passé autour de la tête tient leurs cheveux réunis sur le sommet; d'où, en passant sur le derriere de la tête, ils tombent en deux ou trois tresses sur le dos;
quel-

tems, il commença à mugir de tems à autre, & surtout la nuit. On craignit alors qu'il ne devînt furieux, ou qu'en s'amusant, il n'engueulât le bras des Mousses, ou des enfans qui alloient le voir, & qui passoient quelquefois la main entre les madriers de sa cage. D'ailleurs il falloit de la viande fraîche pour le nourrir; & nous n'en avions pas de reste à lui donner. Ces considérations déterminerent Mr. de Bougainville à le faire étrangler. Il n'avoit alors que quatre mois: & sa hauteur, sur ses jambes, étoit de deux piés trois pouces. On peut juger de celle qu'il auroit acquise dans sa grandeur naturelle.

quelquefois jusqu'à la jartiere. Les plus longs leur paroissent les plus beaux.

Quand elles sortent, souvent dans la maison même, elles passent sur la tête une piece d'étoffe fine, blanche & de laine, bordée d'un galon d'or, d'argent, ou de soye. Cette piece d'étoffe, qu'elles nomment *iquella* ou mantille, couvre aussi les épaules, les bras, & descend jusqu'au dessous de la ceinture. Elles croisent les deux bouts sur la poitrine, ou les passent sous les bras, comme nos Dames Françoises font de leur Mantelet. Lorsqu'elles portent cette espece de mantelet dans la maison, ordinairement elles ne le passent pas sur la tête. Les paysannes du Poitou en portent à peu près de semblables. Mais, dans les rues & à l'Eglise, les Espagnoles arrangent cet ajustement sur leur tête de maniere qu'elles ne laissent gueres voir qu'un oeil & le nez; dans la maison, elles ne cachent souvent pas même la gorge.

Les femmes sont chez elles avec au moins autant de liberté qu'en France. Elles reçoivent la compagnie de très-bonne grace, & ne se font pas prier pour chanter, danser, jouer de la Harpe, de la Guitarre

tarre, du Tuorbe, ou de la Mandoline. Elles font en cela beaucoup plus complaifantes que nos Françoifes. Lorfqu'elles ne danfent pas, elles fe tiennent affifes fur des Tabourets, placés, comme je l'ai dit, fur une efpece d'eftrade au fond de la Salle de compagnie. Les hommes ne peuvent s'y placer qu'invités à le faire; & c'eft une courtoifie de faveur, qui fent un peu la familiarité.

La maniere de danfer des Dames tient de l'indolence dans laquelle elles paffent leurs jours, quoiqu'elles foient naturellement fort vives. Dans la plûpart de leurs danfes, elles ont les bras pendans, ou pliés fous la mantille, qu'elles nomment auffi *Rébos*. En danfant le *Sapateo*, une des danfes le plus ou ufage, elles tiennent les bras élevés, & battent l'air avec les doigts, en les faifant claquer, comme l'on fait quelquefois en France en danfant le Rigodon. Le Sapateo fe danfe fans changer beaucoup de place, & en battant alternativement du bout du deffus du pied & du talon. A' peine femblent-elles remuer. Elles paroiffent plûtôt glifler feulement le pied, que marcher en cadence; ce qui vient de la legèreté & de la promp-

promptitude avec lesquelles elles remuent les pieds.

Le Gouverneur & les Militaires sont habillés à la Françoise, excepté qu'ils portent toujours un chapeau sur la tête, & sans poudre ni frisure, non plus que les femmes. Ils vivent aussi dans une grande oisiveté, ainsi que les autres Espagnols, qui sont habillés, à peu près comme les Portugais de l'Ile Sainte Catherine.

Les gens du commun, les Mulâtres & les Negres, au lieu de manteau, portent une piéce d'étoffe rayée par bandes, de différentes couleurs, fendue seulement dans le milieu, pour passer la tête. Elle tombe sur les bras & couvre jusques aux poignets. Par devant & par derriere elle descend jusqu'au dessous du gras de la jambe, & est frangée tout autour. On lui donne le nom de *Poncho* ou *Chony*. Tous le portent à cheval, & le trouvent beaucoup plus commode que le manteau & que la redingote. Mr. le Gouverneur nous en montra un, brodé en or & argent au Chili, d'où ils en ont emprunté l'usage, qui lui coûtoit trois cents & tant de piastres. On y en fait du prix de deux mille.

Le

Le Poncho garantit de la pluye, ne se défait pas au vent, sert de couverture la nuit, & de tapis en campagne. On voit toutes ces figures Pl. XV.

La maniere de vivre des Espagnols est très-simple. Les hommes qui ne sont pas occupés au commerce, se levent très-tard, ainsi que les femmes. Les Esclaves, Négresses ou Mulâtres, préparent le Maté, pendant que les Maîtres s'habillent, & ils ont la bombille au bec presque avant que d'avoir le pied dans la pantoufle. Les hommes restent ensuite les bras croisés, jusques à ce qu'il leur prenne fantaisie d'aller bavarder & fumer une cigale avec leurs voisins. On les trouve souvent quatre ou cinq, debout à la porte d'une maison, causant & fumant. D'autres montent à cheval, & vont faire, non un tour de promenade aux champs, mais un tour de rue. Si l'envie leur prend, ils descendent de cheval, se joignent à la compagnie qu'ils rencontrent, causent deux heures, sans rien dire, fument, prennent du Maté, remontent sur leur cheval, qui, pendant ce tems-là, est demeuré auprès d'eux immobile comme un cheval de bois, sans
être

être attaché, & comme s'il eût été attentif à la conversation. Quelquefois on y voit autant de chevaux que d'hommes.

Pour passer ce tems-là, les femmes demeurent assises sur un tabouret, au fond de leur Salle, ayant sous les piés d'abord une natte de roseaux sur le pavé; & par dessus cette nate, des manteaux de Sauvages, ou des peaux de Tigres. Elles y jouent de la Guitarre, ou de quelqu'autre instrument en s'accompagnant de la voix, ou prennent du Maté, pendant que les Négresses apprêtent le dîner dans leur appartement.

Vers midi & demi ou une heure, on sert le dîner; qui consiste en du bœuf accommodé de différentes façons, mais toujours avec beaucoup de piment & de séfran. On y sert quelquefois des ragoûts de moutons, qu'ils nomment *Carnero*, & quelquefois du poisson, rarement de la volaille, qui n'y est pas commune. Le Gibier y abonde; mais les Espagnols ne sont pas gens de chasse, elle les fatigueroit. Le dessert est composé de confitures.

D'abord après le dîner, Maîtres & Esclaves font ce qu'ils appellent *la Siesta*, c'estc'est-à-dire qu'ils se couchent, quelquefois même déshabillés, & dans le lit, où ils dorment deux ou trois heures. Les ouvriers, qui ne vivent que du travail de leurs mains, ne se refusent pas ces heures de repos. Cette bonne partie de la journée perdue, est cause qu'ils font peu d'ouvrage, & rend la main-d'œuvre excessivement chere. Peut-être aussi cela vient-il de ce que l'argent y est très commun.

Il n'est pas surprenant qu'ils soient indolens & fainéans. La viande ne leur coûte que la peine de tuer, écorcher & couper le taureau pour l'apprêter. Le pain y est à très bon marché. Les peaux de taureaux & de vaches leur servent à faire des sacs de toutes especes, à couvrir une partie de leurs maisons, & à mille autres choses, pour lesquelles on employe en Europe différentes sortes de matereaux. Ces peaux sont si communes, que l'on en trouve des lambeaux épars çà & là le long des rues peu fréquentées, dans les Places & sur les murs des jardins.

On trouve peu de ces jardins cultivés, quoique chaque maison aît le sien. On les y laisse en friche. Je n'en ai vû qu'un seul assez bien entretenu, sans doute parce que le Jardinier étoit Anglois. Aussi les légumes y sont rares. Celui que l'on y cultive le plus est le Séfran ou Carthame, pour la soupe & les sauces.

Il est ordinaire parmi eux d'avoir une Maitresse. Ceux qui en ont des enfans, leur donnent une espece de légitimité, en reconnoissant publiquement qu'ils en sont les peres. Alors ces enfans héritent d'eux, à peu près comme les enfans légitimes. Il n'y a pas de honte attachée à la bâtardise; parce que les Loix autorisent cette naissance, au point de donner aux bâtards même le titre de Gentilshommes: en quoi ces loix paroissent plus conformes à l'humanité, qui ne font pas porter à l'innocent la peine de la faute du coupable.

J'ai remarqué, en entendant la Messe, que la chassuble n'est composée que de trois bandes d'étoffe, cousues dans leur longueur, sans figure de croix. Celle du milieu differe seulement de couleur d'avec les deux autres. Pendant tout le tems de la Messe, un habitant joue de la Harpe, dans une tribune, sans doute pour tenir lieu d'Orgues. Je n'y ai vû de partiticulieres démonstrations de dévotion, que celle de se fraper la poitrine assez fort à cinq ou six reprises, depuis le commencement du Canon jusqu'après la Communion. Le Rosaire y est fort en usage; & c'est presque la seule priere qu'ils y font. Plusieurs le portent pendu au cou. Les Portugais de Ste. Catherine, Blancs, Noirs & Mulâtres, en avoient aussi presque tous, les uns à l'extérieur, surtout les Noirs, les autres sous leurs habits. Ils ont aussi beaucoup de dévotion pour le scapulaire du Mont-Carmel. Hommes & femmes en portent. Au moyen du Scapulaire & des *Avillas* ils se croyent à l'abri de tous les périls, & en sureté pour leur salut éternel. Ils ne sont scrupuleux qu'à l'égard de l'extérieur des exercices de devotion. Ces Avillas qu'on leur voit pendus cou, sont une espece de chataigne de mer, ressemblant à une feve plate & ronde, de la largeur d'un petit écu, & de deux lignes & demie d'épaisseur; la peau est grenue & chagrinée très-fin, couleur claire de châtaigne; à la circonférence est une bande noire, qui en fait presque tout le tour. J'en amassai beaucoup sur le bord de la mer,

à l'Ile

à l'Ile Ste. Catherine, sans les connoître: & j'en ai vû plusieurs montées en argent chez un Orfévre a Monte-video. Il me dit que, portée au col, elle préservoit du mauvais air & des sorciers.

A chaque Autel est un voile qui regne depuis le haut jusqu'au bas, toujours tendu devant la principale Image, dans le goût de celui que l'on place en France devant le St. Sacrement, quand il est exposé hors du Tabernacle, pendant un Sermon, ou un Prône. Ce voile y est à demeure. Au commencement de la Messe, le Servant tire le cordon qui suspend ce voile, & le levant comme un store, il découvre l'Image: la Messe finie, il laisse retomber le voile.

Deux jours avant que de portir du Cap Fréel, près de St. Malo, nous mîmes dans un petit tonneau d'eau de cinquante pintes, une liqueur, qu'un Mr. Seguin, Chymiste, demeurant rue des postes près de l'Estrapade à Paris, m'avoit donnée, comme propre à préserver l'eau douce de corruption, tant sur mer que sur terre, & comme ayant la propriété non seulement de prévenir le scorbut de mer, mais de le guérir. Ayant jusqu'ici con-

conservé l'eau que nous avons embarqué à St. Malo, sans corruption, après avoir examiné l'une & l'autre, nous n'y avons pas trouvé de différence, & nous n'ouvrirons de nouveau le petit tonneau où nous avons mis cette liqueur, qu'en cas que l'autre subisse quelque altération considérable.

La nuit même que l'orage nous obligea de coucher chez Mr. le Gouverneur, il se fit sentir avec des suites plus funestes à deux portées de canon au large de nos Frégates. Le tonnerre gronda très-fort, & la foudre tomba sur le Navire Espagnol la Sainte Barbe, qui y avoit été mouiller depuis deux jours, pour être plus à portée de sortir de la riviere au premier bon vent. Cette avance ne lui procura que cet accident, où il eût un homme tué & quatorze blessés, dont cinq dangereusement; & son mâts d'artimon fracassé.

Dès le lendemain, nous portames chez le Gouverneur la Boussole imaginée par le Capitaine Mandillo Genois, pour trouver les longitudes. Nous voulions essayer de faire au Gouvernement les observations qu'il ne nous avoit pas été possible de faire fur le Navire dans toute la traverfée, même pendant le calme; parce que le défaut de cette Bouffole eft que le moindre mouvement empêche les aiguilles de fe fixer. Pendant le calme, même tout plat, il y a toujours un roulis, plus ou moins fort. Malgré toute l'attention que nous avions apportée à conferver cette Bouffole, l'humidité de l'air de mer, qui pénetre par tout, en avoit altéré les aiguilles, qui avoient acquis un peu de rouille près du centre, & près des curfeurs placés pour les équilibrer. Elles avoient perdu cet équilibre fi néceffaire, & même leur aiman en partie. Nous travaillames à les dérouiller: & nous leur redonnames leur aiman; mais nous refervames les obfervations à un autre jour, parce qu'il étoit tard, & nous laiffâmes l'inftrument chez le Gouverneur.

Lui ayant alors témoigné notre étonnement de ce que les habitans de Monte-video ne s'avifoient même pas de fe procurer de l'ombre dans leurs jardins, & dans les Places, qui font fort vaftes, en y plantant des arbres, & de ce que le pays en paroît abfolument dépourvû;
il nous

il nous dit qu'il y en avoit le long des Rivieres, & qu'une maison de Campagne qu'il avoit à environ deux lieues de la Ville, en étoit bien fournie. Il proposa la partie d'y aller à cheval le lendemain après-midi, & d'aller dîner chez lui. Nous acceptâmes la cavalcade seulement, dans le dessein tant de voir le pays, que de vérifier ce que lui & tant d'autres nous avoient dit d'étonnant & presqu'incroyable des chevaux du Paraguay.

En conséquence, Mr. le Gouverneur se chargea de nous tenir un nombre de chevaux prêts pour les trois à quatre heures.

Le Signor Vicaire m'avoit invité à dîner chez lui ce jour là, avec Mrs. Duclos freres, premier & second Capitaine, Mr. de Belcourt, le Trésorier des Troupes Espagnoles, Flamand, qui parloit bien la langue Françoise, & les deux fils de Mr. Duclos l'ainé. Nous nous y rendîmes: & pendant tout le dîner un Mulâtre joua de la Harpe. Vers le milieu, un autre homme, que l'on disoit Indien civilisé, se joignit au premier, & l'accompagna de la Guitarre. Alors le Signor Vicaire, seul & unique Ecclésiastique dans la Ville, fit venir quatre ou cinq petits Noirs de huit à dix ans, & autant de Négresses du même âge. Il les fit danser au son de ces instrumens & des castagnettes qu'ils tenoient à la main. Ces enfans s'en acquiterent avec une agilité & une adresse surprenantes. Ce qu'il y a d'un peu ennuyant dans ces danses Indiennes, c'est qu'ils répetent à chaque danse presque toujours les mêmes mouvemens. Il faut aussi avouer que l'on ne trouve pas beaucoup de différence dans les airs qu'ils chantent ou qu'ils jouent. On en voit quelques uns de notés dans la Rélation du Voyage de la mer du Sud de Frézier, surtout la *Sapateo*.

Ils avoient connoissance dans ce pays-là, non seulement de ce que le Roy de Portugal avoit fait contre les Jésuites de ses Etats; mais encore de ce que les Parlemens de France & le Gouvernement avoient statué contre cette Société. Le Signor Vicaire me pria de lui donner en écrit le précis de ce que représente le célébre Tableau trouvé chez les P. P. Jésuites de Billom en Auvergue, lors de l'inventaire qui y fut fait des meubles &
des

des biens de ces Peres; après la condamnation & la suppression de leur Institut en 1762 & 1763; & la sécularisation de ses membres. Je satisfis sa curiosité sur ce monument autentique de la folie Jésuitique. Ce Curé est homme de bon sens, généralement aimé. Il a une trentaine d'Esclaves, Noirs ou Négresses, tant grands que petits. Son plaisir est d'avoir toujours quelqu'un à dîner chez lui. On y est bien venu & bien traité. Il aime tous ses esclaves comme ses enfans, & en est chéri. Il les éleve bien, & cela pour leur donner ensuite la liberté, avec quarante ou cinquante vaches ou taureaux, pour les mettre en état de soutenir cette liberté. Mais il a une attention toute particuliere, je peux même dire, un amour de préférence, pour un petit Mulâtre, presque Blanc, fils d'une Mulâtre son esclave, &, à ce qu'il nous dit, d'un Officier Irlandois, mais qui porte cependant dans tous les traits de son visage la filiation du Signor Vicaire. Il vouloit, nous disoit-il, l'envoyer faire ses études en France, & en faire un Médecin. Cet enfant a actuellement sept ans. Il le fait manger en particulier,

quand

quand il a compagnie, & souvent avec lui, quand il n'a personne. Il lui a déjà assuré vingt cinq mille piastres. Sa Cure & ses revenus propres lui en valent près de quatre mille; & il est âgé d'une soixantaine d'années.

Nous étions servis à table par quatre Négresses, par la mere du petit Mulâtre, qui est aussi Mulâtre, & par une Indienne, femme d'un Cacique, prise à la Colonie du St. Sacrement sur les Portugais, dans le dernier siege qu'en ont fait les Espagnols. Elles étoient toutes enceintes, quoiqu'aucune ne soit mariée, excepté la Sauvagesse, qui ignore si son mari est mort ou vivant. Les hommes ni les femmes de ce pays-là ne sont point du tout scrupuleux sur cet article.

Au dessert, Mrs. de Bougainville, de Nerville & Lhuillier de la Serre, vinrent nous joindre; & je me rendis avec eux au Gouvernement, où nous trouvames des chevaux prêts. Madame la Gouvernante, habillée en Amazone & coëffée d'une chapeau bordé d'or, retroussé à la militaire, se mit à la tête de la cavalcade, sur un cheval superbe, dont la bonté égaloit l'apparence. Celui que montoit
Mr.

Mr. de Bongainville n'étoit pas moins beau. Avec un certain pas doublé qui tient de l'amble, ils nous devançoient toujours l'un & l'autre. Tout ce que nous pouvions faire, étoit de les accoster en allant, les uns au trot, les autres au petit galop. Nous tinmes cette allure jusqu'à la maison de campagne, où, quoi-qu'il n'y eût, disoient-ils, qu'une lieue, nous n'arrivames que plus d'une grande heure après être partis de Monte-video.

Le Pere Roch, Franciscain, avec le fils du Gouverneur, âgé de trois ans & demi, dont ce Pere est Précepteur, nous y attendoient. Une collation renforcée s'y trouva servie; & après avoir bu un coup seulement à cause de la grande cha-leur, nous allames visiter le Verger du Gouverneur, auquel il donnoit le nom de *Bois*.

Cette Maison de campagne est très-peu de chose pour le bâtiment. Elle consiste en un seul rez de chaussée, com-me toutes les autres maisons du pays; à cause des vents impétueux, qui y sont très fréquens, & qui pourroient les ren-verser. Une Salle assez jolie, qui n'a cependant

dant d'autre décoration que des Cartes Géographiques, appliquées sur le mur tout nud, & des chaises de bois garnies de cuir goffré en desseins de fleurons, fait à peu près tout ce qu'il y a de remarquable.

A deux ou trois portées de fusil est planté le verger; qui consiste en pommiers, poiriers, pêchers & figuiers, plantés en allées, mais peu régulieres, si l'on en excepte celle du milieu, qui regne d'un bout à l'autre, & a de longueur bien près d'une bonne demi-lieue. Un ruisseau assez considérable serpente à travers du Verger; ce qui, vraisemblablement, a empêché d'en alligner toutes les allées. Elles sont d'ailleurs fort champêtres, par les plantes hautes & basses qui y croissent sans culture. La Mélisse surtout y foisonne. J'en fis connoître les propriétés au Gouverneur, à Mr. Belia & à un autre Officier. Ils en furent d'autant plus charmés, que, cette plante étant très abondante dans le pays, ils pensoient qu'elle pourroit suppléer au Maté.

Les arbres étoient si chargés de fruit que la plûpart des branches n'ayant pu
en

en supporter le poids étoient déjà brisées. Nous conseillames au Gouverneur de faire étayer les autres avec des fourches; avec d'autant plus de raison, que tous ces fruits, disoient-ils, étoient des plus excellens. Nous ne pûmes en juger, car ils ne devoient être en maturité qu'à la fin de Fevrier; ils avoient en effet la plus belle apparence du monde.

On pourroit faire de ce Verger une promenade charmante; mais le Gouverneur n'y fait pas travailler, parce qu'il est dans le dessein de retourner en Europe, où il compte fixer son séjour.

Dans le retour j'accostai le pere Roch: nous raisonnames, en langue latine, sur quelques points de Physique; & il me fut aisé de connoître, qu'il ne l'avoit gueres étudiée que dans les Ecoles de la Philosophie d'Aristote, tant par les termes barbares & peu en usage aujourd'hui, que par le systême qu'il suivoit. Il m'avoua même qu'il y étoit très attaché. *Je suis*, me dit-il, *Péripatéticien & Scotiste pour la vie.* Il parloit facilement & un assez bon latin. L'embarras que j'y trouvois étoit sa prononciation des U en ou, & des G, dont les Espagnols éteignent le son

son dans la gorge, & prononcent presque comme l'H aspirée. Outre l'attention que cela exigeoit de ma part, pour l'entendre, il me falloit encore avoir celle de ce que j'avois à dire, & de plus celle de prononcer tout comme lui, sans quoi il ne m'auroit peut-être pas compris. Quelques jours auparavant j'avois été, pour la premiere fois, dans le même cas avec lui. Sur sa réputation d'homme sçavant, j'avois été à son Couvent. Je le demandai, en langue latine, à un de ses Confreres, qui vint m'ouvrir la porte. Il me fit signe d'entrer sans me répondre une seule parole. J'entrai, & en ayant rencontré trois autres, je demandai dans le même langage des nouvelles du Pere Roch: l'un deux me répondit simplement: *Padre Fratre Roch? fuoras.* C'est tout ce que j'en pus tirer. J'ai senti dans cette occasion & dans plusieurs autres le désagrément qu'il y a pour un Voyageur, d'ignorer la langue du pays où il se trouve. Ne pas entendre exactement ce que les autres disent; être contraint de se taire, quand on a quelquefois de bonnes choses à dire, parce que l'on ne seroit pas entendu; c'est une situation pire que celle d'un sourd,

sourd, qui peut au moins parler & se faire entendre.

Etant retourné une seconde fois au Couvent, j'eus le bonheur de rencontrer le Pere Gardien, qui me répondit en bon latin, qu'il parloit, mais un peu difficilement. Il m'introduisit dans sa cellule, où je conversai avec lui une bonne demi-heure, après laquelle le Pere Roch vint nous y joindre. C'est dans cette conversation qu'il m'apprit quelques remedes dont il avoit vû le succès par des expériences réitérées. Voici les receptes de quelques uns que l'on pourra mettre en usage, si on le juge à propos.

Maux de dents.

Tirez de la tête d'un Chardon à Bonnettier, ou de Cardeur, un ver que l'on y trouve presque toujours quand il est mûr. Roulez ce ver entre le pouce & l'index, en le serrant tout doucement, jusqu'à ce qu'il soit mort de langueur. L'un ou l'autre de ces deux doigts appliqués sur la dent auront au moins pendant toute l'année la propriété de guérir la douleur.

Far-

Farcin des chevaux.

Ramassez à la fin de l'Automne ces tumeurs barbues ou espèces de châtaignes d'églantier : pilez le ver que vous y trouverez, & faites le avaler au cheval dans un verre de vin, ou dans autre chose ; & le couvrez bien.

Cheval fourbu.

Faites lui avaler une ou deux cueillerées de sel commun dans un demi-septier d'eau, c'est-à-dire, dans une demi-livre d'eau commune.

Fievres malignes.

Appliquez sous chaque plante des pieds du malade une Tanche toute en vie, sans la fendre, ni lui faire aucun mal. Assujettissez-les avec des bandes de linge, ôtez-les au bout de douze heures, avec la précaution de ne pas respirer s'il est possible l'odeur qu'elles exhalent, & les enterrez promptement, ou jettez-les dans des commodités : le malade sera bientôt guéri.

Esquinancie.

Prenez gros comme un œuf de Vers de terre tous en vie ; mettez-les entre deux vieil-

vieilles mousselines, & appliquez-les autres autour de la gorge, à nud, du malade. Renouvellez le remede de trois heures en trois heures pendant deux jours.

Hémorragie du nez.

Mettez dans les deux narines, ou derriere les deux oreilles du malade, une pincée de poil des parties naturelles d'un sexe différent du malade; le sang s'arrêtera presqu'à l'instant.

Emplâtre immanquable pour faire sortir la petite vérole rentrée.

Prenez de la farine de fleurs de seigle; délayez-la avec de l'eau de pluye, du verjus, un œuf frais & une demi-once d'orpiment bien pulverisé. Battez bien le tout ensemble: étendez-le sur du papier brouillard. Saupoudrez de cloux de gérofle en poudre, & appliquez ce cataplasme sous la plante des piés; vous l'y laisserez vingt-quatre heures, & le jetterez ensuite promptement au feu.

Fleurs blanches.

Pilez les feuilles de la pilosellle ou oreille de souris: exprimez-en le suc à la quantité de deux onces, que vous ferez avaler à la malade à jeun, dans un verre de bouillon, ou de vin blanc. Vous réitérerez cette potion quelques jours de suite, après avoir commencé par purger la malade; qui ne se nourrira que de viandes de bon suc, & ne fera point d'excès. Ce remede, disoit-il, a guéri des femmes attaquées de ce mal depuis huit à dix ans, & cela en cinq ou six jours.

Pertes rouges des femmes.

Faites griller sur une assiette de terre neuve, ou sur la pêle du feu bien netoyée, une bonne pincée de poil des parties naturelles d'un homme sain & de bon âge. Reduisez-la en poudre & la faites avaler à jeun dans un verre de bon vin rouge. Pour les suppressions on le donne dans du vin blanc. On peut réitérer le remede une seconde fois.

Ecrouelles & autres tumeurs scrophuleuses.

Appliquez-y une ou deux feuilles amorties de grand plantain. Renouvellez cette application, avec de nouveau plantain, deux fois le jour. Pendant ce tems

tems-là, faites prendre tous les matins à jeun une infusion chaude de feuilles de noyer, en façon de thé.

Colique & point de côté.

Racine de Tournesol mise sous l'aisselle du côté de la douleur. Dès qu'elle s'y est échauffée, la colique cesse. Eprouvé sur un point de côté opiniâtre a réussi.

Exostose.

Applatissez une balle, qui a tué un animal, & appliquez-la à nud sur le mal.

Paralysie.

Faites bouillir des raiforts dans de l'eau avec un peu de genievre, & faites en votre boisson ordinaire. On peut mettre des raiforts dans la soupe au lieu d'herbes potageres.

Ulceres.

Machez des crottes de brebis sèches, & appliquez-les en cataplasme sur le mal. Renouvellez soir & matin.

Cancer & ulceres.

Mettez dans un pot de terre neuf un gros crapaut vivant, & par dessus deux onces de souphre en canon réduit en poudre. Lutez bien le pot, & calcinez-le tout au feu de roue. Appliquez la cendre sur le cancer.

Cors & verrues.

Après les avoir égratignés, & enlevé le durillon, frottez-les bien avec les champignons qui croissent naturellement sur le fumier.

Tranchées après l'accouchement.

Faites cuire deux œufs frais du jour, mettez dans chacun gros comme une aveline de sucre en poudre, mêlez-le bien avec le jaune, & faites les avaler à l'accouchée, & par dessus un verre de bon vin mêlé d'un peu d'eau.

Faire sortir les vuidanges.

Jettez dans deux verres d'eau bouillantes deux dragmes de fleurs de souphre, laissez bouillir quelques minutes: coulez à travers un linge; mettez-y un peu de sucre, & faites avaler la liqueur.

Amulette contre le mal caduc.

Mettez dans un creuset une once de Mercure d'Espagne, ou revivifié du cinnabre, à un feu doux. Lorsque le Mercure curé fera un peu chaud, & qu'il commencera à frémir, jettez-y une dragme d'argent battu en feuilles, & remuez bien avec une verge de fer, un peu chaude. Tirez ensuite promptement le creuset du feu, ainsi que la matiere du creuset, & laissez réfroidir. Renfermez cet amalgame dans un petit sachet de peau forte de gands, bien cousue. Suspendez-le au cou avec un cordon de maniere qu'il tombe sur le creux de l'estomach, & l'y laissez toujours. Avant que de le suspendre, il faut observer de faire saigner le malade à la veine céphalique, lorsque la Lune est nouvelle. On réitere ensuite la saignée les deux mois suivans, au renouvellement de la Lune.

Goëtre.

Appliquez-y du sel commun bien desséché & un peu chaud. Lorsqu'il sera devenu humide, faites-le bien sécher & le réappliquez; ce que vous réitérerez jusqu'à guérison.

Tayes des yeux.

Sang de dragon en larmes, Aloës succotrin, Myrrhe, autant de l'un que de l'autre, le tout en poudre bien fine. Délayez-en une quantité suffisante dans un jaune d'œuf frais, pour en former des emplâtres, que vous appliquez sur la tempe à côté de l'œil malade. Quand il tombera de lui-même, vous y en substituerez un autre, jusqu'à guérison.

Douleurs de dents, & les faire tomber sans douleur.

Mettez dans le creux de la dent trois gouttes d'esprit de sel armoniac, & un petit tampon de coton par dessus.

Cors aux piés.

Otez en le durillon, sans faire saigner, & appliquez-y plusieurs fois le sédiment rouge qui se trouve dans un pot de chambre, quand l'urine y a séjourné. Mettez dessus un petit morceau de peau de gands, & cela jusques à guérison.

Fluxion de poitrine.

Faites bouillir une chopine de bon lait de vache; quand il bouille, écûmez-le deux ou trois fois; jettez-y ensuite un grand verre de bon vin d'Espagne, & après deux bouillons, retirez-le du du feu. Lorsqu'il sera tourné, passez le petit lait à travers un linge, & faites-en avaler un gobelet à liqueur, chaudement, de quart d'heure en quart d'heure.

Faire sortir l'enfant mort du ventre de sa mere.

Réduisez en poudre de la graine de grande Bardanne, & faites en avaler un gros dans un verre de vin.

Convulsions des enfans causées par la pousse des dents.

Coupez en petit morceaux de la racine de Valerienne sauvage. Enfilez-les comme des grains de collier, & faites-en un collier à l'enfant. Vous l'y laisserez jusqu'à ce que les dents ayent percé la gencive. Vous pouvez le renouveller de 15 en 15 jours.

Hydropisie.

Faites avaler au malade à jeun autant de poudre de gui d'églantier qu'il peut en tenir sur un liard, après l'avoir fait infuser toute la nuit dans un verre de vin blanc, que l'on avale aussi. Aux femmes & aux enfans on ne donne que la moitié de la doze. Ce remede m'a été communiqué

niqué par un Lieutenant de notre Frégate, nommé le Roy. Son Pere, difoit-il, l'avoit éprouvé bien des fois, toujours avec fuccès.

Vapeurs hystériques.

Frottez bien épais d'ail le dedans d'une foucoupe à caffé. Appliquez-la enfuite du côté frotté d'ail fur le nombril. Affujettiffez-l'y jufqu'à ce qu'elle s'y attache, & ne l'ôtez que lorfqu'elle tombera d'elle-même.

Fiftules de toutes fortes.

Prenez une poignée de feuilles de mille-pertuis, autant de feuilles de petite Abfynthe, autant de feuilles d'Ariftoloche ronde, une once d'Aloës fuccotrin, une once de Myrrhe en poudre. Faites infufer le tout dans deux pintes de bon vin blanc, dans un pot bien vernis & bien luté, fur des cendres chaudes, pendant trois quarts d'heures: faites bouillir enfuite un quart d'heure: coulez la liqueur quand elle eft froide, & y mêlez une chopine de bon efprit de vin. Confervez le tout dans une bouteille bien bouchée.

On seringue cette liqueur dans la fistule cinq ou six fois par jour, & on applique dessus un plumasseau ou compresse imbibée de la même liqueur. Ce remede a été éprouvé avec succès bien des fois, par le Sr. Duvernay, Chirurgien de Chambery.

Pour les maux des yeux & la goutte sereine même. Ophtalmique étonnant par ses effets.

Prenez 31 Ecrevisses vivantes de Riviere, prises précisément pendant que la Lune & le Soleil sont au Signe du Cancer, & non en d'autres tems. Autant pesant de Chélidoine, racines, tiges, feuilles & fleurs, & cueillie avant le Soleil levé, que les Ecrevisses pesent. Le tout bien pilé ensemble dans un mortier de bois ou de pierre, ajoutez-y une once de graine de fenouil, farine de feves de marais & camphre, de chacun une demi-once: cloux de gérofle, Aloës hépatique, Tuthie preparée, le tout en poudre, de chacun deux dragmes. Mêlez bien le tout dans le mortier, & le partagez ensuite en trois parties. Mettez-en une dans une cucurbite, & distillez au Bain-marie jusqu'à ficcité. Otez le marc ; confervez-le, & mettez dans la cucurbite la feconde partie de la compofition avec l'eau fortie de la premiere diftillation. Diftillez de nouveau jufqu'à ficcité. Otez le marc, confervez-le ; fubftituez-lui la troifiéme partie avec l'eau diftillée. Réitérez la diftillation une troifiéme fois. Calcinez enfuite les trois marcs dans un vafe fermé. Extrayez le fel, par diffolution, filtration & évaporation, felon l'art. Ajoutez le fel qui en viendra, à l'eau diftillée, & après avoir digéré le tout à un feu doux de cendres, gardez la liqueur dans une bouteille bien bouchée.

Ufage.

On purgera le malade au moins deux fois, à un jour d'intervalle, avec une médecine douce & céphalique ; & s'il y avoit plénitude de fang, on faignera une fois au déclin de la Lune. On infinuera enfuite foir & matin deux ou trois gouttes du collyre dans l'oeil, avec une plume noire de l'aîle d'une poule, & l'on appliquera fur l'oeil une compreffe legere imbibée de la liqueur.

On

On aura l'attention de se tenir le ventre libre, pendant l'usage du remede, qui sera d'environ quarante jours, pour la goutte seraine. A cet effet on usera, s'il est nécessaire, de lavemens composés d'eau pure de riviere, simplement dégourdie. On évitera aussi toutes tristesses, occupations trop sérieuses, épiceries, viandes salées, célery, liqueurs fortes, & tout excès, dans le boire, le manger, les veilles &c. Pour les autres maux des yeux, on usera du remede jusqu'à guérison.

Baume excellent, presqu'universel.

Mettez dans une terrine vernissée, qui aille au feu, & qui tienne environ cinq ou six pintes, ou douze livres d'eau, trois livres d'huile fine d'olive, une demi-livre de cire jaune neuve, en petits morceaux, demi-livre d'eau rose, trois livres de bon vin rouge & deux onces de Santal rouge en poudre. Faites bouillir le tout pendant une demi-heure, remuant toujours la matiere avec une spatule de bois. Ce tems expiré, jettez-y une livre de Thérébentine fine de Venise, & non de la commune: (la fine n'est pas acre sur la langue, & a une odeur qui n'est pas désagréable; elle est blanche &

non

rion jaune;) avec quatre onces de bon miel & deux gros de Camphre en poudre. Incorporez bien le tout avec la spatule pendant une ou deux minutes: retirez la terrine du feu; coulez le baume à travers un linge, & conservez-le dans des pots de fayance.

Usage.

Pour les blessures, ulceres, gangrene, foulures, brûlures, rhûmatismes & douleurs, on lave, ou étuve d'abord le mal avec un peu de vin rouge chaud; ou essuye doucement. On oingt ensuite abondamment le mal avec le baume, & on y applique un papier bouillard imbibé du même baume. On renouvelle cette opération matin & soir. Si la blessure pénetre dans les cavités du corps, on y en seringue, & on en fait avaler un gros & demi ou deux gros dans chacun des bouillons du malade, ou dans une ptysane vulnéraire. On en fait aussi prendre la même quantité pour la pleurésie, la colique & autres douleurs internes, ayant soin de faire en même tems des onctions chaudes sur la partie douloureuse. J'ai éprouvé ce baume, toujours avec succès.

Mi-

Migraine invétérée, causée par des humeurs putrionnaires, & contre l'hydrocephale.

Pilez dans un mortier de bois ou de pierre dix ou douze sommités de Verveine, avec de la farine de seigle & cinq à six blancs, ou davantage, d'œufs frais: on peut supprimer la verveine. Formez-en un cataplasme, que vous appliquerez sur la nuque & les épaules, de maniere qu'il couvre presque toute l'omoplate. Mettez par dessus une serviette fine en quatre doubles, & laissez-le six ou huit heures; après lesquelles si le malade n'est pas guéri, vous en appliquerez un second, semblable, que vous y laisserez autant ou à peu près. Il est extrémeent rare qu'il en faille un troisieme. On purge ensuite la personne. Il est aussi bon pour les rhumatismes.

Asthme humide, rhumes & maux de poitrine.

Faites bouillir pendant une demi-heure dans une terrine, ou casserole bien nette, une livre de bayes de genievre bien meures & concassées, avec une livre de beurre frais sans sel, & qui n'ait pas

pas été lavé. Coulez enfuite le beurre avec une forte expreffion des bayes de genievre. Ajoutez autant pefant d'excellent miel à la colature, & faites cuire à très doux feu jufqu'à la confiftance de fyrop, que vous conferverez dans des pots de fayance. Vous en prendrez le matin à jeun, gros comme une petite noix, ou la valeur d'une cueillerée, le laiffant fondre dans la bouche, comme une paftille. Vous en prendrez autant le foir, avant que de vous coucher. Quand le mal preffe, on peut en prendre autant, trois ou quatre heures après le dîner.

Pour les fimples maux de poitrine, on peut fupprimer le genievre.

Tous ces remedes ne m'ont pas été communiqués par le Pere Francifcain dont j'ai parlé; mais ayant vû l'expérience heureufe de prefque tous ceux que j'ai donnés ci-devant, j'ai été charmé de trouver cette occafion d'en donner la connoiffance au public, pour fon utilité.

Le lendemain de la partie de campagne dont j'ai parlé, quatre Indiens ou Naturels

rels du pays vinrent se présenter chez Mr. le Gouverneur, pendant que nous étions avec lui à examiner la boussole du Capitaine Mandillo. Dès que Mr. le Gouverneur les apperçut entrer dans sa cour, il fit fermer la porte de ses appartemens. Nous lui en demandames la raison: S'ils entroient dans cette Salle, nous dit-il, elle seroit infectée pour huit jours. Ils exhalent une odeur qui s'attache aux murailles mêmes. Cette odeur vient de ce qu'ils s'oignent le corps d'une certaine huile, & de graisse, pour se garantir des insectes.

Ces Indiens, trouvant les portes fermées, s'approcherent de la fenêtre où nous étions, & un d'eux tira d'un petit sac de peau de Tigre, un papier écrit & plié, qu'il présenta. Mr. le Gouverneur le prit, & le lût. Il étoit écrit en langue Espagnole. C'étoit un Certificat par lequel plusieurs Gouverneurs Espagnols y avoient déclaré successivement, que celui qui en étoit possesseur, étoit de la race des Caciques, & lui-même actuellement Chef de Village. Le Gouverneur le lui rendit, & l'Indien lui demanda par signe une feuille de papier, pour substituer

tuer à celle qui enveloppoit auparavant le Certificat, parce qu'elle étoit coupée dans les plis, par vétusté: on la lui donna. Vraisemblablement ces Indiens ignoroient la langue Espagnole; car ils n'en prononcerent pas un seul mot. Un Officier Espagnol nous dit, qu'ils avoit parlé la langue du Para, mêlée de celle des Indiens des Terres circonvoisines. Ils n'avoient pour tout habillement, qu'une espece de manteau composé de plusieurs peaux de chevreuils avec leur poil, consues ensemble, pour former un quarré long, tel que pourroit être une serviette de table. Il est attaché auprès des épaules, avec deux courroyes; & produit l'effet que l'on voit dans la fig. 4. de la Pl. VI. Le côté de la peau, qui touchoit à la chair, est blanc, & peint en rouge & en bleu gris, par quarrés, lozanges & triangles, dont l'assemblage forme divers compartimens, suivant le goût, sous doute de celui, ou celle qui doit s'en servir, ou qui le peint. Ces Indiens viennent assez souvent dans la Ville, par bandes de cinq à six, de huit à dix, & y amenent aussi leurs femmes. Leurs habitations ne sont pas éloignées de Monte-vite-video, de plus de six ou sept lieues. Il y viennent pour boire du vin & de l'eau de vie. N'ayant pas parmi eux l'usage de l'argent monnoyé, ils donnent les petits sacs de peaux de Tigre, leurs manteaux, quelquefois les peaux des animaux féroces qu'ils ont tués, mais plus ordinairement celles qu'ils ont cousues ensemble, pour se couvrir. Ils les donnent presque pour rien; car ils livrent un de ces especes de manteaux composé de huit peaux de chevrenils pour un Réau, qui vaut douze sols & demi, monnoye de France. Un sac de peau de Tigre, long de quatorze ou quinze pouces, & large d'un pié, ne coûte qu'un demi Réau. Quand on veut avoir ces manteaux des Indiens, il suffit de le prendre d'une main, & de présenter un Réau, ou un demi Réau de l'autre. L'Indien dénoue aussi-tôt la courroye, prend la piéce d'argent, vous donne le manteau, ou le petit sac, & va nud tout de suite, chez le premier marchand, boire du vin ou de l'eau de vie.

Leurs femmes font de même. Elle n'ont pas ordinairement d'autres vêtemens que les hommes: mais on en voit quelquefois, qui se couvrent les parties naturelles avec un morceau du la même peau que leur habit, attaché à une courroye, qui leur passe autour le la ceinture.

Il est défendu de leur vendre une quantité de vin, ou d'eau de vie, qui puisse les enyvrer, dans la crainte que l'yvresse ne leur fasse commettre quelques désordres. Mr. de Bougainville voulant donner un Réau à chacun des quatre qui se présenterent chez Mr. le Gouverneur; celui-ci le pria, par cette raison, de ne leur faire présent que d'un demi. Etant chez le Signor Vicaire, on nous avertit qu'il en venoit une troupe de huit à neuf, hommes ou femmes. L'Ecrivain de notre Frégate s'étant mis à la porte, avec un morceau de pain qu'il mangeoit, un de ces Indiens lui prit en passant ce morceau de pain, s'arrêta un moment, le mangea en riant, & puis s'en fut joindre les autres sans rien dire. Ils avoient tous la tête & les piés nuds, & n'avoient d'autre vêtement que le manteau dont j'ai parlé. Les uns le portoient sur l'épaule droite, ayant la gauche & le bras du même côté nuds, les autres au contraire. Ils mettent le poil en dehors ou

en

en dedans, suivant qu'il pleut ou que le tems est beau.

Ceux que j'ai vûs étoient bien faits; ils avoient le corps droit, la jambe & le bras bien tournés, la poitrine large & tous les muscles du corps bien prononcés. Les femmes étoient plus petites de beaucoup que les hommes, qui étoient tous de belle taille. Ces femmes avoient comme eux un air vif, un visage arrondi, cependant sans embonpoint, des yeux assez grands, pleins de feu, le front élevé, la bouche grande, le nez large & un peu applatti vers la pointe; les levres de moyenne grosseur & les dents blanches; les cheveux longs, noirs, durs & tombant négligemment autour de cou, quelquefois-même sur le front. Comme ils les oignent, ainsi que le corps, de différens onguens, qui n'ont rien pourtant de plus sale, ni de plus malpropre que les pommades de ce pays-ci, ces cheveux sont luisans, mais toujours mal arrangés.

On dit qu'ils n'ont pas, dans le premier âge, cette couleur de cuivre rouge bronzé, qu'on leur voit répandue généralement sur toute la peau. Sans doute que le climat, l'air qui frappe sans cesse sur cette peau, qui n'est pas garantie par des habits, & les onctions ou peintures, dont ils se barbouillent tout le corps, contribuent au moins beaucoup à leur donner cette couleur. Cependant, comme il arrive également aux Nègres de ne pas naître avec la peau noire, qui leur est pourtant naturelle, il pourroit bien être que la couleur rouge cuivrée des Indiens de l'Amérique méridionale leur fût naturelle.

Les femmes sont occupées à la culture du Manioc, & à sa préparation pour en faire la Cassave, & leur boisson ordinaire; aux affaires du ménage, qui ne consistent qu'à coudre ensemble les peaux de chevreuils ou d'autres bêtes, dont les hommes & les femmes se couvrent, & à préparer les alimens pour elles & les hommes, qui passent tout le tems à la chasse, ou à la pêche, ou à monter à cheval; aussi sont-ils d'excellens cavaliers. Les Vieillards président à chaque Hameau de Cases, & demeurent dans leurs habitations, avec les jeunes garçons & les filles, qui n'ont pas encore la force de faire un travail un peu pénible. Mais toute la forme de leur gouvernement consiste à respecter leurs Anciens.

Ils

HISTORIQUE. 389

Ils font extrémement adroits dans le maniment des Lacqs, des Lances & de l'Arc: rarement ils manquent leur coup avec le lacqs, à cheval même, en courant à toute bride. Un Taureau furieux, un Tigre, tout autre animal, & l'homme-même le plus rufé ne leur échappent guere. Comme il faut que le licou, (c'eft le nom qu'on lui donne,) ferre l'animal qu'ils veulent faifir, ils pouffent vivement leur cheval, pour le jetter de forte qu'il fe trouve pris, entrainé avec une viteffe, qui ne lui donne pas le tems de fe débarraffer, ni de fe défendre. Dans leurs quérelles particulieres, ils fe fervent même de ces lacqs, & d'une demi-lance. La feule maniere de fe dérober à ce licou, fi c'eft en pleine campagne, eft de fe coucher tout du long à terre, auffitôt qu'on le leur voit prendre à la main, & de s'y blottir, pour ne pas donner prife. On s'en garantit encore en fe collant contre un arbre, ou contre un mur.

Ces licous on lacqs font de cuir de taureaux, coupés autour de la peau. Ils tordent cette courroye; ils la rendent fouple, à force de la graiffer; & l'allongent en la tirant, jufqu'à ne lui laiffer qu'un

de-

demi-doigt de largeur. Elle ne laisse pas d'être si forte, qu'un taureau ne peut la rompre, & qu'elle résiste plus qu'une corde de chanvre, qui même seroit moins souple, & ne pourroit pas être employée au même usage.

On ne peut guere avoir de peaux de Tigres & autres bêtes feroces que par les Indiens. Elles ne sont cependant pas cheres, quoiqu'assez rares à Monte-video. On en a une des plus belles pour deux ou trois piastres. J'en achetai une de Tigre, très-belle, mais de moyenne grandeur, & cousue en bissac, pour une piece de huit. Les Indiens n'en tuent guere, quoiqu'ils les mangent; mais parce qu'ils ne se servent de ces peaux que pour les petits sacs dont j'ai parlé. Ils portent dans ces sacs la cassave, qui leur sert de nourriture, & les fers de leurs flèches, qu'ils n'emmanchent au bout du roseau, que lorsqu'ils veulent les tirer. Ce fer à la forme & la largeur d'une feuille de Laurier, dont les deux extrémités seroient très allongées. Ils l'enfoncent dans le roseau par un bout ou par l'autre indifféremment, parce que ce fer est pointu & tranchant des deux côtés. Ces
flé-

flèches sont d'autant plus meurtrieres, que le fer n'étant pas attaché solidement au roseau, ce fer demeure dans la blessure, quand on veut en retirer la flèche.

Lorsqu'ils veulent lacer un animal, ils le poursuivent, tenant la bride de leur cheval d'une main, & de l'autre le lacq; & courant au grand galop, ils le jettent au cou, aux jambes, ou aux cornes. Pour chasser un animal furieux ou féroce, ils le poursuivent trois, quatre de compagnie; chacun lui lace un membre, & puis se séparent l'un allant à droite, l'autre à gauche; ce qui, roidissant les lacqs, donne la facilité à un troisiéme d'approcher sans danger de l'animal, & de le tuer avec sa demi-lance, ou de le lier, pour l'emmener avec eux.

Les Indiens ont d'autres façons de chasser, qui sont décrites dans les Rélations de différens Auteurs, surtout dans l'Ouvrage de Mr. Muratori sur le Paraguay.

A propos de ce Pays-là, il est bon d'avertir que Mr. Muratori n'a travaillé son ouvrage que sur les mémoires que lui ont fourni les Peres Jésuites, ou des gens à eux, par conséquent intéressés à ne pas instruire le public de tout ce qui s'y passe. Des Officiers Espagnols de probité, envoyés par la Cour de Madrid au Paraguay, dans le tems des partages des possessions respectives des Cours d'Espagne & de Portugal, m'ont assuré, que tous les Imprimés qu'ils ont vû sur la conduite des Jésuites dans ce Pays-là, tant à l'égard des Indiens que par rapport aux intérêts de ces deux Couronnes, étoient écrits même avec beaucoup de ménagemens pour les Jésuites; Qu'un de ces Peres, l'un des principaux de ce Pays-là, avoit fait la réponse suivante, lui Officier présent, à un des Officiers généraux Espagnols, qui lui témoignoit sa surprise des obstacles qu'eux Jésuites opposoient à l'exécution des arrangemens concertés & arrêtés entre les deux Cours: *J'ai bien plus lieu d'être étonné de ce que les deux Roys s'avisent de faire des arrangemens, pour partager un Pays qui ne leur appartient pas. Nous seuls Jésuites l'avons conquis; nous seuls avons droit d'en disposer, de le garder & de le défendre envers tous & contre tous.* Je laisse à penser qu'elle doit être la conduite des Jé-

sui-

suites, avec de tels principes. Il est certain que les Indiens du Paraguay n'obéissent qu'aux Jésuites, soit chez eux dans leurs familles, soit quand ils marchent en armes. Dernierement, lorsque les Espagnols ont assiégé & pris la Colonie du Saint Sacrement sur les Portugais, qui est à une trentaine de lieues de Montevideo, les Espagnols avoient à leur secours environ mille Indiens, à la tête desquels étoit un Pere Jésuite, qui les commandoit en chef, & sans les ordres duquel ces Indiens n'auroient pas fait un pas en avant, & n'auroient pas tiré un seul coup de fusil. Mr. le Gouverneur de Monte-video, qui commandoit les Espagnols, & plusieurs autres Officiers qui s'étoient trouvés à cette attaque, m'ont dit, qu'ils étoient obligés de concerter les opérations avec le Pere Jésuite, qui donnoit ensuite ses ordres en son nom aux Indiens, campés séparément des Espagnols.

Les Dragons sont presque les seules troupes de ce Pays-là. Leurs chevaux sont harnachés à la maniere du Paraguay. Ils portent tous les *Pon-chos*

chos *) qu'ils trouvent plus commode que le manteau pour le cavalier & pour le cheval.

Les chevaux ne font pas ferrés. Les harnois font auſſi bien différens de ceux que l'on employe en Europe. Ils poſent premierement ſur le cheval nud une groſſe étoffe molle & d'un tiſſu peu ſerré, qu'ils nomment *Schuaderos;* par deſſus une

---

*) Le Ponchos eſt, comme je l'ai dit, une piece d'étoffe de la forme d'une couverture de lit, & de deux ou trois aulnes de long ſur deux de large. S'habiller, c'eſt paſſer la tête dans l'ouverture faite au milieu. Il pend des deux côtés & par derriere comme par devant. On le porte à cheval & à pié. Les gens peu riches & les Negres ne le quittent qu'en ſe couchant. Il ne nuit pas au travail, parce qu'on le retrouſſe par les côtés ſur le dos: ce qui laiſſe les bras & le devant du corps libres.

A cheval, ce vêtement eſt à la mode, même pour les deux ſexes, ſans diſtinction de rang. Au reſte la ſimplicité du Ponchos n'empêche pas que l'on ne diſcerne le rang & le ſexe; l'exercice du cheval y eſt ſi commun qu'on eſt ſurpris d'y voir aux femmes autant d'adreſſe & de legéreté qu'aux hommes. La différence qui fait diſtinguer le rang & les deux ſexes quant au Ponchos, ſe trouve dans la fineſſe, la legereté & la richeſſe de l'étoffe.

une sangle, puis un cuir assez fort, de la largeur de la selle, & qui débordent sur la croupe, sert de housse. On le nomme *Carneros*. Sur ce cuir se place la selle, faite comme les bâts de nos chevaux de charge, & par dessus une ou plusieurs peaux de mouton avec la laine, cousues ensemble, & peintes d'une seule ou de plusieurs couleurs. C'est le *Peilhon*. Enfin une seconde sangle ou soûventriere, pour assujettir le tout sur le cheval. Les étriers sont petits & étroits, parce qu'ils n'y mettent que le bout du soulier; & ceux qui vont piés nuds, n'y mettent que le gros orteil.

Le mords de la bride est de fer, tout d'une piéce, & sans bossettes. Les rênes sont composées de plusieurs petites courroies, entrelassées en forme de cordons à pendules ou à sonnettes, & ont au moins six piés & demi ou sept de longueur, parce qu'elles servent, en même tems, de fouët. Un demi-cercle de fer, pris de la même piece des barres dans lequel on passe la machoire inférieure du cheval, produit le même effet que la gourmette. La partie du *Carneros* qui déborde la selle, & porte

sur

sur la croupe, est ordinairement goffrée en fleurons.

Lundi 9.

Mr. le Gouverneur, Madame la Gouvernante, le Major des troupes & son Epouse sont arrivés ce matin, sur le midi, à bord de notre Frégate l'Aigle. On les a traités à dîner le mieux qu'il a été possible. L'air de mer ou le roulis du Navire, quoique presque insensible, a occasionné des nausées & un mal-être à l'Epouse du Major, au point de ne pouvoir boire ni manger autre chose que deux Oranges, & de se voir obligée de quitter la chambre où l'on mangeoit, pour aller respirer l'air sur le gaillard. Cet inconvénient a un peu troublé la fête, & les a contraints de retourner à la Ville de très-bonne heure.

En les accompagnant, nous avons senti dans le canot une odeur des plus puantes, semblable à celle qu'exhale le cadavre d'un animal mort depuis longtems. Nous nous imaginames dabord qu'elle étoit produite par la corruption du corps de quelque taureau, tué & abandonné sur le rivage, d'où le vent l'apl'apportoit jusqu'à nous. Mr le Gouverneur nous désabusa, & nous assura que c'étoit une exhalaison de l'urine d'un animal nommé *Zorillos*, en colere, ou poursuivi par quelqu'autre animal.

Le Zorillos est de la grandeur d'une Belette, un peu moins long, d'un poil fauve, plus clair sous le ventre, qui est presque gris. Deux lignes blanches s'étendent le long du dos, & forment, depuis le cou jusqu'à la queue, une figure presque ovale. Cette queue est bien fournie de poil, & l'animal la tient presque toujours dressée, comme fait l'Ecureuil. Lorsqu'il se sent poursuivi, ou qu'il s'irrite, il lâche son urine, qui infecte l'air à plus d'une demi-lieue, par une odeur de charogne presqu'insupportable. Nous avons senti cette odeur deux ou trois fois, à bord même de notre Frégate, quoiqu'éloignée de terre d'une bonne lieue & demie: il est vrai que c'étoit par un vent de terre. Mr. Duclos, notre Capitaine, nous en avoit averti; mais ne l'en avions pas cru sur sa parole. Le Curé de Monte-video nous confirma la chose, & fit présent à Mr. Duclos d'une fourrure des peaux cousues

de

de cet animal. Ces peaux n'ont pas de mauvaise odeur. Le Zorillos est peut-être le même que la *Bête puante*, ou *Enfant du Diable* du Canada, dont l'urine produit à peu près les mêmes effets. Le *Chinche* des parties méridionales de l'Amérique a aussi beaucoup de raport avec le Zorillos.

Un autre animal, fort commun dans les environs, & du côté de Buenos-Ayres, est le Tatu-apara, que nous nommons *Tatou*, les Espagnols *Armadillo*, & les Portugais *Encubertado*. Comme il est très-connu, je n'en ferai pas la description. Ximenez dit que les écailles du Tatou, réduites en poudre, & avalées au poids d'une dragme, dans une décoction de sauge, provoquent une sueur si salutaire, qu'elle guérit les maladies vénériennes; qu'elle fait sortir les épines de toutes les parties du corps: & suivant Monades liv. 15 pag. 552, les petits os de la queue de cet animal guérissent la surdité.

10.

Malgré les risques qu'il y avoit à vendre des marchandises à Monte-video,

deo, & malgré les difficultés que l'on trouvoit à les débarquer, pour les sauver de la confiscation, plusieurs de nos Officiers, & des gens de l'Equipage, qui avoient fait des pacotilles, dans l'espérance de les vendre à l'Ile de France & aux Indes Orientales où ils pensoient que nous aillions, s'en sont débarassés & en débitent tous les jours. Notre Navire étant abordé le premier dans ce Pays-ci, depuis la paix, tout s'y vend très-bien. Les Gardes ont confisqué quelques paquets portés imprudemment. Ils mirent même hier en prison deux Canotiers sur qui ils les avoient saisis. Mr. de Bougainville en ayant été averti, a beaucoup crié & tempêté contre ces Canotiers, disant même qu'ils le méritoient bien. Il fut trouver l'Officier Réal, lui répéta la même chose, & lui dit qu'il demandoit seulement les habits de sa livrée, dont les prisonniers étoient vêtus, quand on les avoit arrêtés; que pour les hommes on pouvoit les garder, pour intimider les autres; & qu'il les mettroit aux fers, si on les relâchoit. Mr. de Bougainville persuada par ce discours qu'ils ne les autorisoit pas. On rendit les paquets

quets & les hommes, & l'on demanda même grace pour eux. Il fut aifé de voir par là que l'on ne s'y étoit pas bien pris; un fergent s'étant plaint dans cette occafion, qu'on ne lui avoit pas encore donné la valeur d'un Réau, quoiqu'il eût favorifé le débarquement des paquets, & qu'il eût, difoit-il, ufé une paire de fouliers à mener lui-même dans les maifons de la Ville ceux qui avoient quelque chofe à débiter. Ce difcours fit comprendre qu'en donnant quelques piaftres aux Officiers & aux Gardes, on n'effuyeroit plus les mêmes difficultés. On commença donc à répandre des pieces de huit, à donner quelques chemifes &c. & tout le monde fe prêta de la meilleure grace, jufqu'à l'Officier Réal même, prépofé pour empêcher tout commerce. Comme nous étions cenfés n'avoir pas de la monnoye d'Efpagne, & que celle de France n'a pas cours dans ce Pays-là, Mr. de Bougainville demanda & obtint la permiffion de vendre quelques pieces de vin, d'eau de vie, d'huile & plufieurs autres Marchandifes qu'il avoit de fuperflues, pour payer des farines, la viande fraîche que Mr. le Gouverneur avoit eu

l'atl'attention de nous faire tenir prêts tous les jours au port, les taureaux, les vaches, les chevaux & les autres animaux & choses dont il vouloit faire emplette. Il étoit tems de penser à quitter Monte-video pour nous rendre à notre destination. On se pourvut donc de tout ce que l'on crut nécessaire à cet objet: la quantité d'eau, de farine & d'animaux que Mr. de Bougainville demandoit, excita la curiosité de Mr. le Gouverneur sur le but de notre voyage. Tout l'équipage, les Officiers-mêmes, excepté le premier Capitaine, étoient dans une parfaite ignorance là dessus, & pensoient, comme je l'ai dit, que nous allions aux Indes Orientales. Ils avoient répandu ce bruit; & Mr. de Bougainville le confirma en répondant à Mr. le Gouverneur que nous allions aux Indes, sans distinguer auxquelles.

Les embarras inséparables du départ nous empêcherent de jour en jour d'essayer de faire des observations exactes avec l'instrument, ou boussole du Capitaine, de maniere que nous n'avons pensé à la reprendre chez le Gouverneur, qu'au moment même que l'on appareilloit.

Comme il est de conséquence de profiter du quart-d'heure favorable que le vent présente, surtout dans le relâche de Rio de Plata, où le mouillage est si dangereux; voyant d'ailleurs que cette Boussble ne pouvoit gueres nous servir pour l'objet des Longitudes, Mr. de Bougainville prit le parti de la laisser chez le Gouverneur, & lui écrivit par le Capitaine d'une Goëlette, pour le prier de conserver cet Instrument, & de le lui faire tenir en France, quand le Gouverneur seroit de retour en Espagne *). Tout le

*) Il nous avoit dit qu'il comptoit partir sur la fin de l'année pour retourner en Europe. Mais nous avons appris à notre arrivée à Paris qu'il ne quitteroit pas son Gouvernement sitôt. Mr. de Grimaldi, Ambassadeur d'Espagne en France, a fait beaucoup de questions à Mr. de Bougainville sur la conduite que ce Gouverneur a tenue à notre égard. Mr. de Bougainville ayant par ses réponses rendu justice à la probité, & à l'exactitude dans son devoir, de Don Joseph-Joachim de Viana, l'Ambassadeur avoua que les Jésuites & leurs amis avoient envoyés à Madrid des mémoires à la charge de ce Gouverneur pour le desservir auprès du Roi, le faire révoquer, & en avoir un à leur dévotion. Mr. de Grimaldi a justifié Don de Viana. Ce qui

le reste du tems de notre relâche s'est passé aux préparatifs de notre départ. On a visité les Frégates, & l'on a substitué aux mâts de Hunes & de Perroquets les bâtons d'hyver *). Ayant embarqué douze vaches ou genisses, six jumens, deux poulains, & deux chevaux hongres, douze chevres ou cheveraux, onze truyes & un verrat, quatorze ou quinze brebis, deux béliers, beaucoup de poules & canards; le 16 le Mardi,

qui, aura empêché le Roi de lui accorder son rappel aussitôt qu'il le desiroit. Les Gazettes nous ont appris que ce Gouverneur a été continué dans le même lieu.

*) Ce sont des petits mâts courts que l'on met au lieu de ceux de Hune & de Perroquets, lorsque l'on va naviger dans des mers orageuses, afin de donner moins de prise aux vents. Nous usâmes de cette précaution, parce qu'aucuns de nos marins n'avoient été aux Iles Malouïnes où nous allions, & que notre Capitaine sçavoit bien par les Rélations & par lui-même, que la mer n'est pas tranquille, & que les orages sont fréquens dans les environs du détroit de Magellan, où nous allions.

FIN DU I.ᵉʳ TOME.

www.ingramcontent.com/pod-product-compliance
Lightning Source LLC
Chambersburg PA
CBHW052119230426
43671CB00009B/1049